深圳律师实务丛书

环境行政处罚争议解决路径与实操案例分析

邵卫国 著

ENVIRONMENTAL ADMINISTRATIVE PENALTY DISPUTES RESOLUTION AND CASE STUDIES

法律出版社
LAW PRESS · CHINA
北京

图书在版编目（CIP）数据

环境行政处罚争议解决路径与实操案例分析 / 邵卫国著. -- 北京 : 法律出版社, 2025. --（深圳律师实务丛书）. -- ISBN 978-7-5244-0276-3

Ⅰ. D922.685

中国国家版本馆 CIP 数据核字第 202578JE15 号

环境行政处罚争议解决路径与实操案例分析
HUANJING XINGZHENG CHUFA ZHENGYI JIEJUE LUJING YU SHICAO ANLI FENXI

邵卫国 著

策划编辑 朱铁佳
责任编辑 朱铁佳
装帧设计 鲍龙卉

出版发行 法律出版社
编辑统筹 司法实务出版分社
责任校对 晁明慧
责任印制 胡晓雅
经　　销 新华书店

开本 710 毫米×1000 毫米　1/16
印张 16.5　　**字数** 260 千
版本 2025 年 8 月第 1 版
印次 2025 年 8 月第 1 次印刷
印刷 三河市龙大印装有限公司

地址：北京市丰台区莲花池西里 7 号(100073)
网址：www.lawpress.com.cn
投稿邮箱：info@lawpress.com.cn
举报盗版邮箱：jbwq@lawpress.com.cn

销售电话：010-83938349
客服电话：010-83938350
咨询电话：010-63939796

书号：ISBN 978-7-5244-0276-3　　**定价**：62.00 元

凡购买本社图书，如有印装错误，我社负责退换。电话：010-83938349

深圳律师实务丛书
编委会

回归专业　潜心钻研
促进高质量发展

斗转星移，继往开来。深圳市律师协会自 2012 年启动“深圳律师实务丛书”（以下简称丛书）出版工作以来，至今已出版实务专著 48 部，内容涵盖诸多专业领域，全面展现了深圳律师业务的研究成果和实务经验，已成为深圳市律师协会推进行业专业化建设的品牌项目。

鼓励和引导律师著书立说是深圳市律师协会推动律师专业化的一项长期性的重点工作。丛书旨在充分发挥深圳市律师协会的业务指导作用，通过鼓励深圳律师和深圳市律师协会各专业委员会撰写实务专著，可以有效提升律师业务水平，增强律师业务能力，保证律师服务质量，以专业引领和成果共享助推深圳律师行业高质量发展。

本套丛书凝集着深圳律师的心血与经验，展现了深圳律师的专业水平。本套丛书在律师业务的众多领域，汇集了深圳律师的业务成果，总结了深圳律师的执业经验，体现了深圳律师的专业能力，彰显了深圳律师的职业精神。这一本本专著必将成为深圳律师专业化发展史上一颗颗璀璨的明珠，永远镶嵌在深圳律师专业化发展的史册上。

2023 年是全面贯彻落实党的二十大精神的开局之年，深圳律师要深学细悟笃行党的二十大精神，让党的二十大精神在深圳律师行业落地生花，要以习近平法治思想为指引，大兴专业研究之风，切实回归专业，潜心研究，深挖专业和实务问题，以高品质的法律服务保障行业的高质量发展。开展业务和实务研究不能脱离实际，必须密切关注经济社会发展和法治建设，聚焦其中的热点、难点、堵点问题，深入开展有针对性的研究，进而提出应用对策与实践指引，也期待深圳律师能输出更多的法律实务研究成果，并能形成专著与同行共享，这本身也是律师业务领域的一种先行示范。

希望本套丛书成为广大实习人员、执业律师期待、必备的好工具，也希望未来能够出版更多、更好的供律师们学习提高、掌握律师实务知识与技能的好专著！

张 斌

深圳市律师协会会长

2023 年 1 月 9 日

本书序

党的十八大以来，我国加快推进生态文明建设，并将生态文明建设作为治国理政的重要内容，提出并践行创新、协调、绿色、开放、共享的新发展理念。“绿水青山就是金山银山”“用最严格制度最严密法治保护生态环境”是习近平生态文明思想的重要内容。

2015 年 1 月 1 日，史上最严的《环境保护法》施行之后，《水污染防治法》等一系列环保单行法相继修改。《土壤污染防治法》等新的法律也相继颁布实施。无论是旧法律的修改还是新法律的颁布，单从罚款金额上讲，均大大加重了对行政管理相对人环境违法行为的处罚。

与此同时，环境刑事犯罪、生态损害民事赔偿和环境失信带来的限制等不利法律后果接踵而至，环境行政争议由此大大增多，行政相对人对环境相关法律问题的需求也显著增加。妥善解决环境行政处罚争议，在一定程度上可以避免环境刑事责任或民事责任的发生及扩大。

环境行政争议除了行政处罚外，还包括由环境行政许可、环境信息公开、行政强制措施等引发的行政争议。笔者带领的泰和泰（深圳）律师事务所环境与资源团队致力于环境与资源类的诉讼和非诉讼法律服务，主要服务于行政管理相对人，承办过大量的环境行政处罚案件，这些经历既为本书的写作提供了经验和教训，也提供了鲜活的案例。因此，本书从行政管理相对人的角度，对环境行政处罚从最初的陈述申辩开始到最后的执行的全过程，论述行政管理人最为关心的行政处罚争议的解决方法及技巧。本书所精选的案例绝大部分是由笔者团队所承办的，并取得了较好的效果，希望相关实践经验能对大家有所启发。

本书一共八章，按照解决环境行政处罚争议的不同阶段分章，以律师代理行政管理相对人代理人的视角展开论述，分别为：第一章，概述；第二章，执法检查的正确应对；第三章，环境行政处罚听证；第四章，登报道歉；第五章，环境行政复议；第六章，环境行政处罚诉讼；第七章，非环境行政处罚执行；第八章，环保合规。既可以成为行政管理相对人和律师学习的资料，也可以作为解决所遇到的类似案例的参考书。

本书是笔者团队办理环境行政处罚案件实战经验的总结，限于案件类型，不足之处在所难免；加之水平有限，有些观点仅为一家之言，权作抛砖引玉，欢迎批评指正。

邵卫国

2025 年 5 月 15 日

目 录

第一章 概　述

第一节　环境行政处罚的概念与特点

一、环境行政处罚的概念

《行政处罚法》第 2 条对行政处罚所下的定义是："行政处罚是指行政机关依法对违反行政管理秩序的公民、法人或者其他组织，以减损权益或者增加义务的方式予以惩戒的行为。"这里的行政机关可以理解为政府或政府的工作部门。之所以强调政府这一行政处罚主体，是因为一些严重的环境违法行为，法律有责令停业、关闭的规定。例如，《水污染防治法》第 85 条中就规定，向水体排放油类、酸液、碱液情节严重的，报经有批准权的人民政府批准，责令停业、关闭。如果需要作出这样的行政处罚，笔者认为，处罚主体应当是具有相关职权的政府而不是生态环境主管部门。

有学者认为，行政处罚，是指行政处罚主体对被认定为因主观过错违反了行政法律规范的自然人、法人或其他组织给予最严厉的外部行政制裁。[1] 但是，有些行政制裁并不严厉，如通报批评、数额较小的罚款等。

综合上述概念，笔者认为，环境行政处罚是指负有环境监督管理职责的行政处罚主体，对因主观过错而违反环境保护相关行政法律规范的自然人、法人或其他组织所实施的外部行政制裁。

---

〔1〕 参见晏山嵘：《行政处罚实务与判例释解》，法律出版社 2016 年版，第 5 页。

二、环境行政处罚的特点

相比其他领域的行政处罚,环境行政处罚具有自身的特点。

(一)环境行政处罚范围广泛

环境行政处罚的范围,不但涉及国家层面上的大气污染、水污染、噪声污染、固体废物污染、土壤污染、环境影响评价、清洁生产、节约能源、海洋环境保护等方面的行政违法行为,还涉及国家尚未立法,但地方性法规、规章中规定的第三方服务机构环境违法行为。以深圳为例,加上深圳的地方立法所规定的法律责任,行政管理相对人所承担的环境法律责任多达300余项,而对每一项法律责任均可作出行政处罚。涉及的法律、行政法规、部门规章、技术规范数量众多,涉及范围广是环境行政处罚与其他领域行政处罚最大的区别。

(二)环境行政处罚涉及环境利益

环境污染的最终受害者是人类自己,有些时候环境污染的危害后果并不直接作用于人类,而是通过环境介质影响人类的健康。例如,企业排放了大气污染物使空气受到污染,而人呼吸了受污染的空气就会引发疾病,影响身体的健康。处罚环境违法行为,其目的在于避免环境利益或公共利益受损,而最终达到保护人类自己的目标。保护生态环境就是保障民生,改善生态环境就是改善民生。良好的生态环境是最公平的公共产品,也是最普惠的民生福祉。

(三)环境行政执法要求高

很多环境违法行为具有隐蔽性的特征,有些证据比较容易灭失。而为了逃避监管,有些行政管理相对人会专门选择在非工作时间段如夜间或凌晨开展作业活动,排放污染物。有些环境违法行为还具备一定的技术含量,不懂得技术的执法人员会很难发现环境违法问题,例如,通过修改在线监测设备参数排放污染物。

环境问题还具有累积性和潜在性,污染原因复杂多样,污染行为、污染结果、危害后果等多种因素在环境行政执法过程中都要得到综合考虑,这不仅在调查取证方面对环境执法提出更高标准,而且在环境违法行为性质的判定上也对环境执法的专业性提出严格要求。一些地方执法人员的素质不高,以罚代管,会导致环境行政处罚争议频发。

(四)处罚主体多元化

除了生态环境机关外,相关的法律、法规还赋予了其他行政机关保护生态环境的职责。例如,对不同种类的噪声污染:工业噪声归生态环境部门监管,建筑施工噪声归政府指定的部门监管,交通噪声则根据不同种类,分别由公安机关交通管理、交通运输、铁路监督管理、民用航空等部门监管。另外,有些较重的处罚,处罚主体是政府,如关闭企业。

(五)不停止执行

行政处罚决定书作为一种具体行政行为,一经送达就发生法律效力,即公定力,非经法定程序撤销,不停止其执行。这里的不停止执行,既包括行政管理相对人主动履行行政处罚决定所确定的义务,也包括作出行政处罚决定的行政机关依职权采取强制执行措施及向法院申请强制执行。

三、逾期不履行行政处罚决定的不利后果

行政机关的行政处罚决定书上,会记载行政管理相对人履行行政处罚决定的期限。行政管理相对人逾期不履行行政处罚决定,可能会面临以下不利后果。

一是逾期不缴纳罚款的,每日按罚款数额的3%加处罚款,加处罚款的数额不得超出罚款的数额。这里的加处罚款的比例是固定的每日3%,以这个比例计算,加处罚款的金额经过33天就接近罚款的数额。因此,应引起足够的重视。当然,行政机关采用加处罚款的方式促使行政管理相对人履行处罚决定,应按法定程序作出决定。否则,该加处罚款不能成立。加处的罚款,在复议或诉讼期间不予计算。[1] 实务中,一些地方的生态环境机关并不

---

〔1〕《行政处罚法》第73条规定:"当事人对行政处罚决定不服,申请行政复议或者提起行政诉讼的,行政处罚不停止执行,法律另有规定的除外。当事人对限制人身自由的行政处罚决定不服,申请行政复议或者提起行政诉讼的,可以向作出决定的机关提出暂缓执行申请。符合法律规定情形的,应当暂缓执行。当事人申请行政复议或者提起行政诉讼的,加处罚款的数额在行政复议或者行政诉讼期间不予计算。"

经常采用这种方法督促行政管理相对人主动履行行政处罚决定，而是向法院申请强制执行。

二是根据法律规定，将查封、扣押的财物拍卖、依法处理或者将冻结的存款、汇款划拨抵缴罚款。

三是根据法律规定，采取其他行政强制执行方式。

四是依照《行政强制法》的规定申请法院强制执行。向法院申请强制执行，应当符合《行政强制法》第53条、第54条[1]的规定。

经常有当事人提出疑问：计划或已经申请行政复议、行政诉讼的，是否应当缴纳罚款？笔者认为，从行政处罚立法精神看，复议或诉讼不影响行政处罚的执行。因此，无论是否申请复议或提起行政诉讼，罚款均应该按照规定的时间缴纳。如果行政处罚决定被确认无效或撤销，则已经缴纳的罚款可以要求退还。

复议或诉讼期间加处罚款的数额不予计算，也就是说，在规定的期限内申请复议或提起行政诉讼的，行政机关既不能计算加处的罚款，也不能向法院申请强制执行。从这个角度讲，行政管理相对人不缴纳罚款，也不会增加额外的负担。不过需要强调的是，法律规定的是在复议或诉讼的期间之内不计算加处的罚款，但在该期间之外，仍须计算。因此提醒当事人，如果对行政处罚决定不服，应尽早申请行政复议或提起行政诉讼，以防止期间之外加处罚款的产生。

四、环境行政处罚的裁量因素

由于环境行政处罚涉及范围广，环境违法行为的性质、情节、社会危害程度不同，因此行政处罚不但要做到不超越职权、事实认定清楚、适用法律正确、程序合法，还需要做到过罚相当。为提高生态环境部门执法能力和水平，2019年5月21日，生态环境部发布《关于进一步规范适用环境行政处罚

[1] 《行政强制法》第53条规定："当事人在法定期限内不申请行政复议或者提起行政诉讼，又不履行行政决定的，没有行政强制执行权的行政机关可以自期限届满之日起三个月内，依照本章规定申请人民法院强制执行。"第54条规定："行政机关申请人民法院强制执行前，应当催告当事人履行义务。催告书送达十日后当事人仍未履行义务的，行政机关可以向所在地有管辖权的人民法院申请强制执行；执行对象是不动产的，向不动产所在地有管辖权的人民法院申请强制执行。"

自由裁量权的指导意见》(环执法〔2019〕42号),专门对此作出了规定。

该指导意见规定,制定自由裁量规则和基准,应当综合考虑以下因素:违法行为造成的环境污染、生态破坏以及社会影响;违法行为当事人的主观过错程度;违法行为的具体表现形式;违法行为危害的具体对象;违法行为当事人是初犯还是再犯;改正环境违法行为的态度和所采取的改正措施及效果。也就是说,这是制定自由裁量规则和基准的规定,也是作出环境行政处罚所要考量的裁量因素。作为行政管理相对人,要想明白处罚决定书为什么罚款及处罚的金额为什么是这个额度,就可以从上述角度去理解。如果认为不该处罚或者处罚过重,也可以从上述角度采取听证、复议或诉讼手段去维护合法权益。

以违反环境影响评价制度的行为(报告书、报告表类)为例,其裁量因素包括以下情节:

第一,项目要报批的环境影响评价文件类别。在环境影响评价文件类别的项下,主管部门根据涉案项目属于报告书或报告表、生产型或非生产型、重污染类或非重污染类等裁量因素,确定裁量等级。简言之,污染重的项目比污染轻的项目处罚重。

第二,项目建设地点。项目的选址方面,符合环境功能规划与不符合环境功能规划、在不在自然保护区、是否在饮用水水源保护区及饮用水水源保护区的级别,是具体的裁量因素。简言之,对生态环境影响越大的项目处罚越重。

第三,项目建设进程。这是指涉案项目在基础建设、主体建设、设备安装、调试、生产或拒不停止建设等环节设置裁量因素,根据违法行为的不同程度,结合上述设定的裁量因素,规定了从轻至重的裁量标准。

另外,违法行为的次数、区域影响(是跨县、市还是省)、改正态度、是否采取补救措施、经济承受度(企业的性质)也是决定处罚轻重的裁量因素。总之,在一定时间段内违法次数越多、影响范围越大、改正越不及时、补救措施越不好,处罚得越重。当然,还要结合当地的经济发展情况,确定适当的罚款金额。

根据上述指导意见的精神,各省根据各自的实际情况制定了本省适用的裁量标准。以广东为例,2021年11月14日,广东省生态环境厅发布《关于印发〈广东省生态环境行政处罚自由裁量权规定〉的通知》(粤环发

〔2021〕7 号），要求各市生态环境局认真贯彻实施。以未批先建为例，裁量要素有：项目要报批的环境影响评价文件类别、项目建设地点、建设情况、违法行为持续的时间、近两年同类违法行为情况（含本次）、配合执法调查情况。在此基础上，设定裁量起点为 20%，再根据违法行为的轻重程度不同，设定不同的裁量权重。例如，报告表类权重为 0%；报告书类中区别是否纳入排污许可重点管理，纳入的权重为 10%，未纳入的为 5%。计算公式是：罚款金额 = 裁量百分值总和 × 建设项目总投资额 × 5%。广东省这种计算公式和裁量权重的设置通俗易懂，也比较好操作。

行政管理相对人要想不被处罚或者处罚较轻，就需要对裁量标准有所了解，可以清楚应该怎么做，以及如何防范被处罚的风险。

五、常见违法行为

环境行政处罚与其他行政处罚最大的区别就是违法行为类型和表现形式复杂多样，由于篇幅所限，这里介绍几种常见的环境行政处罚违法行为。

（一）未批先建

1. 未批先建的概念

未批先建，是指应当编制环境影响评价报告书或报告表的项目，建设单位未编制上述环境影响评价文件，所编制的环境影响评价文件未经批准、发生重大变化，或者超过一定期限建设未重新报批准机关审核而擅自开工建设的违法行为。简言之，是指环境影响评价文件未经批准而开工建设的违法行为。在所有的环境违法行为中，未批先建占比较多，且违法事实相对容易认定，又是高发的违法行为，无论是企业的决策者、管理层还是法律顾问，一定要引起足够的重视。

未批先建违法行为，既包括新建项目，也包括应当编制环境影响评价文件的改、扩建项目。严格地说，环境影响评价文件包括环境影响评价报告书、报告表和登记表三类，只不过登记表无须生态环境部门审批，但须进行备案。编制报告书的项目，通常是污染物产生量较大或对生态环境有较大影响的项目，编制报告表的项目的污染物量和对环境的影响次之，编制登记表的项目则为污染量较少或影响较小的项目。确定建设项目的环境影响评价类别，应以生态环境部发布的《建设项目环境影响评价分类管理名录

(2021 年版)》为依据。但有些地方依据授权发布地方名录,如深圳发布了《深圳市建设项目环境影响评价审批和备案管理名录(2021 年版)》,则应以地方发布的环境影响评价名录为依据编制所报批的环境影响评价文件。需要说明的是,随着国家"放管服"改革的不断深化及对环境质量要求的变化,上述名录在不断修改,相同项目的环境影响评价类别可能会因为名录的修改而发生变化。因此,建设项目应以当时有效名录为依据正确编制环境影响评价文件。否则,环境影响评价文件可能不被批准。如果故意降低环境影响评价文件类别,则构成违法,可能会面临行政处罚。

2. 未批先建违法行为的表现形式

(1)新建项目

所谓新建项目,就是之前没有的、全新建设的项目。既包括厂房、设备、污染防治设施一并建成和安装的项目,也包括利用他人或自己的物业并进行装修、设备及相关设施安装的项目。如果是在固有物业基础上进行的项目,一定要注意项目与土地空间利用规划、环境功能区规划、城市规划等的相符性。如果未经批准即开始装修、购买并安装设备、进行配套设施建设,不但涉嫌未批先建违法行为而可能受到行政处罚,还因与相关规划不符而没有补救措施,无法取得生态环境影响评价部门的环境影响评价批复,最终使项目流产,造成巨大损失。

(2)改、扩建项目

项目建成后,随着生产规模的增大、生产工艺的改进或技术改造等,建设项目在原有项目的基础上进行改建、扩建是经常发生的事。和新建项目一样,项目在进行改、扩建之前须依据名录的规定先编制环境影响评价文件,并报生态环境部门批准。建设项目发生了变化,可能会导致环境风险的增加,须进行风险评估并采取有效的防控措施。否则,构成未批先建违法行为。一些企业抱有侥幸心理,既不编制环境影响评价文件也不报批,等于为自己埋下了一颗定时炸弹,一旦被发现就会受到相应的处罚。

(3)发生重大变化的项目

这里的重大变化,是指项目的性质、规模、地点、生产工艺、环境保护措施等方面发生了重大改变。何为重大变化?生态环境部门不但对特定行业发布了重大变化清单,如原环境保护部办公厅发布的《制浆造纸建设项目重大变动清单(试行)》,其还发布了《污染影响类建设项目重大变动清单(试行)》,用以规范建设项目重大变化的认定。对于重大变化的发生时间,相关的法律及规范性文件没有明确规定,实务中存在争议。一种观点认为,凡是批建不符的,无论发生在什么时间段内均为重大变化;另一种观点认为,发生在项目批准后、验收之前的才是重大变化。笔者同意后一种观点。如果重大变化发生在项目验收之后,等于原项目已经建成并向外公示,再有新的项目建设行为,应属于改、扩建范畴,不能称为重大变化。

之所以对重大变化发生的时间段进行界定,是因为认定是否需要编制环境影响评价文件所依据的标准有区别。如果在未经验收之前,建设项目的性质、规模、地点、生产工艺、环境保护措施等方面发生了重大改变,则须依据生态环境部发布的特定行业或非特定行业重大变动清单确定是否达到了须重新编制并报批环境影响评价文件的标准。如果在验收之后,建设项目在原来的基础之上发生了变化,则须按照国家或地方发布的环境影响评价名录来确定是否需要编制或报批环境影响评价文件。对于依据重大变动清单确定需要重新编制环境影响评价文件的建设项目,环境影响评价文件的类型是与原来的类别一样或者是不同,笔者认为需要根据变动后的情况和环境影响评价名录确定。重大变动清单仅是确定建项目录须重新编制并报批环境影响评价文件,不能确定变动之后的环境影响评价类别。

(4)超过法定开工时间建设的项目

建设项目的环境影响评价文件批准后 5 年内没有开工建设,其环境影响评价文件应报原审批部门重新审核,不得开工建设。否则,构成未批先建违法行为。需要注意的是,环境影响评价文件的审核机关是原审批部门,即原审批部门是谁就还由谁来审核。这样的审核不是严格意义上的审批。笔者认为,主要是审核项目所在地的区域规划是否进行了调整、是否存在限批、环境质量是否发生了不利改变等。如果没有变化或变化不大,则无须重新编制环境影响评价文件;如果发生了重大不利改变,则需要重新编制环境影响评价文件并报请批准。

3. 未批先建的法律责任

建设项目是否须审批的要求不同,处罚也不同。对须审批的报告书或报告表,如果上述环境影响评价文件没有经审批,则按建设项目总投资额的 1%~5% 处以罚款。对于违反规划无法获得环境影响评价审批的项目,可以同时责令其恢复原状。对于无须审批的建设项目登记表,如果没有备案,责令备案,处5万元以下的罚款。地方性法规有规定的,依据地方性法规规定处罚。例如,《深圳经济特区建设项目环境保护条例》规定:"建设项目环境影响报告书、报告表未报生态环境主管部门审查或者经审查后未予批准,擅自开工建设的,由生态环境主管部门责令停止建设,根据违法情节和危害后果,按照以下标准处以罚款,并可以责令恢复原状:(一)属于应当编制环境影响报告表的建设项目,处五万元以上二十万元以下罚款;(二)属于应当编制环境影响报告书的建设项目,处二十万元以上一百万元以下罚款。建设单位未依法备案的,由生态环境主管部门责令限期改正,并处五万元以下罚款。"

编制或备案环境影响评价文件是建设单位的法定义务,建设单位未履行这一法定义务,应承担未批先建主体责任。当然,建设单位不但要在项目建设前编制环境影响评价文件,还要保证所报批的环境影响评价文件符合相关法律及技术规范的要求。否则,应承担质量瑕疵责任。对于环境影响评价文件存在质量瑕疵,是在审批时发现就给予处罚还是在审批后发现才能给予处罚,还是不区分审批前审批后一经发现均给予处罚,《环境影响评价法》没有作出明确规定,实务中存在争议。笔者认为,违反环境影响评价文件编制要求的违法行为虽然发生在审批之前,只要经过主管部门批准就应当给予行政处罚。例如,编制环评文件所依据的基础资料,被后来在抽查中发现不实。未经批准的环境影响评价文件虽然在规范性及质量上存在问题,主管部门可以不受理或不予批准,但是不能以此为由作出处罚。理由是未经批准的环境影响评价文件尚未付诸实施,不具有应当给予行政处罚的社会危害性。

生态环境部发布的《建设项目环境影响报告书(表)编制监督管理办法》规定,各级生态环境主管部门在环境影响报告书(表)审批过程中,应当对报批的环境影响报告书(表)进行编制质量检查;发现环境影响报告书(表)基础资料明显不实,内容存在重大缺陷、遗漏或者虚假,或者环境影响评价结论不正确、不合理的,不予批准。并规定,上级生态环境影响评价主管部门可以对本行政区域内下级生态环境主管部门或者其他有关审批部门审批的环境影响报告书(表)开展复核。据此可以证明,可以给予行政处罚的环境影响评价文件只能是审批过的,而不是未经批准的。另外,生态环境部及各地生态环境影响评价主管部门多次发布的相关案例,也可以印证笔者的上述观点。

另外，编制环境影响评价文件是一项技术性很强的工作，建设单位一般没有这种能力，委托第三方服务机构编制环境影响评价文件就成了建设单位的不二选择。如果环境影响评价文件是建设单位委托第三方服务机构编制的，第三方服务机构同样也要承担质量瑕疵责任。这一责任，是由建设单位编制并报批环境影响评价文件的法定义务延伸出来的。环境影响评价文件存在质量问题，根据事实的认定，建设单位和编制单位都有可能因此而受到行政处罚。

环境影响评价文件存在质量问题的行政处罚，实行的是双罚制，既处罚单位又处罚个人。在对个人实施处罚时，根据其属于建设单位或编制单位的不同，处罚方式也有所不同。对于建设单位，除处罚单位外还处罚单位的法定代表人、主要负责人、直接负责的主管人员和其他直接责任人员。对于编制单位，除处罚单位外，还处罚环境影响评价文件的编制主持人和主要编制人员。

需要说明的是，对于上述违法行为，如果在2年内没有被发现，就超过了处罚时效，依法不能再给予行政处罚。

（二）未验先投

1. 未验先投的概念

编制环境影响评价报告书或报告表项目，对配套建设的环境保护设施未进行验收，或者验收不合格即投入使用的，应给予行政处罚的违法行为，简称“未验先投”。

2. 未验先投违法行为的表现形式

构成未验先投违法行为，须同时具备以下构成要件：第一，建设项目必须是编制报告书或报告表项目。登记表项目虽然也会配套一些环境保护设施，但不要求建设单位进行验收。第二，建设项目未经验收或验收不合格。如果涉案项目根本没有配套环境保护设施，建设单位就不可能进行验收。因此，未配套环境保护设施与设施未经验收或验收不合格相比，违法情节更严重。第三，建设项目已经投入使用，未投入使用的不构成未验先投违法行为。具体表现就是建设项目已经开始使用或生产。

根据相关法律规定，配套的建设项目由建设单位自行组织验收，也可以委托第三方服务机构组织验收。验收合格后可编制验收报告,并进行公示。验收期限,是指自建设项目环境保护设施竣工之日起至建设单位向社会公开验收报告之日止的时间,一般为3个月,需要对环境保护设施进行调试或者整改的,验收期限可以适当延期,但最长不能超过12个月。

未验先投与未批先建具有相关性。凡是建设项目存在未批先建违法行为的,一定同时存在未验先投违法行为;但是,有未验先投违法行为,不一定同时存在未批先建违法行为。验收的对象是所配套的环境保护设施,而这些应当配套的环境保护设施体现在建设单位所编制并报批的环境影响评价文件中。环境影响评价文件没有被批准,验收就是无源之水、无本之木。

3. 未验先投的法律责任

对于未验先投违法行为,既处罚建设单位又处罚直接负责的主管人员和其他责任人员,即施行双罚制。对于建设单位,处20万元以上100万元以下的罚款;逾期不改正的,处100万元以上200万元以下的罚款。对直接负责的主管人员和其他责任人员,处5万元以上20万元以下的罚款。造成重大环境污染或者生态破坏的,责令停止生产或者使用,或者报经有批准权的人民政府批准,责令关闭。

需要强调的是,未验先投是一种持续性的违法行为,因此与未批先建不同,只要建设单位已经投产,该违法行为就一直存在,就应当受到行政处罚。

(三)违法排放污染物

1. 违法排放的概念

违法排放,是指违反相关法律、法规或规章的规定,排放污染物或排放对外环境有影响的物质或能量的行为。违法排放的标的既有水、气、固体废物,也有噪声、热量、辐射等物质。

2. 主要违法行为

(1)无证排污

无证排污,是指应当取得而未取得排污许可证的排污行为。当前的排污许可证上,只规定了水和大气两种污染物的排放要求,对于噪声和固体废物,正在逐步落实排放要求。随着相关技术规范的不断出台和完善,所有对外环境有影响的排放行为均有可能纳入排污许可证的范畴进行一证管理。

无证排污包括未取得排污许可证,排污许可证到期未延期,排污许可证被撤销、吊销、注销等情况的排污行为，是一种较为严重的违法行为，法律后果也较为严重。对于无证排污的单位，处 20 万元以上 100 万元以下的罚款；情况严重的，报经有批准权的人民政府批准，责令停业、关闭。另外，因无证排污主管部门除给予罚款的行政处罚外，还可以同时将涉案单位移送公安机关，并由公安机关根据情节轻重，对直接负责的主管人员和直接责任人员处 5 日以上 15 日以下的行政拘留。

笔者认为，排污许可证可以理解为行政管理相对人的“准生证”，即没有得到这一行政许可，就不能进行生产，试生产也不行。只要有生产，可能有向外环境排放污染物的行为，就要申领排污许可证。也只有这样，才有可能守住环境质量只能变好不能变坏的底线。有向外环境排放污染物的行为，且无法提供有效的排污许可证，就可以认定为无证排污。因此，无证排污这一违法行为在认定上比较容易。无证排污被主管部门给予的行政处罚，该违法事实的认定比较容易，如果发生争议，在事实认定、法律适用方面回旋空间较小，但处罚程序及量罚是否适当方面或许可以有一定余地。

（2）超标排污

超标排污，是指超过排放标准或限制的排污行为。就排放标准而言，有地方标准的按地方标准执行，没有地方标准的按国家标准执行。地方标准应严于国家标准。

在所有的违反排污许可管理的案件中，超标排污案件的发案频率较高。既有工艺方面的原因，也有管理方面的原因，还有监（检）测方面的原因，当然也不乏行政管理相对人为节省成本而引发的超标排污。超标排污原因复杂、监管难度大、存在的问题多，也最容易引发争议。根据笔者代理此类案件的经验，行政主管机关的败诉率也相对较高，败诉的原因主要集中在对超标事实的认定上。而且，一旦事实认定被推翻，整个行政处罚就不能成立。这是行政管理相对人最想要的结果。虽然行政处罚不成立，但并不意味着行政管理相对人的排放行为没有问题。从风险防控及可持续发展的角度看，行政管理相对人要以此为契机进行认真审核，也可以称为“环保体检”，发现存在的问题并及时解决，只有这样才能做大做强，实现长治久安。

在所有的超标类环境行政处罚案件中，《监（检）测报告》是关键证据，而一份合法有效的《监（检）测报告》不但形式要合法，内容也要合法。而要怀疑其合法性，采样过程是关键环节。样品不合法，监（检）测结果自然不合法，不能作为事实认定的依据。有关采样的技术规范很多，只有了解到这些规定，才能找出存在的问题。当然，实验室的检测也很重要，其中涉及检测仪器的精准性、检测人员的专业能力、检测方法的合法性、检测数据的有效性等。而要对《监(检)测报告》提出疑问，一方面，要有足够的知识储备，必要时可以借助技术专家的力量；另一方面，还要有丰富的经验，把技术问题转化为外行都能够听得懂的语言，从而获得裁决者的认同和支持。

(3)超总量排放

超总量排污，是指超过污染物控制数量的排放行为。我国实行重点污染物排放的总量控制制度，各地按照区域管理要求，给各排污单位分配某种重点污染物的排放数量，超过该控制数量即为超总量排放。

因为超总量而被处罚的案件不是很多，一方面，主要污染物的总量是以年度为单位计算的；另一方面，计算总量的数据来源于行政管理相对人的在线监测数据，而这些在线监测设备所显示的数据绝大部分是达标的。也就是说，在污染物浓度达标、排放量稳定的情况下，主要污染物的总量也不会被超过。当然，尽管此类案件较少，但并不意味着行政管理相对人在这些方面均不存在违法行为。因为不排除有通过各种手段弄虚作假，隐瞒排放量的违法行为的存在。

(4)以逃避监管方式排放

以逃避监管方式排放，是指以逃避监管为目的的排放行为。该行为在主观上应当是故意，过失不构成本违法行为；客观上实施了排放行为，对外环境往往会造成较大的危害，也是监管部门重点打击的对象。表现形式有：通过私设暗管，利用渗井、渗坑、溶洞、裂隙等手段排放污染物。

(5)不按证排污

不按证排污，是指不按照所取得的排污许可证的要求排放的行为。例如，由原来的间接排放改为直接排放、擅自增加了排污口等。

3. 违法排放的法律责任

对于违法排放行为的处罚，根据情节轻重不同，既可以由主管部门给予罚款的行政处罚，也可由公安机关给予行政拘留，还有可能被移送司法机关追究刑事责任。而在罚款的行政处罚中，企业、事业单位和其他生产经营者违法排放污染物，受到罚款处罚，被责令改正，拒不改正的，依法作出处罚决定的行政机关可以自责令改正之日的次日起，按照原处罚数额按日连续处罚。对于按日连续处罚的适用,地方性法规可以根据需要和具体实际,增加适用情形。

(四)涉固体废物的违法行为

1. 固体废物的概念

固体废物,是指在生产、生活和其他活动中产生的丧失原有利用价值或者虽未丧失利用价值但被抛弃或者放弃的固态、半固态和置于容器中的气态的物品、物质以及法律、行政法规规定纳入固体废物管理的物品、物质。经无害化加工处理,并且符合强制性国家产品质量标准,不会危害公众健康和生态安全,或者根据固体废物鉴别标准和鉴别程序认定为不属于固体废物的除外。[1] 从上述定义可以看出,固体废物的种类有以下几种:

第一,丧失原有价值的物品或物质。丧失原有价值是一个相对概念,并不意味着产品没有价值,只不过其价值已不是最初预期的价值。如废机油、高浓度的含铜废蚀刻液等,均是固体废物中的危险废物,但具有回收利用价值。

第二,被抛弃或放弃的物品或物质。笔者认为,不管这种物品或物质是否具有价值,只要被持有人或管理人等抛弃或放弃,即可将其视为废物。如一部手机或一件衣服,无论是新还是旧,只要被丢进垃圾桶就变成了废物。

第三,纳入固体废物管理的物品或物质。除了工业固体废物外,《固体废物污染环境防治法》所称的固体废物还包括建筑垃圾、生活垃圾、农业固体废物、电器电子、铅蓄电池、车用动力电池、包装物、污泥、实验室固体废物等,这些固体废物均被纳入《固体废物污染环境防治法》管理,适用《固体废物污染环境防治法》的相关规定。

另外,固态只是固体废物的一种物理状态,固体废物还包括半固态、液态、装在容器中的气态物质。也就是说,固体废物的物理状态包括固、液、气三种状态。一种物质是否属于固体废物,不能从其物理状态上进行甄别,要依据固体废物的鉴别标准进行判断。

2. 涉固体废物的违法行为

对于固体废物,《固体废物污染环境防治法》规定实行全过程管理,即从

---

〔1〕 参见《固体废物污染环境防治法》第 124 条。

产生、收集、贮存、运输、利用到处置，每一个环节都要严格遵守法律规定。违反有关固体废物管理法律法规及规章的行为即构成涉固体废物的违法行为，笔者把涉固体废物的违法行为分为涉一般固体废物违法行为和涉危险废物违法行为两种。

（1）涉一般固体废物违法行为

一般固体废物在不同环节的管理规定如下，如果不按这些管理规定做，就构成所对应的行政违法行为。

①产生环节：要建立管理台账，并如实记录；公开污染环境防治信息。

②收集环节：公开污染环境防治信息。

③贮存环节：按规定建设贮存场所，并符合环境保护标准；跨省转移贮存的，要经过移出地省级生态环境部门批准。公开污染环境防治信息。

④运输环节：要委托有资质的受托方进行运输，对受托方的能力进行核实，并签订书面合同。公开污染环境防治信息。

⑤利用环节：除与运输环节要求相同外，跨省转移利用的，要向移出地省级生态环境部门备案。公开污染环境防治信息。

⑥处置环节：与利用环节的要求相同外，跨省转移处置的，要经过移出地省级生态环境部门批准。公开污染环境防治信息。

另外，将列入限期淘汰名录被淘汰的设备转让给他人使用，以及在生态保护红线区域、永久基本农田集中区域和其他需要特别保护的区域内，建设工业固体废物、危险废物集中贮存、利用、处置的设施、场所和生活垃圾填埋场，也属于违反《固体废物污染环境防治法》的违法行为。

对于工业固体废物，纳入排污许可管理。未取得排污许可证而产生工业固体废物属于违法行为，对应主体将承担相关的法律责任。工业固体废物之外的其他固体废物，如畜禽粪污、污水处理厂污泥、尾矿、煤矸石、废石等矿业固体废物等，虽未纳入排污许可管理，但要遵守《固体废物污染环境防治法》的规定，否则构成违法。

（2）涉危险废物违法行为

在所有的固体废物中，危险废物因其具有危险特性，即毒性、反应性、腐蚀性、易燃性、感染性特征，对人身、财产或生态环境破坏性大，必须进行严格管理。涉危险废物违法行为历来是生态环境主管部门打击的重点。除与一般固体废物一样应进行全过程管理外，对于危险废物又有不同于一般固体废物的管理规定。主要包括以下几点。

①要制订危险废物管理计划并报主管部门，如危险废物的应急管理计划。

②危险废物要分类贮存，并须按规定贴上危险废物标志，且不得混入非危险废物贮存。

③危险废物应交给有资质的单位收集、运输、处置，且不得与旅客在同一运输工具上载运。

④危险废物的转移须按规定填写转移联单。

⑤未经消除污染处理，不得将收集、贮存、运输、处置危险废物的场所、设施、设备和容器、包装物及其他物品转作他用。

同一般固体废物一样，违反上述管理规定，即构成涉危险废物的行政违法行为。当然，通过对比一般固体废物的管理规定也可以看出，对危险废物的管理要比一般固体废物严格。

（五）涉第三方服务机构的违法行为

第三方服务机构主要包括环境影响评价公司、第三方运营单位、检测公司。其环境违法行为主要表现如下：

（1）环境影响评价公司：环境影响评价文件存在质量问题，如遗漏环境敏感点、抄袭他人的环境影响评价文件、环境影响评价数据造假等。

（2）第三方运营单位（主要是在线监控设备的受托运维方，也有排污单位将污水处理设施交第三方服务机构运维）：不正常运行污染防治设施，伪造、篡改监测数据等。

（3）检测公司：出具虚假不实的检测报告。

上述违法行为有些是第三方机构所为，有些是委托单位与第三方机构合谋所为。对于这些违法行为，相关的法律责任由谁承担？笔者认为，第三方服务机构接受委托提供有偿服务，相关的法律后果应由委托方承担。但法律法规或规章规定第三方服务机构应承担责任的，第三方服务机构也一并承担相应的法律责任。也就是说，出现问题应该处罚委托单位，但国家或地方规定可以处罚第三方服务机构的，第三方服务机构也应一并承担相应的法律责任。

第二节 环境行政处罚的影响

一、联合惩戒措施

生态环境部于2022年1月22日公布的《生态环境部通报2021年1—12月环境行政处罚案件与〈环境保护法〉配套办法执行情况》显示，2021年1—12月，全国共下达环境行政处罚决定书13.28万份，罚没款数额总计116.87亿元，案件平均罚款金额8.8万元。2021年1—12月，全国五类案件总数为15,454件。其中，按日连续处罚案件数量为199件，罚款金额为18,580.62万元；适用查封、扣押案件数量为8897件；适用限产、停产案件数量为1093件；移送拘留案件数量为3397件；移送涉嫌环境污染犯罪案件数量为1868件。

从以上数据可以看出我国环境行政执法之严。虽然案件平均罚款金额8.8万元对很多企业来说可以承受，但是具体到个案，行政管理相对人受到环境行政处罚后的巨大影响却是很多企业生态所无法承受的，环境行政处罚不仅会在“国家企业信用信息公示系统”“信用中国”“生态环境部门”等相关官网上公示，导致企业环境信用评级降低，还会对企业的税收优惠、财政补贴、融资上市、招/投标、政府采购等诸多方面产生影响，甚至是“一票否决”的影响。

根据国家发改委等31个部门联合印发的《关于对环境保护领域失信生产经营单位及其有关人员开展联合惩戒的合作备忘录》的规定，因受到环境行政处罚而导致失信的经营单位将面临25项惩戒：

(1)限制取得政府供应土地。

(2)限制取得工业产品生产许可证。

(3)禁止作为供应商参加政府采购活动。

(4)限制参与财政投资公共工程建设项目投标活动。

(5)限制参与基础设施和公用事业特许经营。

(6)依法限制取得安全生产许可证。

(7)对弄虚作假的机动车排放检验机构，撤销其检验检测机构资质。

(8)失信生产经营单位申请适用海关认证企业管理的，海关不予通过认证。

(9)限制发行企业债券及公司债券。

(10)限制注册非金融企业债务融资工具。

(11)将生产经营单位的失信信息作为股票发行审核及在全国中小企业股份转让系统公开转让审核的参考。

(12)对于享受环保电价加价的燃煤电厂,没收二氧化硫、氮氧化物、烟尘排放超标相应时段的环保电价款,并从重处以罚款。

(13)因违反环境保护法律法规受到处罚的,根据财政部、国家税务总局相关规定,自处罚决定下达的次月起36个月内,不得享受资源综合利用产品和劳务增值税即征即退政策。

(14)存在超过污染物排放标准或者超过重点污染物排放总量控制指标排放污染物等违法行为的,按照财政部、国家税务总局相关规定,停止执行已经享受的环境保护项目企业所得税优惠。

(15)停止执行相关财政性资金支持,或者限制其申请财政性资金项目。

(16)停止执行投资等领域相关优惠性政策,或者对其关于享受相关优惠性政策的申请不予批准。

(17)失信生产经营单位相关负责人适用中央企业负责人经营业绩考核有关规定的,视情节轻重和影响程度,扣减年度经营业绩考核综合得分,直至降低其年度经营业绩考核和任期经营业绩考核等级,并相应扣发企业负责人绩效年薪和任期激励收入;情节严重的,给予纪律处分或者对企业负责人进行调整。

(18)失信生产经营单位相关负责人适用中央统战部等14个部门关于非公有制经济代表人士综合评价有关规定的,不应推荐其为人大代表候选人、政协委员人选,也不得评优表彰。

(19)对失信生产经营单位,不得授予文明单位等荣誉称号,已获得荣誉称号的予以撤销;对失信生产经营单位法定代表人、主要负责人和直接责任人,不得授予道德模范、五一劳动奖章等荣誉称号,已获得荣誉称号的予以撤销。

(20)推动各金融机构将失信生产经营单位的失信情况作为融资授信的参考。

(21)推动各保险机构将失信生产经营单位的失信记录作为厘定环境污

染责任保险费率的参考。

(22)在上市公司或者非公众上市公司收购的事中事后监管中,对有严重失信行为的生产经营单位予以重点关注。

(23)各市场监管、行业主管部门将失信生产经营单位作为重点监管对象,加大日常监管力度,提高抽查的比例和频次。

(24)有关部门将失信生产经营单位信息,通过"信用中国"网站和国家企业信用信息公示系统向社会公布。

(25)各部门依法实施的其他惩戒措施。

上述合作备忘录提出的25项严厉的惩戒措施,是对失信企业的联合惩戒。而环境行政处罚对企业来说,除了经济上受损外,还有环保信用的损失。在某种程度上,环保信用的损失比单纯的行政处罚对企业的影响更大。归纳来说,环境行政处罚对企业的主要影响体现在税收优惠取消、政府采购活动禁止、上市融资风险、贷款不予授信、高新技术企业资格取消等方面。

二、其他具体惩戒措施

环境行政处罚对企业的影响在其他法律法规中也有体现,例如,税收优惠取消、政府采购活动禁止、上市融资风险、贷款不予授信、高新技术企业资格取消,具体体现为以下几个方面。

(一)取消税收优惠

财政部、国家税务总局《关于印发〈资源综合利用产品和劳务增值税优惠目录〉的通知》(财税〔2015〕78号)第4条明确规定:"已享受本通知规定的增值税即征即退政策的纳税人,因违反税收、环境保护的法律法规受到处罚(警告或单次1万元以下罚款除外)的,自处罚决定下达的次月起36个月内,不得享受本通知规定的增值税即征即退政策。"虽然该通知现在已经被2024年1月20日财政部《关于公布废止和失效的财政规章和规范性文件目录(第十四批)的决定》(财政部令第114号)废止,但在当时,有不少企业依据该规定失去高额税收优惠资格。

财政部、国家税务总局于2021年发布的《关于完善资源综合利用增值税政策的公告》放宽了环境行政处罚取消税收优惠政策条件,具体体现为该公告以下条款:

第3条第2款第7项:“纳税人申请享受本公告规定的即征即退政策时，申请退税税款所属期前6个月(含所属期当期)不得发生下列情形:(1)因违反生态环境保护的法律法规受到行政处罚(警告、通报批评或单次10万元以下罚款、没收违法所得、没收非法财物除外;单次10万元以下含本数,下同)。(2)因违反税收法律法规被税务机关处罚(单次10万元以下罚款除外),或发生骗取出口退税、虚开发票的情形。……”

第3条第4款:“已享受本公告规定的增值税即征即退政策的纳税人，在享受增值税即征即退政策后,出现本公告‘三’中第‘(二)’部分第‘7’点规定情形的,自处罚决定作出的当月起6个月内不得享受本公告规定的增值税即征即退政策。如纳税人连续12个月内发生两次以上本公告‘三’中第‘(二)’部分第‘7’点规定的情形,自第二次处罚决定作出的当月起36个月内不得享受本公告规定的增值税即征即退政策。相关处罚决定被依法撤销、变更、确认违法或者确认无效的,符合条件的纳税人可以重新申请办理退税事宜。”

从上述规定可以看出,享受税收优惠政策的企业环境行政处罚如果属于“警告、通报批评或单次10万元以下罚款、没收违法所得、没收非法财物情形”之外的情形,自处罚决定作出起的6个月内不得享受税收优惠政策。如果连续12个月内受到两次环境行政处罚,自处罚决定作出起36个月内不得享受税收优惠政策。虽然,因环境行政处罚取消企业税收优惠政策的条件相比之前有所放宽,但是对企业的影响仍然比较大,所以笔者在此也提醒企业应遵守法律,不要存在侥幸心理。万一遇到了行政处罚,如果认为该行政处罚存在错误,可以通过申请行政复议或提起行政诉讼方式维护自己的合法权益。当然,在行政处罚作出之前,如果收到了行政处罚听证告知书,还可以依法申请听证。同时,还可以采取有效措施,积极整改,减少或消除对外环境所造成的污染,以争取不罚或少罚。

(二)禁止政府采购

《政府采购法》第22条明确规定了供应商参加政府采购活动应当具备的条件之一是参加政府采购活动前三年内,在经营活动中没有重大违法记录。《政府采购法实施条例》第19条规定:“政府采购法第二十二条第一款第五项所称重大违法记录,是指供应商因违法经营受到刑事处罚或者责令停产停业、吊销许可证或者执照、较大数额罚款等行政处罚。供应商在参加政府采购活动前3年内因违法经营被禁止在一定期限内参加政府采购活动，期限届满的，可以参加政府采购活动。”从上述规定可以看出，环境行政处罚对企业作为供应商参加政府采购活动具有影响。也就是说，企业一旦受到重大环境行政处罚，3年内将被禁止参加政府采购活动，无法参与招投标活动。

（三）对上市公司的影响

环境行政处罚对上市公司或拟上市公司的影响更大，不仅环境信息披露义务更严，而且严重者不能上市，已上市的不得发行证券、不得实施重大资产重组。

1. 拟上市公司不得上市

《首次公开发行股票注册管理办法》第13条第1、2款规定：“发行人生产经营符合法律、行政法规的规定，符合国家产业政策。最近三年内，发行人及其控股股东、实际控制人不存在贪污、贿赂、侵占财产、挪用财产或者破坏社会主义市场经济秩序的刑事犯罪，不存在欺诈发行、重大信息披露违法或者其他涉及国家安全、公共安全、生态安全、生产安全、公众健康安全等领域的重大违法行为。”根据该规定，如果企业最近3年内存在涉及危害生态安全的重大违法行为，是不符合首次发行股票并上市的条件的。

2. 已上市公司不得发行证券

《上市公司证券发行注册管理办法》第10条规定，上市公司存在严重损害上市公司利益、投资者合法权益、社会公共利益的重大违法行为，不得向不特定对象发行股票。这是上市公司不得向不特定对象发行股票的情形之一。这里的严重损害社会公共利益的重大违法行为，当然也包括严重损害生态环境的重大违法行为。

另外，根据《上市公司证券发行注册管理办法》第12条的规定，上市公司发行股票，募集资金使用应当符合的规定中，就包含应当符合国家产业政策和有关环境保护、土地管理等法律、行政法规规定。

3. 已上市公司不得实施重大资产重组

《上市公司重大资产重组管理办法》第2章重大资产重组的原则和标准中第11条明确规定：“上市公司实施重大资产重组，应当就本次交易符合下列要求作出充分说明，并予以披露：（一）符合国家产业政策和有关环境保护、土地管理、反垄断、外商投资、对外投资等法律和行政法规的规定;(二)不会导致上市公司不符合股票上市条件;……”根据该规定可知,违反环境保护方面的法律和行政法规规定的,该上市公司不能进行重大资产重组。

4. 更严格的环境信息披露义务

《企业环境信息依法披露管理办法》第 8 条明确规定:“上一年度有下列情形之一的上市公司和发债企业,应当按照本办法的规定披露环境信息:(一)因生态环境违法行为被追究刑事责任的;(二)因生态环境违法行为被依法处以十万元以上罚款的;(三)因生态环境违法行为被依法实施按日连续处罚的;(四)因生态环境违法行为被依法实施限制生产、停产整治的;(五)因生态环境违法行为被依法吊销生态环境相关许可证件的;(六)因生态环境违法行为,其法定代表人、主要负责人、直接负责的主管人员或者其他直接责任人员被依法处以行政拘留的。”根据该规定,上市公司和发债企业如果受到环境行政处罚,且符合以上情况的,应当按照本办法规定履行严格的环境信息披露义务,到时候就不仅是影响企业声誉的问题,股价、融资、证券发行等都可能会受影响。

(四)贷款不予授信

原中国银监会《关于印发绿色信贷指引的通知》(银监发〔2012〕4 号)第 17 条明确规定:“银行业金融机构应当加强授信审批管理,根据客户面临的环境和社会风险的性质和严重程度,确定合理的授信权限和审批流程。对环境和社会表现不合规的客户,应当不予授信。”天津银监局行政处罚信息公开表(津银监罚决字〔2018〕× ×号)显示:2018 年 6 月 28 日,某银行股份有限公司因贷前调查不到位,向环保未达标的企业提供融资,以及贷后管理失职,流动资金贷款被挪用,而被处罚 50 万元。其中的处罚依据就有该条规定,可见环境行政处罚对信贷审批也是有影响的。

(五)取消高新技术企业资格

如果高新技术企业发生严重环境违法行为,可能会被取消高新技术企业资格,并追缴已享受的高新技术税收优惠。具体体现在《高新技术企业认定管理办法》第 19 条第 1 款规定:“已认定的高新技术企业有下列行为之一的，由认定机构取消其高新技术企业资格：（一）在申请认定过程中存在严重弄虚作假行为的；（二）发生重大安全、重大质量事故或有严重环境违法行为的；（三）未按期报告与认定条件有关重大变化情况，或累计两年未填报年度发展情况报表的。”

对被取消高新技术企业资格的企业，由认定机构通知税务机关按《税收征收管理法》及有关规定，追缴其自发生上述行为之日所属年度起已享受的高新技术企业税收优惠。

第三节 环境行政处罚的救济途径

企业如果涉嫌环境行政违法被立案或者已经收到环境行政处罚事先告知（听证）书，那么了解救济途径就非常有必要。根据《生态环境行政处罚办法》的规定，环境行政处罚的普通程序包括以下阶段：立案—调查取证—案件审查—告知和听证—法制审核和集体讨论—决定—信息公开—执行等。对于企业来说，其实从生态环境部门执法检查时就可以开始维护其合法权益。也就是说，只要应对方法适当，每一阶段都有机会获得有利的结果。

一、执法检查的正确应对

基于行政法上的管理与被管理关系，行政管理相对人应当配合执法人员的行政执法。但是，配合执法检查，并不意味着行政管理相对人没有拒绝的权利。对于执法人员在执法过程中存在的违法行为，行政管理相对人可以依法拒绝，或者及时申请回避，以维护企业的合法权益。对执法人员一味地忍让、迁就，不但不利于执法人员执法能力的提升，还会损害行政管理相对人的合法权益。

实务中，行政管理相对人出于法律知识的缺乏，或者对其本身存在诸多问题担心等原因，会出现一种惧怕得罪执法人员的心理，这种现象很常见。因此，企业经营上的合规及对相关法律知识的学习，是正确应对和处理行政执法的基础。有些企业通过拉关系甚至行贿，企图蒙混过关不被查处，这不是生存之道，更不可能持续发展。随着“双随机、一公开”、“非现场执法”、精准治污、科学治污、依法治污的展开，违法行为能侥幸躲过一时，但终究还是难逃法网，有被查处的一天。反之，也没有必要惧怕执法检查，更没有必要担心会被报复。

二、提出陈述、申辩意见

陈述、申辩权是《行政处罚法》及《生态环境行政处罚办法》赋予行政管理相对人的救济性权利。作为行政执法机关，有义务保障行政管理相对人能够充分行使这种权利。否则，就严重违反法定程序，所作出的行政处罚决定会被撤销。

首先，在作出行政处罚决定前，生态环境部门要告知行政管理相对人拟作出行政处罚所认定的违法事实、理由、所取得的证据、法律依据、裁量标准等，并告知行政管理相对人有陈述、申辩的权利及行使上述权利的期限，陈述、申辩的权利即对事实的认定、法律适用、量罚等发表意见，为自己进行辩解的权利。

其次，生态环境部门不能因为行政管理相对人行使了陈述、申辩权而加重处罚。辩护理由成立的，生态环境部门应当采纳。理由不成立不采纳的，应当说明原因。

最后，陈述、申辩是行政管理相对人的一项权利，既可以行使，也可以放弃。

实务中，存在的最大问题是企业不知道应如何行使该陈述、申辩权，或者其在行使陈述、申辩权时，陈述、申辩理由往往不被行政机关所采纳。出现这种情况，究其原因还是企业抓不住要点，不了解哪些要素可以成为行政机关不予处罚、免予处罚，或者从轻、减轻处罚的理由。

实践中，企业常见的陈述、申辩理由主要分为三类：其一，企业已经按要求改正过，不应该再被处罚；其二，企业委托了第三方机构进行检测，其所排放的污染物不超标；其三，企业生产经营困难，无力承担高额的罚款。

《生态环境行政处罚办法》第 42 条[1]规定了轻微不罚、首违不罚和无

---

〔1〕《生态环境行政处罚办法》第 42 条规定："违法行为轻微并及时改正，没有造成生态环境危害后果的，不予行政处罚。初次违法且生态环境危害后果轻微并及时改正的，可以不予行政处罚。当事人有证据足以证明没有主观过错的，不予行政处罚。法律、行政法规另有规定的，从其规定。对当事人的违法行为依法不予行政处罚的，生态环境主管部门应当对当事人进行教育。"

过错不处罚。第43条[1]规定了5种应当从轻或者减轻处罚的情形。可以看出,企业常见的上述三类理由均不是法定的不予处罚、免予处罚或者从轻、减轻处罚的理由。行政机关不予采纳并不违反相关规定。企业要想提要高陈述、申辩的成功率,除了要了解有相关规定外,还要理解行政处罚的构成要件及如何举出对自有利的证据,没有经过专业的训练可能无法胜任这一工作。因此,必要时可以考虑聘请专业的环境律师代理。

除了处罚金额较小、不符合听证条件的行政处罚外,还有一些企业出于不影响企业生产经营或上市进程的考虑,在有权申请听证的情况下,放弃听证而选择提交书面的陈述/申辩意见来表达观点,这也是可行的。

三、申请听证

申请听证跟陈述、申辩一样,都是法律赋予行政管理相对人在生态环境部门作出环境行政处罚决定前为自己申辩的权利,向生态环境部门提出免予处罚或从轻、减轻处罚的理由。二者的区别在于,听证只适用于可能涉嫌重大行政处罚的情况。根据《生态环境行政处罚办法》的规定,以下环境行政处罚应当告知听证。

(1)较大数额罚款。"较大数额"即对公民是指人民币(或者等值物品价值)5000元以上、对法人或者其他组织是指人民币(或者等值物品价值)20万元以上。

(2)没收较大数额违法所得、没收较大价值非法财物,"较大数额/价值"即对公民是指人民币(或者等值物品价值)5000元以上、对法人或者其他组织是指人民币(或者等值物品价值)20万元以上。

(3)暂扣许可证件、降低资质等级、吊销许可证件、一定时期内不得申请行政许可。

(4)限制开展生产经营活动、责令停产整治、责令停产停业、责令关闭、限制从业、禁止从业。

---

[1] 《生态环境行政处罚办法》第43条规定:"当事人有下列情形之一的,应当从轻或者减轻行政处罚:(一)主动消除或者减轻生态环境违法行为危害后果的;(二)受他人胁迫或者诱骗实施生态环境违法行为的;(三)主动供述生态环境主管部门尚未掌握的生态环境违法行为的;(四)配合生态环境主管部门查处生态环境违法行为有立功表现的;(五)法律、法规、规章规定其他应当从轻或者减轻行政处罚的。"

(5)其他较重的行政处罚。

(6)法律、法规、规章规定的其他情形。

地方性法规、地方政府规章对“较大数额”“较大价值”另有规定的,从其规定。

行政处罚听证告知书,不是行政处罚决定书,不为行政管理相对人设定义务,只告知拟作出行政处罚所依据的事由及其享有申请听证的权利等内容。这种权利可以行使,也可以放弃。从某种意义上讲,听证与陈述、申辩一样,都是听取行政管理相对人意见的方式。不同之处是,听证类似于法院的开庭审理案件,而递交陈述、申辩意见,则是不组织开庭的书面审理。在符合听证条件的行政处罚案件中,听证的效果要好于仅向行政机关提交陈述、申辩意见。

实务工作中,听证环节的作用有可能被低估。有些企业认为听证不是行政复议,更不是诉讼。事实上,如果能在听证阶段就说服行政机关作出不予处罚决定或者从轻、减轻处罚,达到想要的效果,所付代价往往是最小的,效果也是最好的。

基于行政考核方面的原因,行政机关都担心所作出的行政处罚决定被行政复议机关或法院撤销。因此,即便是作出的处罚决定存在着事实认定、程序上或法律适用上的问题,也会在行政复议或行政诉讼中极力维护。加之这类案件的专业性比较强,行政复议机关的承办人员或法院的法官不一定驾驭得了此类案件,企业败诉的风险还是比较大的。

相较行政复议和行政诉讼,听证虽然类似于法官的开庭审理,但这种程序是行政机关内部的一种纠错机制,是行政机关内设的审查机构对案件调查的制度监督,也称为查处分离制度。由于是内部纠错机制,就不存在错案追究的问题。因此,即便是行政机关立案之后又撤销案件,或者作出不予处罚、免予处罚的决定,均是法律赋予的权限和职责,管理者和被管理者之间的对抗色彩没有那么强烈。采用这种方式解决问题,企业也可能不会有那么多顾虑。

当然,是选择听证还是陈述、申辩,还要根据企业的具体状况而定。因为听证是公开进行的,在听证前行政机关通常会对外发布公告。有些企业担心这种公告会对其产生负面影响,就放弃听证而选择递交书面陈述、申辩的形式表达意见,这也是可以的。因为仅向行政机关递交书面意见,所以这种书面意见就应当有理有据，企业在必要的时候可以聘请专业人员，包括聘请律师或技术专家参与陈述、申辩意见的论证；否则，很难达到企业想要的结果。

四、登报道歉

采用登报道歉的方式解决行政处罚争议，是深圳首创的。2016 年，深圳将公开道歉承诺制度纳入《深圳市环境行政处罚裁量权实施标准》（已失效）并开始适用，2022 年，该制度在广东全省推广适用。据了解，2016 年至 2021 年，深圳累计有 1270 家违法企业在深圳主流媒体公开道歉承诺，均在作出处罚决定前自觉完成整改活动。其中，2020 年、2021 年分别有 53 家、48 家企业公开道歉承诺，减免处罚金额分别为 469.5 万元、487.4 万元，均占当年总处罚金额的 4.3%。2020 年公开道歉承诺的企业中，再次违法的企业有 6 家，2021 年仅有 2 家，企业的守法意识明显增强。

可以说，这种解决行政处罚争议的方法，无论是对行政管理相对人而言，还是对行政机关而言，都有利于减轻环境行政处罚带来的负担。登报道歉既可以减轻行政管理相对人的处罚负担，也可以让行政机关避免败诉的风险，节省了行政成本。

但不是所有的环境行政违法行为均可以采用登报道歉的方式解决行政处罚争议，登报道歉的方式只适用于符合规定条件的案件，而且减免的行政处罚金额也有一定的限制。

行政管理相对人在登报道歉时，要改正环境违法行为，并作出相应的守法承诺。生态环境部门经复查，在确认当事人已经整改后，再作出减轻处罚的决定。

五、申请行政复议

行政复议，对于行政机关而言，是复议机关对行政机关的一种内部监督机制，对于行政管理相对人而言，是解决行政争议的又一路径。

2023 年《行政复议法》修订之前，复议机关对行政机关作出的处罚决定的维持率极高，由此也引起了人们对行政复议制度在解决行政争议时所发挥的作用的怀疑。《行政复议法》修订之后，明确了行政复议化解行政争议的主渠道的功能定位，特别是行政复议调解和解制度的建立，可以把相当一部分行政争议化解在行政复议阶段，使行政复议重新焕发制度活力。

六、提起行政诉讼

行政诉讼是司法纠错机制，一般是由行政管理相对人向作出处罚决定的生态环境部门所在地基层法院提起行政诉讼，重大、复杂案件可以向所在地中级人民法院起诉。行政诉讼与行政复议虽然都是对环境行政处罚的救济途径，但二者存在明显区别：行政诉讼受《行政诉讼法》等相关法律规范的调整，行政复议受《行政复议法》等相关法律规范的调整；行政诉讼是外部的司法纠错机制，行政复议是内部的纠错机制。在具体适用时，除法律规定的行政复议前置案件外，当事人可以选择行政复议，也可以选择行政诉讼，或者先行政复议后行政诉讼。

七、非诉行政处罚执行申辩

生态环境主管机关只有行政处罚权而没有强制执行权。行政管理相对人既不缴纳行政处罚决定书所确定的罚款，又不申请行政复议或提起行政诉讼的，生态环境主管机关可以向有管辖权的法院申请强制执行。

法院受理行政机关的强制执行申请后，经审查，发现行政处罚决定的合法性及申请执行的程序等存在问题的，依法可以裁定不予执行。

依据《行政强制法》及相关的规定，法院在审查非诉行政强制执行的案件时，可以听取行政管理相对人的意见，这就为其申辩提供了机会。行政管理相对人可以抓住最后的救济机会，使法院作出不予执行的裁定，从而解决对行政处罚决定不服的争议。这不失为解决环境行政处罚争议的又一种途径。

八、环保合规

一些地方也在尝试环保合规。即当存在环境违法行为的行政管理相对人，通过制订合规计划、实施合规整改、建立合规制度等一系列的措施，并通过第三方监督人的验收评估，达到纠正环境违法行为与合规有效的目的时，行政机关可以作出不予处罚的决定的制度。

企业的环保合规在深圳的宝安区、龙岗区等多地都开展了试点工作。随着相关机制的不断完善，其有望成为企业解决环境行政处罚争议的又一条有效路径。

第二章 执法检查的正确应对

第一节 环境违法行为的调查

一、调查启动

对行政违法行为的处罚是从启动调查开始的，换句话说，没有调查就没有处罚。因此，行政管理相对人要重视行政机关的调查工作并以正确的态度去应对或配合调查。不要等到收到行政处罚告知书或行政处罚决定书时，才后悔当初在行政机关调查时草率应付或一味地迁就。实务中，启动对环境违法行为的调查，主要有以下几种形式。

(一)双随机抽查

2015 年 8 月 5 日，国务院办公厅发布了《关于推广随机抽查规范事中事后监管的通知》，要求在政府管理方式和规范市场执法中，全面推行"双随机、一公开"的监管模式。所谓"双随机、一公开"，就是指在监管过程中随机抽取检查对象、随机选派执法检查人员，并将抽查情况及查处结果及时向社会公开。但在实际执法过程中，这种方式运用得并不好，究其原因，一是大量的执法力量在疲于应对群众的举报投诉，二是部分执法人员的专业素质不能胜任随机抽取出来的监管任务。

(二)群众举报投诉

随着公众环保意识的觉醒和对生态环境要求的提高，生态环境领域举报投诉居高不下。在这些举报投诉中，有两个问题值得注意：一是达标扰民，即排污单位所排放的污染物虽然没有超过排污许可的排放标准，却经常遭遇居民的投诉；二是排污单位的内部举报。达标扰民的诱发机理大多是“邻避效应”，内部举报则往往是由于劳资关系等内部的不和谐原因所致。对于行政管理相对人而言，想要避开“邻避效应”的不利影响，企业的选址要尽可能地远离环境敏感点。而防范内部举报，除了做到合规经营外，还要加强管理，因为不排除有内部的恶意举报者，为达到目的而不择手段地实施报复。

有人曾建议建立“吹哨人制度”，鼓励单位内部员工举报本单位的违法行为。这种举报更具有针对性，便于执法机关及时查处违法行为。也有人反对这种做法，认为这样容易导致劳资关系紧张和道德风险增加。

实务中，有奖举报制度屡见不鲜，并由此查处了一批环境违法行为。但是，也要提防那些为了一己私利而进行的恶意举报。

（三）中央环保督察

中央生态环境保护督察是一个不断完善和深化的过程。从2015年的试点到全面推开，截至2024年12月31日，中央生态环境保护督察工作已经进行到第三轮。2015年7月，原中央全面深化改革领导小组审议通过《环境保护督察方案（试行）》，提出建立环保督察工作机制是建设生态文明的重要抓手。2019年6月，中共中央办公厅、国务院办公厅印发《中央生态环境保护督察工作规定》（已失效），以党内法规形式规范督察工作。2021年5月8日，原中央生态环境保护督察办公室印发《生态环境保护专项督察办法》，对中央环保督察的指导思想、督察对象和内容、督察工作流程、督察的工作纪律和要求等作了规定，使中央环保督察工作形成制度化、常态化的工作机制。2025年5月8日，中共中央、国务院印发《生态环境保护督察工作条例》，使督察定位更加明确，督察组织更加规范，督察整改更加有力，成果运用更加规范，为法治化、规范化开展生态环境保护督察工作提供重要制度依据。

中央环保督察是针对生态环境领域的专项督察，主要目的是通过对党委和政府及其有关部门等的督察，促使企业履行主体责任，实现绿色发展。因此，每轮的中央督察中都会曝光多批典型案例。中央环保督察组也会将在督察过程中发现的违法线索交由属地主管部门查处。

（四）专项行动

为配合中央环保督察组或地方的专项行动，各地均会采取不同形式的执法活动，以促使突出问题得到解决，提高环境质量。例如，在深圳，从2017年开始的“利剑一号”到2024年的“利剑八号”行动，连续8年采取专项行动，每次的“利剑行动”都针对不同的环境违法行为，查处了一批又一批的环境违法单位，取得了较好的执法效果。

需要提醒执法部门的是，进行专项行动要防止对企业的过度打扰，否则，会对企业的正常生产造成不利影响。

（五）其他行动

其他环境违法行为的调查行动还包括联合执法、交叉执法、异地执法等。需要注意的是，所有执法活动都要有法律或政策依据。否则，可能会存在超越职权或无管辖权的问题。

二、调查人员

环境违法行为的调查人员应当是取得执法证的环境行政执法人员，可以有多名执法人员参与案件的调查，但不得少于两人。实务中，一些地方受人员编制的限制，会出现一名执法人员带若干名没有取得行政执法证的人员参与执法，这种行为是违法的。行政管理相对人一旦发现非执法人员参与执法，就有权拒绝配合调查。

执法人员的执法证件要在有效期内。没有取得行政执法证件或者执法证件不在有效期内的调查人员，均不能参与行政执法工作。

《生态环境行政处罚办法》第29条规定，生态环境主管部门在现场检查的过程中，可以按照相关技术规范的要求进行现场采样的工作。但在实务中，有些行政执法人员并未经过专业培训，没有取得采样资格。而采样工作又涉及不同污染物的不同技术规范，专业性极强，因此未取得采样资格的执法人员，如果仅有行政执法证而未取得监测人员上岗证，那么其所采取的样品不具有合法性，从而也会影响监测结果的合法性。

实务中，调查人员既可以是有管辖权的当地行政机关中的执法人员，也可以是上级行政机关的执法人员。联合执法时的非生态环境部门的执法人员、交叉执法时的异地执法人员、监(检)测及相关提供技术服务的人员等也可能会出现在相关的执法活动中。《行政处罚法》及《生态环境行政处罚办法》并未对联合执法、交叉执法等作出规定,这些执法活动大多被规定在政策文件中。执法中如果没有当地的执法机关配合,就有可能与违法行为的属地管理产生冲突。除上级行政机关的执法人员外,外地的执法人员无权查处本地的违法行为,在此情形下,从行政管理相对人角度讲,是可以拒绝配合的。同理,不具有生态环境监督管理职权的行政机关,也无权查处生态环境违法行为。

第二节　环境行政处罚的立案

一、立案期限

与《环境行政处罚办法》[1]的 7 个工作日内立案相比,《生态环境行政处罚办法》规定的立案期限是发现环境违法行为后的 15 日,特殊情况下,经批准可以延长 15 日。新办法的立案期限给予了环境行政执法人员更多的时间进行初步调查,从而减少立案超期的问题。

立案超期也是一种程序违法行为,有违行政效率原则。轻微的超期会被复议机关或法院确认为违法;若超期的时间过长,则有可能会被认定为严重违反法定程序,被复议机关或法院撤销立案超期作出的行政处罚决定。

实务中,立案超期有可能是一些地方人少事多造成的,也有可能是行政执法人员失职渎职所致。

之所以谈及立案问题,是因为:一方面,立案是行政处罚的必经程序,没有立案审批表等资料,无法确定案件调查及后续处理的合法性;另一方面,立案中的立案期限也是计算案件是否在法定期限内立案的依据。

[1] 《环境行政处罚办法》已于 2023 年 6 月 30 日失效,对应的现行规定为《生态环境行政处罚办法》。

二、立案条件

《生态环境行政处罚办法》第 19 条规定,经审查,符合下列四项条件的,予以立案:一是有初步证据材料证明有涉嫌违反生态环境保护法律、法规和规章的违法行为;二是依法应当或者可以给予行政处罚;三是属于本机关管辖;四是违法行为未超过《行政处罚法》规定的追责期限。

与处罚相比,立案的条件相对宽松,立案之后发现行政管理相对人不构成立案条件,或者依法可以不予处罚、违法行为超过 2 年的,可撤销立案或作出不予处罚决定。

违法行为超过 2 年不予处罚,也是《行政处罚法》的规定。但在针对"未批先建"的违法行为时,却存在争议。2018 年 2 月 22 日,原环境保护部印发《关于建设项目"未批先建"违法行为法律适用问题的意见》,明确"未批先建"违法行为的行政处罚追溯期限应当自建设行为终了之日起计算。因此,"未批先建"违法行为自建设行为终了之日起 2 年内未被发现的,生态环境部门应当遵守《行政处罚法》第 36 条的规定,不予行政处罚。

了解了行政处罚的时效性规定后,在接受执法人员的调查时,可以利用行政处罚的追溯期限规定进行申辩,能够起到维护自己合法权益的效果。

2025 年 4 月 30 日,《中华人民共和国生态环境法典(草案)》发布,并开始征求意见,其中第 1050 条第 1 款规定:"造成环境污染、生态破坏的违法行为在五年内被发现的,应当依法予以行政处罚。"如果该规定被通过的法典确定下来,环境违法行为的处罚时效就由原来的 2 年变成 5 年。故行政管理相对人要关注法律的变化,学会用法律武器维护自身的合法权益。

在环境行政处罚中,认定环境违法行为是一个行为还是多个行为,是连续行为还是终了的行为,经常存在争议。如果是一个行为,依法不能重复评价,只能给予一次处罚。否则,就违反"一事不二罚"原则。如果是两个行为,则可以再次处罚。例如,超标排放污染物,被生态环境主管部门责令改正后仍超标排放,属于新的违法行为,则可以再次予以处罚。

责令改正违法行为决定是行政命令,不是行政处罚,无须遵守行政处罚的程序性规定。《行政处罚法》也未规定行政机关在作出责令当事人改正违法行为前,要履行告知程序。但有学者认为[1],责令当事人改正违法行为属于一种对当事人不利的行政决定,国务院《全面推进依法行政实施纲要》(国发〔2004〕10号)恰恰明确规定:"行政机关作出对行政管理相对人、利害关系人不利的行政决定之前,应当告知行政管理相对人、利害关系人,并给予其陈述和申辩的机会;……"是否要履行权利告知程序,应视情况而定。一是区分单独作出还是合并作出,责令改正违法决定是单独作出的,行政机关应当单独履行事先告知义务;如果责令改正违法决定是与行政处罚决定合并作出的,就可合并告知。二是区分认定当事人行为违法的先后:如果责令当事人改正违法决定在前,并且包含对违法行为的认定,那就应当单独对责令改正违法做事先告知;如果行政处罚决定在前,责令改正违法在后,并且认定当事人行为违法(行政认定)已被行政处罚决定所包含,那么,就可省略对责令改正违法的事先告知。

上述观点,可以在对"责令改正违法行为"提出的行政复议或行政诉讼中,作为涉案行政行为程序违法的观点被提出,如果能被采纳,也能达到维护行政管理相对人合法权益的目的。

另外,作出责令改正违法行为决定,也是判断环境违法行为是处于连续状态的违法行为还是新的违法行为的一种方法。

第三节　不予处罚

一、不予处罚的理由

已经立案的案件,发现不符合立案条件的,就可以撤销立案。这里的不符合立案条件,是指不符合《生态环境行政处罚办法》第19条规定的4个条件中的任何一个条件,不必全部具备,就可以撤销立案。环境行政处罚的立案及撤销立案是否要通知行政管理相对人,《生态环境行政处罚办法》并没有作出规定。

---

〔1〕 参见胡建淼:《【法治微咨询209期】行政机关作出责令当事人纠正违法也须事先告知权利么?》,载微信公众号"法治咖啡屋"2024年10月7日,https://mp. weixin. qq. com/s/2zNRPDhkVL2wgd3MQHoGcg。

笔者认为,从保障行政管理相对人的知情权和陈述申辩权的角度看,无论是环境行政处罚的立案还是撤销立案,均应当通知行政管理相对人。

二、不予处罚的情形

(一)没有违法行为

这里的违法行为,是指违反法律、法规和规章的行为。出于执法的惯性,执法人员往往习惯去调查行政管理相对人的违法证据,而可以证明不违法的证据,常常被忽略。为防止错误行政处罚的发生,行政管理相对人应当发挥能动性,主动提供可以证明其没有违法行为的证据,促使执法机关撤销立案。

(二)不应当或者可以不予行政处罚

1. 轻微不罚

构成轻微不罚,须同时满足以下条件:①违法行为轻微;②及时改正;③没有造成生态环境危害后果,而不是其他危害后果。轻微不罚是应当不处罚,而不是可以不处罚。

2. 首违不罚

构成首违不罚,须同时满足以下条件:第一,初次违法。这里的初次,一般是在2年内没有发生违法行为,而不是指从没有发生过违法行为。至于所违反的法律规定是不是相同的,《行政处罚法》及《生态环境行政处罚办法》均没有规定。笔者认为,这里的法律规定应该是相同的法律规定。换句话说,如果2次所违反的是不同的法律规定,构成首违不罚;如果2次均是违反相同的法律规定,则不构成首违不罚。例如,行政管理相对人在2年内存在发生过一起税务层面的行政违法行为,之后又发生了一起生态环境的行政违法行为,这2次的违法行为违反的是不同的法律规定,因此均可称为初次违法。第二,生态环境危害后果轻微。第三,及时改正。这里的不罚是可以不处罚,不是应当不处罚。

3. 无过错不罚

构成无过错不罚,不受危害后果是否轻微和违法次数多少的限制,也没有及时改正的要求,只要行政管理相对人有充足的证据加以证明,发生该违法行为时,没有故意或过失的主观过错即可。这里的不罚是应当不处罚,不是可以不处罚。

至于何为充足证据,属于自由裁量的范畴。笔者认为,其证明标准位于高于民事诉讼的"高度盖然性",低于刑事诉讼的"排除合理怀疑"之间的区间即可。

(三)无管辖权

从《生态环境行政处罚办法》第 16 条规定的内部移送、第 17 条规定的外部移送可以看出,无管辖权既包括不属于本部门管辖,也包括不属于生态环境主管部门管辖。对于无管辖权的案件,内部或外部移送后,应撤销立案。

当然,一些环境违法行为,如私设暗管排放污染物,根据《环境保护法》第 63 条的规定涉嫌犯罪的,根据"两法衔接"(行政执法与刑事司法的衔接)的规定,应移送公安机关立案侦查。当公安机关不立案、检察机关不起诉或法院作出无罪判决后,才可以给予行政处罚。

(四)违法行为超过追诉期限

有些环境违法行为十分隐蔽,可能长时间未被发现,从发现之日起往前推算,已经超过 2 年的追诉期限,依法应不予处罚。如上文提到的"未批先建"违法行为,又如,危险废物没有贴标签且发生在 2 年之前的,即使属于违法行为,也不应当受到处罚。

当然,对于涉及公民生命健康安全、金融安全且有危害后果的违法行为,上述期限延长至 5 年。法律另有规定的除外。在环境行政处罚的案件中,可能不存在这种较长追诉期限的情况。

需要强调的是"未验先投"违法行为,即建设项目未经环保验收便投入使用。由于这种未经验收投入使用是一种连续行为,故不受 2 年追诉时效的限制。而"未批先建"则有所不同,其关注的是"建设"行为,建设终了该行为即告结束,不存在违法行为一直持续的问题,故受 2 年追诉时效的限制。

第四节　环境执法调查的正确应对

一、应对执法调查的误区

(一)不配合调查

无论是《生态环境行政处罚办法》还是环境保护类的单行法律,均规定行政管理相对人有配合行政执法检查的义务。迟延、阻碍环境行政执法人员执法,情节严重的,可能因违反《治安管理处罚法》而受到治安处罚,或构成刑事犯罪,被追究刑事责任。

事实上,当事人不配合执法调查,只会在一定程度上增加执法的难度,并不能真正阻碍执法。因此,不配合执法调查,不但不能逃避处罚,还有可能被处罚得更重,是极其错误的做法。

(二)迎合讨好执法人员

首先,讨好和迎合并不是法定的从轻或减轻处罚的理由,当事人并不会由此换来从轻或减轻处罚的结果。

其次,当事人一旦产生讨好、迎合心态,就有可能忽略法律所赋予当事人的程序权利,如申请回避权利、要求执法人员出示执法证件的权利等。在一些执法不规范的情况下,执法人员曾要求当事人在空白的检查笔录上签字,或者制作笔录后不让当事人核对笔录等。当事人一旦在笔录上签了字,如果后续再对行政处罚不服,有签名确认的笔录就成了事实认定的证据。此时,当事人若想要否认之前的陈述,不但难以取信于人,还有可能被认定为态度不端。由此,当事人的权利就受到了侵害。

(三)陪同人员专业性不足

环境执法检查时,往往会有监(检)测人员随同检查并采取样品,而行政管理相对人的陪同人员如果没有相关专业知识,对于监(检)测人员采样过程中是否存在问题就很难作出判断。若没有这方面的知识储备,可能会稀里糊涂地在采样原始记录上签名,并确认采样过程符合相关技术规范或者在收到监(检)测报告后,因看不懂监(检)测结果而称没有异议,会导致陪同环境执法检查行为失去其应有的价值。

以深圳为例,一些行政区实施企业环保主任制度,并经常对相关人员进行专业和法律知识培训。有环保主任制度的存在,一定程度上可以减少上述问题的发生。

(四)迷信关系

有些企业平时不加强管理,一旦出现问题就想着找"关系"解决,以为仅凭"关系"就可以把问题解决,这种观念不但落后而且不可行。

从法律层面看,《环境保护法》规定,地方各级人民政府应当对本行政区域的环境质量负责。

从政策层面看,2015 年 4 月 25 日,中共中央、国务院印发《关于加快推进生态文明建设的意见》,强调"资源环境监管机构独立开展行政执法,禁止领导干部违法违规干预执法活动"。

不但如此,中央环保督察工作已经制度化、法律化,旨在通过对省、自治区、直辖市党委和政府、国务院有关部门以及有关中央企业等组织开展生态环境保护督察,达到督促企业守法经营,最终提升生态环境质量的效果。

因此,在法律和政策的双重压力下,所谓的"关系"会显得苍白无力,无论是领导还是执法人员,没有人敢顶风作案,以身试法,去袒护环境违法行为。

二、正确应对的方法

《生态环境行政处罚办法》赋予了行政管理相对人申请回避、拒绝调查及更多知情的权利。行政管理相对人认为执法人员与本案存在其他关系,可能影响案件调查或公正处理的,有申请回避的权利。与原《环境行政处罚办法》相比,《生态环境行政处罚办法》扩大了申请回避的范围。对于执法人员不主动出示执法证件的,《生态环境行政处罚办法》规定被调查人员有权拒绝接受调查。从行政管理相对人角度看,这是一项重要的自我救济权利。一方面可以防止不规范的执法行为发生,另一方面可以杜绝把责任推向"临时工"的不良现象,进而全面提高行政执法的质量,减少行政争议的发生。在涉及监(检)测的情况下,行政管理相对人有权知道结果,为接下来的陈述申辩、听证做准备。执法人员不告知监(检)测结果的,构成程序违法。

除此之外,在应对执法检查时,应做到以下几点。

(一)选择陪同执法检查的人员

除了暗查外,一般的执法检查应当有被检查单位的人员到场陪同。陪同人员的作用,一方面是配合执法,另一方面是了解执法情况。

以深圳为例,在环境执法检查中有环保主任现场陪同执法检查更好,在环保主任不在或者没有环保主任的情况下,应当事先确定现场陪同执法检查的合适人选,而不能临时拉一个人去陪同执法。事先确定的陪同执法人员应具备一定的知识储备和表达能力,更重要的是要懂法,如果还能掌握一些技术知识则更佳。

(二)要求执法人员出示证件

《行政处罚法》及《生态环境行政处罚办法》均规定,生态环境行政处罚应当由具有行政执法资格的执法人员实施。执法人员不得少于两人。执法人员在调查或者进行检查时,应当主动向当事人或者有关人员出示执法证件。当事人或者有关人员有权要求执法人员出示执法证件。执法人员不出示执法证件的,当事人或者有关人员有权拒绝接受调查或者检查。这是法律赋予行政管理相对人对抗不正确执法的一种自我保护权利。如果执法人员人数少于两人或者执法人员没有携带或者拒绝出示执法证件的,即便确实存在环境违法行为,企业也可以此规定来拒绝配合行政执法调查。法律之所以这样规定,主要是为了确保行政执法的公正、合法,树立行政机关执法为民的良好形象。

实务中,执法人数达不到法定最低人数并非个别现象。笔者曾从 S 市某区生态环境部门了解到,该区有上万家企业,而取得行政执法证的执法人员仅有 20 多人,其中,一线的执法人员只有 10 多人。一名执法人员平均要监管 1000 余家企业,难以保证有足够的人力参与执法。因此,就会出现一名执法人员带一群临时工执法的现象。这种执法方式,严重违反法律的相关规定,是法律所明令禁止的。执法人员达不到法定人数要求,此时作出行政处罚决定的程序严重违法,复议机关或法院可以据此撤销该行政处罚决定。

作为被检查的企业,要能够及时指出行政执法人员存在的程序违法行为,或者注意保存相关证据,这样在必要的时候便可以依法维护自身的合法权益。

(三)积极配合

企业的员工一经得知执法人员进厂检查,就要第一时间通知陪同人员到场。现场对接之后,可以确认执法人员的身份,对于没有执法证件的非执法人员或者执法证件过期的执法人员,可以拒绝其进入企业参与执法。这种做法是合法的权利行使,不能被定性为不配合执法。

企业在现场配合执法时,应当按执法人员的要求提供资料,如环境影响评价批复文件、危险废物委托处置合同、验收报告等。针对执法人员制作的现场检查(勘验)笔录,相关陪同人员在仔细阅读并确认记录内容与现场情况一致的情况下,可以签名。

针对执法人员的询问,相关陪同人员必须如实回答,对于不清楚或不知道的情况,不要作推测性分析判断。当然,也要警惕个别执法人员的诱供、骗供行为。对于采取恫吓、威胁等不正当手段进行询问的,相关陪同人员可以拒绝回答,必要时可以向有关部门举报投诉。对于询问笔录,要认真阅读后再签名。如果记录与所陈述的内容不一致,被检查企业有权要求修改笔录。切记不能签空白笔录。

针对查封、扣押清单,一方面,要核对查封、扣押的物品是否与清单记载的内容一致;另一方面,要核对所查封、扣押的物品是否与涉案的违法行为相关。对于无关的物品,要向执法人员提出异议。

针对执法人员送达的监(检)测报告,当事人如果对结果有异议,就要提出异议或者要求复核。例如,在上海,当事人对结果有异议就可以要求复核。如果无法判断结果是否客观有效,就不要轻易表示无异议。此外,对于其他法律文书,落款时间应与签收时间保持一致。

(四)笔录签名要谨慎

《生态环境行政处罚办法》规定,对有关物品或者场所进行检查(勘察)时,应当制作现场检查(勘察)笔录,并可以根据实际情况进行音像记录。现场检查(勘察)笔录应当载明现场检查起止时间、地点,执法人员基本信息,当事人或者有关人员基本信息,执法人员出示执法证件、告知当事人或者有关人员申请回避权利和配合调查义务情况，现场检查情况等信息，并由执法人员、当事人或者有关人员签名或者盖章。当事人不在场、拒绝签字或者盖章的，执法人员应当在现场检查（勘察）笔录中注明。这是对执法人员的要求。

作为行政管理相对方，签名盖章时务必要谨慎。因为，"禁止反言"是一项经常被适用的原则。所谓"禁止反言"，通俗讲就是说话算话，不能出尔反尔，当事人对自己说过的话要负责，如果没有足够的证据，就不能推翻之前的陈述。例如，某公司因涉嫌暗管偷排被举报，其环保主任在第一次询问笔录中承认有一条连接原水池的软管正在向下水道排放污水，但在第二次笔录中又否认了这一说法，称该软管是一条曝气管，用于因高温而向原水池曝气。但生态环境局并没有采信其第二次的说法，仍以暗管偷排为由，对该公司作出了行政处罚决定。这就是禁止反言原则在实务中的具体应用。因此，签名或盖章时要注意以下几点：

第一，既要杜绝在空白纸张上署名，也要避免在签字盖章时留有空白。

第二，行政管理相对人一定要看清笔录内容，核实笔录所记载的内容是否与自己陈述的一致，如果不一致，可以修改后再签字盖章。

第三，对笔录中涉及采样、检测、检查等相关专业问题是否有异议的问题，建议行政管理相对人在没有把握的情况下，不要轻易填写"无异议"。

第四，落款的时间必须填写，并且应当与签字的时间一致。由于某些法律文书有一定的诉讼时效，如果不写时间或倒签时间，可能会影响自身的合法权益。

实务中，某些行政执法人员在被询问人签字盖章时，不让其核对笔录的内容，或者不允许当事人修改笔录，这些做法都是错误的。不经被询问人核对，不能保证笔录上所记载的内容与其所述一致。不允许修改笔录，笔录所记载的内容不能保证真实反映被询问人的意思表示。如果执法人员不允许核对笔录或者修改笔录的内容，被询问人就有权拒绝签名盖章，或者把不允许核对、修改的情况记录在笔录上。

在笔者所承办的案件中，上述情形都曾出现过。如果当事双方发生争议，向复议机关申请行政复议或向法院提起行政诉讼，裁判机关很难仅凭一方的陈述而否定行政执法人员所制作的询问笔录的证据效力，除非有相反的证据足以推翻笔录的内容。签名盖章意味着行政管理相对人确认案件证据事实无误，无论是询问笔录、现场检查（勘验）笔录、还是污染源原始采样记录等，行政管理相对人一定要先阅读清楚内容，核对无误后再行签署。

（五）记录执法过程

很多环境行政处罚案件会涉及现场检查，作为陪同人员，要记录下执法人员现场检查的过程，以便在现场检查结束后向公司及时汇报检查情况。在检查涉及超标类违法行为时，现场采集样品是常规做法，只有通过对所采样品的检测，才能确定企业是否存在超标违法的行为。由于采样是一项专业性较高的工作，不仅对采样人有要求，还对采样容器、采样方法、保存方法等都有非常严格的规定，采样过程的规范性与否会影响案件的整体结果。如果采样程序不符合相应要求，可能会导致最终的检测结果错误。有条件的话，建议企业尽可能记录采样过程，并保存相关证据。

《工业污染源现场检查技术规范》（HJ 606—2011）第 5.2.3 条规定："现场采样取证应填写采样记录。……排污者代表对样品和采样记录核对无误后在采样记录上签字盖章确认。"这样规定，一方面可以确保样品来自排污单位，另一方面也印证了采样过程符合相关的技术规范。因此，排污单位的现场人员通过对样品和采样记录进行核对，确认样品采取过程符合技术规范，且采样记录与现场操作一致，此时才能在采样记录上进行签名确认；否则，不应签字。

实务中，存在排污方代表既没有出现在采样现场，也不知道现场采样的真实情况，就应行政执法人员的要求在原始采样记录上签名的情形。这种做法是极不负责任的，因为一旦签名确认便产生证据效力，而后再对采样过程提出疑问，如果没有充分的证据证明采样确实存在问题，这种疑问很难推翻采样过程的合法性。

（六）寻求专业支持，防止陷入被动局面

环境行政处罚，不但涉及众多的法律，还有可能涉及大量的技术标准。因此，遇到具体问题时，一定要寻求专业的环保律师及相关的技术专家的帮助，只有这样才有可能争取到主动维护自身合法权益的机会。

（七）小结

总之，正确应对行政执法检查，不仅可以为后续的维权打下一个好的基础，更重要的是，若应对得力，可以使行政机关撤销立案或者作出不予行政处罚的决定，从而达到解决行政处罚争议的目的。这也是笔者花费不少笔墨，将执法检查正确应对作为环境行政处罚争议解决手段，并单列成章的目的所在。

第三章 环境行政处罚听证

第一节 准确认识听证制度

一、基本概念

（一）听证程序的概念

行政处罚程序中的听证，是指在行政机关作出影响行政相对人合法权益的决定之前，由非本案调查人员主持，调查取证人员、案件当事人、利害关系人以及委托代理人参加，听取各方的陈述意见、质证、提供证据的一种法律制度。[1] 具体而言，听证程序是一般程序[2]中的一种特殊的调查处理程序，并不包含行政处罚程序的全过程，仅指作出行政处罚决定之前，由行政管理相对人以及其他行政程序参与人就拟定行政决定内容、事实依据、法律依据等进行说明、陈述和辩论这一阶段程序。

听证不仅是行政处罚的重要程序，也是当事人享有的重要程序性权利。可以说，听证程序的本质是程序正义，或称程序公平，虽不是实质公正，但程

---

〔1〕 参见章剑生：《行政听证制度研究》，浙江大学出版社2010年版，第2～3页。

〔2〕 行政处罚的一般程序又称普通程序，是行政机关进行行政处罚所遵循的最完整、应用最广泛的程序，一般程序的整个过程一般包含立案、调查取证、决定、制作并送达行政处罚决定书四个阶段。

序公平本身即是实质公正确立的前提和基础。[1] 因此,《行政处罚法》明确要求行政机关在作出行政处罚决定之前,必须告知当事人其违法事实、给予行政处罚的理由和依据,并告知当事人其依法享有的权利,当事人有权依法要求听证。怎么理解当事人享有的听证权利呢?一方面,听证程序赋予当事人为自己辩解的权利,行政机关将违法事实及理由依据事先告知当事人,当事人有权充分表达自己的意见和主张,提出有利于自己的证据,反驳不利于自己的证据,为自己进行辩解。行政机关可以通过听证程序听取当事人的陈述和申辩,合理并审慎地考虑当事人提出的理由,查明案件事实,以确保作出的行政处罚决定公正合法。另一方面,并非符合听证程序的适用范围时,听证程序就自行启动。若当事人不行使听证权,即未申请听证,即使符合听证程序的启动条件,行政机关一般也不会组织听证。

(二)听证程序的作用

行政处罚的本质是行政机关依法对行政相对人违反行政法律法规且尚未构成犯罪的行为,给予其人身的、财产的、名誉的及其他形式的法律制裁。[2] 虽然这种法律制裁是有效维护行政管理秩序的一种手段,但其本身是有局限性的。值得注意的是,行政处罚是典型的侵益性行政行为,存在侵害他人合法权益的潜在可能性。因此,为了充分发挥其积极作用,抑制其消极影响,必须设置相应的制约机制,而听证制度就是制约机制中的一环。

听证制度对于规范行政机关的执法行为,保护行政管理相对人的合法权益具有重要作用。其基本内涵就是"听取当事人的意见",而"当事人的意见"无疑需要建立在"当事人占有信息"的基础之上。对行政管理相对人来说,听证不仅可以"表达意见",更重要的是,通过听证程序,其能够"获得信息"。现代行政的公平不仅体现在裁决过程的公平上,还体现在获取信息机会的平等上。通过听证程序,行政管理相对方就与其有直接利害关系的个案而言,能够获得与行政机关近乎等量的信息。[3] 从要求听证的目的来看,行政相对人只有掌握尽可能充分和全面的信息,才能更有针对性地为自己

---

〔1〕 参见宋炉安、张越:《试论行政处罚的听证程序》,载《中国法学》1996年第5期。
〔2〕 参见姜明安主编:《行政法与行政诉讼法》(第6版),北京大学出版社2015年版,第265页。
〔3〕 参见宋炉安、张越:《试论行政处罚的听证程序》,载《中国法学》1996年第5期。

辩解，最大化“表达意见”所能达到的听证效果。

同时，听证亦有舒缓行政机关与行政相对人的紧张对立关系，增强行政执法公信力的作用。[1] 对行政机关而言，经过双方质证辩论所形成的结论，引起争议的可能性相对较小。因为，双方基于共同掌握的事实信息得出的结论，通常会比基于不同的事实信息得出的结论更容易趋于一致。而这样的结论对当事人来说，也更容易形成公平感，从而达到心理上的平衡。这种细微的观感差别在以控制和管理为主的行政过程中，也许并不会产生显著的影响，但在强调服务功能的现代行政中，其作用却不可低估，尤其是对行政机关的执法公信力以及与此密切相关的行政效果的实现而言，更是如此。[2]

二、适用范围

关于行政机关应当告知当事人有权要求听证的情形，1996 年发布的《行政处罚法》第 42 条仅明文规定了 3 种适用情形：“责令停产停业、吊销许可证或者执照、较大数额罚款等。”这个范围的设定常常被诟病过于狭窄，且该条款中的“等”字也一直存在“等外等”[3]、“等内等”[4]的争议，直到最高人民法院 2012 年公布的第 6 号指导案例，才指明该条款中的“等”系不完全列举，应当包括与上述明文列举的 3 种处罚类似的其他对相对人权益产生较大影响的行政处罚。[5] 但法律解释的方法仍然具有不确定性，加上理论界与实务界关于“扩大行政处罚听证适用范围”的呼声越来越高。于是，2021 年修订的《行政处罚法》以肯定列举式规定和概括式规定相结合的方式扩大了听证程序的适用范围，适用的处罚情形具体包括：较大数额罚款，没收较大数额违法所得、没收较大价值非法财物，降低资质等级、吊销许可证件，责令停产停业、责令关闭、限制从业，其他较重的行政处罚，法律、法规、规章规定

〔1〕 参见江必新、夏道虎主编：《中华人民共和国行政处罚法条文解读与法律适用》，中国法制出版社 2021 年版，第 211 页。

〔2〕 参见宋炉安、张越：《试论行政处罚的听证程序》，载《中国法学》1996 年第 5 期。

〔3〕 按《现代汉语词典》的解释，“等外等”表示列举未尽。

〔4〕 按《现代汉语词典》的解释，“等内等”表示列举结束后的收尾。

〔5〕 参见最高人民法院案例指导工作办公室：《指导案例 6 号〈黄泽富、何熠诉成都金堂工商行政管理局行政处罚案〉的理解与参照》，载《人民司法》2012 年第 15 期。

的其他情形。可以说,听证适用范围的扩大不仅进一步完善了听证程序,有利于当事人充分维护和保障自身权益,还有助于增强行政处罚决定的合理性和可接受性。[1] 具体分述如下。

(一)较大数额罚款、没收较大数额违法所得、没收较大价值非法财物

并非所有涉及罚款和没收的情形都需要听证,只有涉案的标的达到“较大数额或价值”才属于听证范围。但对于“较大数额罚款”“较大数额违法所得”“较大价值非法财物”,《行政处罚法》并未“一刀切”划定一个明确的数额范围。这主要是考虑到不同执法领域以及不同地域的经济发展水平存在差异,《行政处罚法》不宜作出统一规定,而应交由各执法领域的法律、地方性法规和规章加以规范。

举例言之,在环境执法领域,《生态环境行政处罚办法》第 89 条就明确规定适用听证情形的“较大数额”“较大价值”,对公民是指人民币(或者等值物品价值)5000 元以上、对法人或者其他组织是指人民币(或者等值物品价值)20 万元以上。地方性法规、地方政府规章对“较大数额”“较大价值”另有规定的,从其规定。而在农业执法领域,《农业行政处罚程序规定》第 59 条则明确规定,农业农村部规定的“较大数额”“较大价值”对个人是指 1 万元以上,对法人或者其他组织是指 10 万元以上。县级以上地方政府农业农村主管部门按所在省、自治区、直辖市人民代表大会及其常委会或者政府规定的标准执行。

当然,基于地域发展情况等原因,各地限额也有区别。《广东省行政处罚听证程序实施办法》第 7 条规定:“第六条所称较大数额罚款、较大数额违法所得、较大价值非法财物,是指对公民的违法行为处以 5000 元以上罚款(等价值违法所得或者非法财物),对法人或者其他组织的违法行为处以 10 万元以上罚款(等价值违法所得或者非法财物)。部门规章对前款规定的数额有更低规定的,从其规定。”《四川省行政处罚听证程序规定》第 4 条规定:“本规定所称较大数额,是指对非经营活动中公民的违法行为处以罚款或者没收财产 2000 元以上、法人或者其他组织的违法行为处以罚款或者没收财

[1] 参见杨伟东主编:《中华人民共和国行政处罚法理解与适用》,中国法制出版社 2021 年版,第 193 页。

产2万元以上;对在经营活动中的违法行为处以罚款或者没收财产5万元以上。国务院有关部门规定的较大数额标准低于前款规定的,从其规定。"

(二)降低资质等级、吊销许可证件

降低资质等级与吊销许可证件在性质及后果上相似,均会对当事人从事某项职业或工作资格的权利造成重大不利影响。实践中,重点污染企业因被辖区内生态环境主管部门认定未能达标排放而吊销排污许可证,从事危险废物经营的企业因被认定存在违法行为而被吊销危险废物经营许可证的案件也并不少见。而一旦被降低资质等级或吊销许可证,企业很可能不得不面临停止经营、搬迁或数额不小的违约金赔偿的问题,故将这类型处罚纳入听证范围符合引进听证制度的立法初衷及价值追求。行政机关在作出降低资质等级、吊销许可证件的处罚前,应当履行告知当事人听证权利的义务。

(三)责令停产停业、责令关闭、限制从业

责令停产停业、责令关闭和限制从业产生的后果是类似的,这类处罚均会对行政相对人的生产经营权造成重大影响。责令停产停业,是指行政机关以强制手段暂时剥夺行政管理相对人生产、经营权利的一种处罚形式,若行政管理相对人在一定期限内改正了违法行为,按期履行了法定义务,则可继续从事曾被停止的生产经营活动。责令关闭,指的是全面禁止行政相对人继续经营,后果相当于永久性的停产停业,《环境保护法》《水污染防治法》《海洋环境保护法》等均有责令关闭的相关规定。限制从业,是指对公民个人在时间和领域等方面施加经济和社会方面的职业限制,[1]可以理解为"对特定业务或活动的禁入"。作为一种行政处罚类型,限制从业目前在证券执法领域使用得比较广泛,但在环境执法领域还不太常见。

(四)其他较重的行政处罚和法律、法规、规章规定的其他情形

"其他较重的行政处罚"和"法律、法规、规章规定的其他情形"均属于兜底条款。《行政处罚法》第63条留出这一空间,主要是考虑到其他情形需要

---

〔1〕 参见袁雪石:《中华人民共和国行政处罚法释义》,中国法制出版社2021年版,第82页。

通过往后的立法、执法和司法实践进一步探索和明确。之所以用概括方式规定"其他较重的行政处罚",主要是鉴于不同地区和领域的行政管理与处罚具有多样性,立法难以穷尽所有应纳入听证范围的行政处罚类型,因此客观上需要在立法与实践的张力中保留一定的缓冲空间,以保持行政处罚听证制度的弹性。[1] 这里的"其他较重的行政处罚"适用于没有明确列举但又确实对当事人合法权益影响较大的行政处罚。而且,这些没有明确列举的应当听证的行政处罚的严重程度应当与列举的处罚严重程度相当,类似"警告"类申诫罚等对当事人权益影响不大的处罚则无须进行听证。[2] 而设置"法律、法规、规章规定的其他情形"这一项,既可以确保法条逻辑结构的完整性,也能够尊重立法、执法实践的灵活性、特殊性,由不同管理领域的法律、法规和规章针对各自领域的特定需求设置需要听证的处罚类型。

三、特殊性与重要性

(一)环境行政处罚听证的特殊性

环境行政处罚是生态环境主管部门依法对辖区内违反环境行政法律规范的相对人所给予的制裁,[3] 其根本目的在于保护环境资源,但就本质而言,其仍然是以减损权益或增加义务的方式对违反行政管理秩序的公民、法人或其他组织予以惩戒。因此,实施环境行政处罚,包括环境行政处罚中的听证制度也必须严格依照《行政处罚法》及其他法律、法规的规定进行。当然,尽管环境行政处罚听证与一般行政处罚案件的听证均应遵循《行政处罚法》等行政法律法规的规定,但环境行政处罚听证本身所具有的特殊性也是不可忽视的。其特殊性分述如下。

1. 通常涉及与环境科学相关的技术性问题

自 2014 年修订《环境保护法》以来,各级环保行政执法部门加大了生态环境违法案件的行政执法力度,有效遏制了环境持续恶化的基本态势。但

[1] 参见江必新、夏道虎主编:《中华人民共和国行政处罚法条文解读与法律适用》,中国法制出版社 2021 年版,第 213 页。

[2] 参见杨伟东主编:《中华人民共和国行政处罚法理解与适用》,中国法制出版社 2021 年版,第 195 页。

[3] 参见吕忠梅主编:《环境法学概要》,法律出版社 2016 年版,第 213 页。

从法院审理环境行政处罚案件的情况看，环境行政处罚案件“执法不规范”“重结果、轻程序”等问题也很突出。尤其是环保行政执法中涉及的环境标准适用的准确性、合理性，环境监测过程的合法性，环境鉴定结果的客观性以及相关技术规范如何适用等问题，常常会成为案件的争议焦点并直接影响案件的走向。因此，环境行政处罚案件举行的听证会，可能会有鉴定人、监测人员参加。当事人或其代理人也应尽可能熟悉上述争议焦点所涉及的技术问题，否则质证和辩论时可能因无法抓住要点而处于被动地位。

2. 通常需要综合运用多部法律规范

一方面，环境法的施行需要与刑法、民法、行政法等其他法律部门协同配合。环境行政处罚并不仅与行政法律法规有关，如案件涉及租赁、转让、合伙、借壳上市、发承包以及委托第三方运营等法律关系时，对违法主体的认定还需要同时运用民事法律规范进行判断。生态环境部门在行政执法中收集的物证、书证、视听资料、电子数据、监测报告等证据材料，可以在刑事诉讼中作为证据使用。[1] 因此，若案件有被移送公安的可能性，当事人或其代理人应尽早有所准备，尤其是在听证会上，应仔细审查调查人员提供的证据，判断这些证据在刑事案件中会被如何使用，是否有作为定案根据的可能性，并为当事人即将面临的补充调查、检察院提起公诉等事项拟定应对策略。另一方面，就笔者的办案经验来看，一个环境行政处罚纠纷案可能涉及多个法律、法规、规章及规范性文件等，复杂的案件、重要的案件需要检索的规范甚至更多，因此，当事人及其代理人需要厘清这些规范之间的关系，对涉及的规范进行准确、灵活的运用。

（二）听证与复议、诉讼的区别

1. 听证具有“准司法”性特征

行政处罚中的听证程序因为包含了具有司法色彩的通知制度、公开制度、职能分离制度、回避制度、代理制度、申辩和质证制度、听证笔录制度等，而被认为司法化程度较高，一定程度上体现了听证制度追求公开、公正的准

---

〔1〕 原环境保护部、公安部、最高人民检察院《关于印发〈环境保护行政执法与刑事司法衔接工作办法〉的通知》第20条规定：“环保部门在行政执法和查办案件过程中依法收集制作的物证、书证、视听资料、电子数据、监测报告、检验报告、认定意见、鉴定意见、勘验笔录、检查笔录等证据材料，在刑事诉讼中可以作为证据使用。”

司法性特征。[1] 但无论是从理论还是从实践层面来说，虽然听证程序在形式上类似于司法审判程序，但二者在实质上存在根本性区别。行政机关在听证程序中既是调查、主持者，又是作出处罚裁决或者决定的主体（尽管调查人员与听证主持人分离）；而司法审判中的法院只能是案件的裁判者，不能同时调查取证和充当追诉人。因此，在公正性上，听证程序确实无法与审判程序相比。[2] 行政复议则介于这两者之间。

听证程序中的主持人及听证员虽然相对独立，但仍然是同一行政机关的工作人员，这种独立性会受到一定程度影响。行政复议机关则不同，不但与作出行政处罚的行政机关相互独立，而且还对作出行政处罚的行政机关具有监督权。复议机关毕竟还是行政机关，虽然是作出行政处罚机关的上级行政机关，但需共同承担所在行政区域法治建设职责。具体到生态环境保护领域，共同对所在区域的生态环境质量负责。因此，复议机关在作出复议决定时，可能需要考虑的因素较多，或者会受到行政干预。诉讼案件则由法院审理，相较复议机关，法院审理案件不受任何单位或个人的干涉，依法独立行使审判权。

2. 听证相对经济便捷

对听证申请人而言，申请和参加听证的成本是很低的，其耗时费力程度远不如复议和诉讼。一方面，当事人不需要承担行政机关组织听证的费用。另一方面，听证会举行的期限较为明确。《生态环境行政处罚听证程序规定》第 23 条规定："生态环境主管部门应当在收到当事人的听证要求之日起三十日内举行听证。"而且行政机关应当在收到听证要求之日起 7 日内审查决定是否听证。也就是说，从申请听证到参加听证，一般不会超过一个半月的时间。行政复议由于还要将申请送达被申请人，并给予被申请人答复的时间，同时，还有延长期限等规定，一般会比听证所耗的时间长。而诉讼审结时限是 6 个月，且可以延长；同时，法律也没有明确规定立案后应在多长时间内开庭，因此诉讼需要的时间成本最长且最具不确定性。

---

〔1〕 参见杨海坤：《关于行政听证制度若干问题的研讨》，载《江苏社会科学》1998 年第 1 期。

〔2〕 参见姜明安主编：《行政法与行政诉讼法》（第 6 版），北京大学出版社 2015 年版，第 276 页。

（三）听证救济的重要性

听证的功能绝不是行政复议、行政诉讼和国家赔偿所能替代的，它有着自己独特、积极的救济功能。行政复议和行政诉讼都是事后对相对人权利的救济制度，它们对相对人最为有效的救济就是撤销违法行政行为，使相对人仍然处于原先的初始状态，或者通过执行回转把相对人受侵害的状态恢复到原先未被侵害的状态。[1] 但是，行政处罚决定一经作出，即可能对行政管理相对人造成难以或无法挽回的损失，例如，企业在最近 3 年内存在涉及危害生态安全的重大违法行为的，无法满足上市的条件，企业因被责令停产无法按合同约定履行义务而赔偿巨额违约金等。在这种情况下，通过行政复议或诉讼撤销行政处罚决定，仅时间成本就至少需要数月，若经历复议、一审、二审和再审的完整流程，需要消耗的时间、精力和费用或已难以衡量。从这个意义上说，对行政管理相对人而言，行政复议和行政诉讼不仅救济成本更高，其救济功能可能也无法完全覆盖案涉处罚决定已经带来的损失。

无论是行政复议、行政诉讼，还是国家赔偿，对行政管理相对人的救济都是事后的、有限的。现代行政法一直在探索如何更好、更周全地保障行政管理相对人的合法权益。其中的一个结论就是增加事中的救济，把法院的庭审制度引入行政程序，即在作出行政决定之前，先进行一次类似于司法审判程序的听审程序，从而减少错案发生的概率。这便是当事人要重视听证程序，把握好这一关键救济机会的主要原因。

现实中，当事人对行政处罚告知和听证程序在态度上的不同很可能导致最终处罚结果和损失情况的天差地别。笔者建议，企业在收到行政处罚告知书或知悉可能将受处罚后，应第一时间结合自身经验、涉案的标的金额、处罚力度以及本案难点等考虑是否聘请专业的环境律师介入，以便及时商议应对策略、起草陈述申辩意见和申请、参与听证。

---

〔1〕 参见余凌云：《听证理论的本土化实践》，载《清华法学》2010 年第 1 期。

第二节　申请和准备听证

一、申请听证

（一）行政机关的告知义务

《行政处罚法》第 44 条规定："行政机关在作出行政处罚决定之前，应当告知当事人拟作出的行政处罚内容及事实、理由、依据，并告知当事人依法享有的陈述、申辩、要求听证等权利。"《生态环境行政处罚办法》第 44 条在此基础，不但细化了该规定，还进一步明确，未依法告知当事人，或者拒绝听取当事人的陈述、申辩的，不得作出行政处罚决定。

法律、法规要求行政机关告知查明的事实、证据、理由和依据，主要意义在于让当事人能够在听证程序中针对上述内容进行陈述申辩与质证。

（二）申请期限及撰写听证申请书

若当事人认为"违法事实"存在争议，不认可行政机关拟作出的处罚，一定要注意签收书面告知文书的日期。因为《行政处罚法》明确规定，当事人要求听证的，应当在行政机关告知后 5 日内（指工作日）提出申请。此处的"5 日内"是不变期限，《行政处罚法》没有作出可以延长的规定，若当事人超出规定期限提出申请，则其听证权利不受法律保护。

当然，考虑到一些当事人可能会因各种原因不方便到行政机关所在地址递交申请书，以邮寄方式提出听证要求也是被允许的。这种情况下，申请日期以寄出日期为准。

那么如何撰写听证申请书呢？首先，需要明确的是，听证申请书的作用在于及时提起听证程序，一般建议当事人不必将"陈述申辩"的内容写进申请书中，原因如下：一是听证申请期限较短，一旦逾期则会被视为放弃听证权利，因此听证申请书只要能起到提起听证程序的作用即可，若是因花费时间撰写申请书而错过申请期限反而得不偿失。二是有效的申辩理由或听证代理意见需要建立在获得足够多的案件信息，并经过仔细斟酌的基础之上。若是匆忙地将陈述申辩内容写进听证申请书，不仅这些未经深思熟虑的申辩理由可能无法起到减轻、不予处罚的效果，更甚者，可能会因缺乏经验、措辞不当等原因而构成“自认”违法事实的后果。

其次，规范的听证申请书一般包含以下基本内容：①申请人的基本信息。自然人需写清楚姓名、住址和身份证号码，法人或其他组织需写清楚名称、住址、统一社会信用代码及法定代表人姓名。②写明申请事项为组织听证。③相关事实与理由。这一项内容不需要长篇大论，简要写清楚收到书面告知文书的时间，案涉违法行为、法律规范，拟作出的具体处罚，以及根据《行政处罚法》第63条等的规定，申请人有申请听证的权利，最后在申请书的末尾写清楚听证组织机关，并附上申请人签字或盖章即可。

（三）留意听证通知

根据《生态环境行政处罚听证程序规定》第13条的规定：“生态环境主管部门应当在收到当事人听证要求之日起七日内进行审查。对不符合听证条件的，决定不组织听证，并告知理由。”

至于听证通知的内容，根据2024年1月17日生态环境部办公厅印发的《生态环境行政处罚听证程序规定》，生态环境主管部门组织听证的，应当通知当事人，并将举行听证的时间、地点通知听证参加人。

并且行政机关至少应在举行听证会的7日前（指工作日）将书面告知文书送达当事人。《行政处罚法》之所以规定这一期限最少为7个工作日，主要是为了给当事人或其代理人预留必要的准备时间，防止行政机关“偷袭”，避免出现周五通知而下周一举行听证，或者节前最后一个工作日通知而节后第一个工作日举行听证等情况。

若当事人收到书面告知文书后，因不可抗力如疫情、灾情等原因，或有其他正当理由无法在通知的举行时间参与听证的，可以向行政机关申请延期举行听证会，规范化的延期组织听证申请书与听证申请书的格式类似，写清楚需要延期举行听证的事实与理由即可。

二、准备听证

（一）确认参与听证的人员

当事人可以自行参加听证，也可以委托1～2位代理人参加听证。根据笔者的实践经验,较为理想的代理组合是法定代表人到场参加,并委托一位了解企业运营或案发前后情形的高级管理人员以及一位环保专业律师代理,高级管理人员侧重运营状况与技术说明,律师侧重事实证据分析与法律适用。因参加人数受限,若有必要,其他人员如公司员工和律师助理等,可以申请旁听。

当事人需要邀请证人出席作证的,须提前通知证人,并告知行政机关的对接工作人员。

确定参加人员后,需提前准备好当事人的身份证明原件、复印件,以及相应的授权委托材料,授权委托书需载明委托事项、权限和期限。

(二)准备应对听证的策略

听证前,企业应与律师确定好听证申辩的策略,即在质疑事实、辨认证据、对适用法律提出异议、申请不予处罚、减轻处罚这些诉求之间进行组合和取舍。尤其需要做好的是,准备听证发言内容。发言内容应严格围绕申辩策略展开,并随时准备好应对本案调查人员或听证主持人的提问,秉持准确、真实、相关和言简意赅的原则,在发言内容有理有据的基础上视情况争取不予处罚或减轻处罚的结果。在企业和环境律师充分配合的情况下,实践中最终实现不予处罚或大大降低预期罚金数额的案例并不鲜见。

(三)准备书面质证意见与代理意见(申辩意见)

程序合法是依法行政的重要内容。生态环境部门在环境行政执法过程中,尤其是涉及环境监测的案件,非常重视采样监测过程等执法程序的合法性。环境监测证据的采集与提交涉及举证责任、证明标准等问题,对环境行政执法与环境行政诉讼具有重大影响。因此,当事人或代理人在准备质证意见和代理意见(申辩意见)时,要重视对执法过程中不合法不合规之处提出疑问,对任何事实或法律适用问题的分析需有理有据地展开。当事人若没有经验,应尽可能在与专业的环境律师充分沟通的基础上做准备,以确保事实准确,理由明确,证据充分且论述切中要点,并避免描述无关内容或赘述帮助不大的内容。另外,在听证会举行之前,最好制作一份清晰的发言提纲,避免出现发言混乱等情形。

(四)准备证据材料及证据清单

若当事人有在听证会上提供证据的需要,需要提前整理好并制作证据清单,写明每项证据的编号、证据名称、证明内容、页码以及是否原件等信息,在清单末尾处注明提交人与提交日期。

证据应按证据清单的顺序排放并逐页编号,证据复印件一式两份或一式三份,但原件也需准备齐全并携带至听证会现场,以备听证主持人核对,核对完毕后,当事人可取回自行保存。

第三节 参与听证并跟进

一、参与听证

概括来说,行政处罚中的听证程序就是指行政机关在作出行政处罚决定之前,与行政管理相对人以及其他行政程序参与人就拟定的行政决定内容、事实依据、法律依据等进行说明、陈述和辩论的程序。

(一)听证会的形式

原则上,听证程序应当公开举行,且允许旁听,但涉及国家秘密、商业秘密或者个人隐私依法予以保密的除外。《保守国家秘密法》第 2 条规定:"国家秘密是关系国家安全和利益,依照法定程序确定,在一定时间内只限一定范围的人员知悉的事项。"《反不正当竞争法》第 9 条第 4 款规定:"商业秘密,是指不为公众所知悉、具有商业价值并经权利人采取相应保密措施的技术信息、经营信息等商业信息。"《民法典》第 1032 条第 2 款规定:"隐私是自然人的私人生活安宁和不愿为他人知晓的私密空间、私密活动、私密信息。"也就是说,例外情况下,案件涉及前述国家秘密、商业秘密及个人隐私依法应予以保密的,听证不公开举行。[1]

---

〔1〕 参见江必新、夏道虎主编:《中华人民共和国行政处罚法条文解读与法律适用》,中国法制出版社 2021 年版,第 216 页。

（二）听证主持人、听证员、记录员及其回避情形

听证主持人是由生态环境主管部门指定，在听证程序中处于主导地位，组织与主持听证活动，确保听证活动顺利进行的行政机关工作人员。听证主持人主持听证具有准司法性，这要求听证主持人在听证程序中具有相对独立的法律地位，以确保当事人与调查人员平等地参与听证活动。为了确保听证主持人的公正、中立，本案调查人员不能担任本案听证程序的主持人。不仅是听证主持人，听证员和记录员也均不能是本案调查人员，这也是职能分离原则的一种体现。必要时可以指定听证员协助听证主持人工作。涉及专业知识的听证案件，可以邀请有关专家担任听证员。

同时，当事人有申请回避的权利。当事人认为听证主持人与本案有直接利害关系的，有权申请回避，以确保听证程序的公正性。当然，地方性法规、规章一般会制定更细致的回避规定，例如，《广东省行政处罚听证程序实施办法》第 25 条明确规定了听证主持人、听证员应当自行回避的情形："（1）是本案调查人员或者与本案调查人员有近亲属关系的；（2）是本案的当事人或者与当事人有近亲属关系的；（3）担任过本案的证人；（4）与本案有其他利害关系，可能影响公正执法的。"参与听证的书记员、翻译人员、鉴定人、勘验人有上述情形的，当事人也有权申请其回避。当事人临时提出回避申请，而听证主持人无法当场作出决定的，可能会延期举行听证。

（三）参与听证的方式

当事人可以自行参加听证，也可以委托 1 ~ 2 位代理人参加听证。如果当事人委托他人参加听证，应向行政机关提交法定的委托材料，代理人代理他人参加听证，须有委托人的明确授权。代理人在听证过程中的陈述、申辩、反驳、辩论等视为委托人的意见。[1]

同时，因参与人数有限，企业或代理人认为有必要的，可以申请公司员工或律师助理旁听，但旁听人员不得发言。

---

〔1〕 参见江必新、夏道虎主编：《中华人民共和国行政处罚法条文解读与法律适用》，中国法制出版社 2021 年版，第 216 页。

（四）听证流程

（1）听证会正式举行前阶段：记录员需要查明当事人和其他听证参加人是否到会，查验参会人员的身份证明及授权委托书等材料，宣布听证纪律。

（2）宣布听证会开始：由听证主持人核对当事人，宣布案由和听证会组成人员、书记员名单，宣布听证事项，告知当事人有关权利，询问当事人是否提出回避申请。无回避情形的，当事人回应“不申请回避”即可。

（3）听证会调查阶段：由案件调查人员提出当事人违法的事实、理由、依据和行政处罚建议。当事人针对指控的事实及相关问题进行陈述申辩。接着再由案件调查人员出示物证、视听资料、电子数据等证据，宣读书证。当事人及其代理人可以仔细查阅、辨认对方出示的证据，并逐一对证据的真实性、合法性、关联性质证，同时可以提出对自己有利的证据，并将证据复印件（备齐原件以备核对）递交听证主持人过目后，交由调查人员查阅和质证。在这过程中，经听证主持人同意，案件调查人员和当事人可以互相提问，必要时，听证主持人或听证员也会向当事人提问。当事人的代理人可以代当事人回应，也可以向案件调查人员、当事人提问。

（4）听证会辩论阶段：在听证主持人的组织下，案件调查人员、当事人及其代理人可以对证据和案件情况发表意见，围绕争议焦点展开辩论，反驳对方观点。一方发言时另一方不得插话。

（5）主持人宣布辩论结束：当事人有最后陈述的权利，此处的陈述应尽量简洁概括，不宜长篇大论重复之前的发言内容。陈述完毕后，由主持人宣布听证会结束。

（6）核对听证笔录：宣布听证会结束后，记录员将听证笔录交听证参加人进行核对，当事人及其代理人需核对清楚记录的内容是否与自己表述的意思一致，若认为笔录记载与其陈述的内容不符需及时提出意见，由记录员予以更改，核对无误后签字或者盖章。

（五）听证笔录

1. 听证笔录的内容

《生态环境行政处罚听证程序规定》（环办执法〔2024〕30 号）第 20 条第 1 款规定：“生态环境主管部门应当对听证会全过程制作笔录。听证笔录应当载明听证时间、地点、案由，听证人员、听证参加人身份信息，听证过程、各方意见以及其他需要载明的事项。”

2. 听证笔录的重要性

《行政处罚法》第 65 条规定行政机关“应当根据听证笔录”作出行政处罚决定，具体可从以下方面理解。一是听证程序是行政机关调查案件事实的方式之一。听证程序是行政机关调查案件事实的手段，而听证笔录是反映听证会全过程的书面文件。在听证结束后，行政机关根据听证过程中提交的证据及听证调查情况，依照《行政处罚法》第 57 条的规定，分别作出决定。二是听证笔录应当是行政处罚决定作出的依据。听证笔录作为对听证活动的完整记录，能够全面、准确地呈现行政机关提出的行政相对人违法的事实、证据和行政处罚建议以及行政管理相对人提出的陈述、申辩意见、质证意见等内容。行政机关作出后续行政决定时，应当对听证程序中是否采纳证据、是否采纳行政管理相对人的陈述申辩、查明事实等相关情况作出说明，根据听证笔录的内容作出行政决定。行政机关不应以未经听证程序而由调查机关任意提交的事实和证据作为行政处罚的依据。

关于《行政处罚法》第 65 条的适用，对行政机关而言，在行政处罚程序中，应当更加重视通过听证程序查明案件事实、固定相关证据，将听证笔录中载明的事实、证据作为后续行政机关负责人审查、法治审核或集体讨论决定的根据。根据该规定，法院在审理涉及听证程序的行政处罚类案件时，应当对听证笔录固定的事实依据、定案证据等进行审查，而听证笔录之外的事实及证据，由于其未质证，不应作为行政处罚决定合法的依据。[1]

（六）补充代理意见（申辩意见）

听证会结束后，通常需要针对听证会上调查人员出示的证据以及双方质证、辩论的观点和过程进行复盘，并对听证会前拟好的书面代理意见（申辩意见）进行补充。若听证申请人或代理人听证会当场不能提交书面意见，那么需要在听证会结束后尽快准备完善的书面意见，若当场已提交了书面意见，则需针对之前未提及的观点另拟一份补充意见，尽快提交给行政机

---

〔1〕 参见江必新、夏道虎主编：《中华人民共和国行政处罚法条文解读与法律适用》，中国法制出版社 2021 年版，第 219 页。

关。根据笔者的实践经验,提交补充代理意见(申辩意见)时的细节事项,应尽量与行政机关负责本案听证的对接工作人员进行沟通协调。

(七)线上听证

顺应新的发展趋势,目前多地已尝试通过网络视频连线的方式举行线上听证会。线上听证的具体流程与线下听证基本一致,需要注意的是,当事人要提供证据的,需提前备好电子版证据,并在调查阶段将电子版证据上传至指定位置以供听证主持人和调查人员查看。此外,为确保听证会顺利进行,当事人及其代理人应在听证开始前确认环境、网络及电源等问题,以避免听证会过程中出现意外中断状况。关于听证笔录的签字盖章问题,有的行政机关是事后将核对无误的笔录邮寄至当事人或代理人填写的送达地址,而有的是在当事人在线核对无误后直接让其当场电子签字或盖章。当然,各地的具体操作不同,当事人或代理人若有任何与听证程序相关的疑问,可以联系当地生态环境相关部门的工作人员询问清楚。

(八)缺席听证的法律后果

对于当事人申请听证,行政机关已经做好听证的组织工作,通知了时间及地点,而当事人及其代理人无正当理由拒不出席听证或者在听证活动进行中未经许可中途退出的,视为当事人放弃听证权利,行政机关终止听证,行政机关可进入下一步处罚程序。这体现了行政效率的要求,亦对恶意反复以申请听证为由阻碍行政处罚的行为进行了规制。[1]

二、与复议、诉讼的衔接

(一)跟踪案件进程

生态环境行政处罚案件应当自立案之日起的90日内作出处理决定。其中,中止、听证、公告、监测(检测)、评估、鉴定、认定、送达等时间不计入期限。实践中,行政机关在完成听证程序后,可能会联系当事人就案件处理做进一步沟通,当事人也可能有机会在指定期限内根据听证会举行的情况或

---

〔1〕 参见江必新、夏道虎主编:《中华人民共和国行政处罚法条文解读与法律适用》,中国法制出版社2021年版,第216~217页。

者新获得的证据进一步补充申辩意见。因此,当事人及其代理人应及时跟踪案件发展进程,在行政机关自由裁量的空间内依法争取自身合法权益,同时,通过与行政机关的沟通,不仅能够提前为后续争取自身合法权益的行动做准备,还可提升环保合规管理水平。

(二)留意处罚决定书

《生态环境行政处罚办法》第56条规定:“行政处罚决定书应当载明以下内容:(一)当事人的基本情况,包括当事人姓名或者名称,居民身份证号码或者统一社会信用代码、住址或者住所地、法定代表人(负责人)姓名等;(二)违反法律、法规或者规章的事实和证据;(三)当事人陈述、申辩的采纳情况及理由;符合听证条件的,还应当载明听证的情况;(四)行政处罚的种类、依据,以及行政处罚裁量基准运用的理由和依据;(五)行政处罚的履行方式和期限;(六)不服行政处罚决定,申请行政复议、提起行政诉讼的途径和期限;(七)作出行政处罚决定的生态环境主管部门名称和作出决定的日期,并加盖印章。”下文分别针对收到不予处罚决定书和收到行政处罚决定书两种情况进行说明。

1.收到不予处罚决定书

当事人通过听证取得了不予处罚决定,表明行政机关就本次所立案件不予行政处罚,但这并不意味着当事人在生产经营中不存在任何环保合规问题。笔者建议企业定期进行一次全面自查(必要的情况下聘请专业的第三方环境咨询机构或专业环境律师协助),以进一步排查合规隐患。常见的环保合规隐患一般有:企业生产运营中环保合规基本制度和管理规范不完善,制度和管理规范未得到有效的落实,高级管理人员、环保主任以及一线员工等环保合规意识不强,未建立完善的环保调查应对机制等。此外,不同行业、企业的环保合规也有不同的侧重点,企业可以考虑对高级管理人员和员工进行定期的环保合规培训。

2.收到行政处罚决定书

当事人收到行政处罚决定书的第一时间应留意申请行政复议或者提起行政诉讼的途径和期限。若有行政复议或诉讼的需求,当事人可及时与专业的环境律师沟通,商议具体策略,依法争取自身合法权益。

此外,当事人还要留意履行义务和履行期限。根据《行政处罚法》第73

条第 1 款“当事人对行政处罚决定不服，申请行政复议或者提起行政诉讼的，行政处罚不停止执行，法律另有规定的除外”之规定，当事人申请行政复议或者提起行政诉讼均不构成阻却其执行行政处罚决定的理由，故行政处罚执行力生效的时间应当是行政处罚决定书送达之日。因此，当事人签收处罚决定书后应当自觉履行义务。通常情况下，行政处罚决定书都会载明当事人履行处罚决定的期限，如在行政处罚决定作出后 15 日内到指定的银行或通过电子支付的方式缴纳罚款等。但履行期限并不是统一的，该期限由行政机关行使其裁量权，根据具体案件的实际情况确定。若当事人逾期不缴纳罚款，就意味其已放弃自愿履行的机会，行政机关便可能采取强制措施，督促或迫使当事人履行处罚决定。[1]

罚款可以延期或分期缴纳。原则上，当事人应当在规定期限内及时缴纳罚款，只有发生经济确实困难的例外情形的，当事人才可以主动提出申请，请求延期或分期缴纳罚款。并且，当事人在提出申请时，应当提供证明材料，实事求是地向行政机关呈现其确有缴纳罚款的困难之处。经行政机关审查后，确认当事人短时间内无法缴纳的，方可批准暂缓或者分期缴纳罚款。

行政处罚决定作出后，若当事人未能主动履行，则涉及行政处罚的强制执行问题（关于执行的内容，具体见本书第七章）。

第四节　实 务 案 例

一、K 公司上市审核中涉“未批先建”“未验先投”案

（一）基本案情

K 公司以餐厨垃圾收运处理为主营业务，处理厂建设项目于 2014 年合法取得环境影响评价批复，批复标明该项目日处理餐厨垃圾 200 吨，地沟油 30 吨。

---

〔1〕 参见江必新、夏道虎主编：《中华人民共和国行政处罚法条文解读与法律适用》，中国法制出版社 2021 年版，第 221 页。

K 公司项目建成后，特别是自 2018 年以来，随着餐厨垃圾量的增加、餐厨垃圾性质的变化及政府对餐厨垃圾“应收尽收”的考核要求更加严格，K 公司原来的生产设备及工艺已经不能满足现实的需要，迫切需要增加设备、优化工艺。于是，K 公司增设了一套 9600 立方米的厌氧罐产能设施，扩大餐厨垃圾的收运和处理量。

2021 年 12 月 31 日，K 公司收到某市生态环境局某管理局（以下简称某管理局）作出的行政处罚告知书，告知 K 公司其未按环境影响评价批复要求擅自增加处理设备、扩大垃圾处理量的行为以及擅自改变废水处理工艺、增加设备未经环保验收建成投入使用的行为因违反《××××建设项目环境保护条例》第 8 条第 1 款、第 2 款及《建设项目环境保护管理条例》第 15 条、第 19 条第 1 款的规定，拟对其处以 37 万元的罚款。

（二）本案争议焦点

1. K 公司增加处理设备，扩大垃圾处理量的行为是否构成“未批先建”？
2. 案涉建设项目可否定性为“改建、扩建”或“重大变动”？
3. K 公司增加设备，改变废水处理工艺是否需要进行环保验收？
4. 本案是否符合《行政处罚法》可不予处罚的条件？

（三）适用法条

1.《××××建设项目环境保护条例》

第 8 条第 1、2 款 建设单位应当按照国家和××省的规定对建设项目进行环境影响评价，并报生态环境主管部门审批或者备案。建设项目环境影响评价文件未依法经审批部门审查或者审查后未予批准的，建设单位不得开工建设。

市、区生态环境主管部门按照审批权限，对可能造成重大环境影响的建设项目，以及涉及饮用水水源保护区、自然保护区等环境敏感区或者需要配套建设污染防治设施的可能造成轻度环境影响的建设项目，依法实施审批。

违反本条例第八条规定，建设项目环境影响报告书、报告表未报生态环境主管部门审查或者经审查后未予批准，擅自开工建设的，由生态环境主管部门责令停止建设，根据违法情节和危害后果，按照以下标准处以罚款，并可以责令恢复原状：

(一)属于应当编制环境影响报告表的建设项目,处五万元以上二十万元以下罚款;

……

2.《建设项目环境保护管理条例》

第15条 建设项目需要配套建设的环境保护设施,必须与主体工程同时设计、同时施工、同时投产使用。

第19条第1款 编制环境影响报告书、环境影响报告表的建设项目,其配套建设的环境保护设施经验收合格,方可投入生产或者使用;未经验收或者验收不合格的,不得投入生产或者使用。

第23条第1款 违反本条例规定,需要配套建设的环境保护设施未建成、未经验收或者验收不合格,建设项目即投入生产或者使用,或者在环境保护设施验收中弄虚作假的,由县级以上环境保护行政主管部门责令限期改正,处20万元以上100万元以下的罚款;逾期不改正的,处100万元以上200万元以下的罚款;对直接负责的主管人员和其他责任人员,处5万元以上20万元以下的罚款;造成重大环境污染或者生态破坏的,责令停止生产或者使用,或者报经有批准权的人民政府批准,责令关闭。

(四)代理思路

围绕争议焦点,结合案件的具体情况及相关法律规定,代理律师团队形成以下代理意见。

1. 如何定性新增设备的性质

新增部分设备是定性"改建、扩建"还是"重大变动",适用《××市建设项目环境影响评价审批和备案管理名录(2021年版)》(以下简称《××市名录(2021)》)还是适用《污染影响类建设项目重大变动清单(试行)》(环办环评函〔2020〕688号)(以下简称《重大变动清单(试行)》)。

对于该问题,首先需要分清楚常见的四种"未批先建"违法行为的表现形式:

(1)建设项目的环境影响评价文件未经批准,即开工建设的。这是未批先建的基本形式,一般指的是新建项目。包括两种情形:一是建设单位根本没有编制环境影响评价文件;二是建设单位编制并报送了环境影响评价文件,但主管部门依法未予批准。

（2）建设项目环境影响评价文件经批准后，建设项目发生重大变动，应重新编制并报批环境影响评价文件而没有上报或没有批准的。这种情形是指基于种种现实原因，建设项目虽然获得了主管部门的批准，但是在建设过程中，建设项目的性质、规模、地点、采取的生产工艺或污染防治措施发生了变动，当这种变动达到一定程度，即构成重大变动，此时依法应当重新编制环境影响评价文件并报主管部门批准，但建设单位没有重新编制环境影响评价文件或者主管部门没有批准。

（3）建设项目的环境影响评价文件虽经过批准，但是在批准后满5年才开工建设，环境影响评价文件应重新报批而未报或未批的。这种情形是指一些建设项目的环境影响评价文件虽然经过了主管部门批准，但建设单位却迟迟没有开工建设，一旦超过5年（自批准之日起），再开工建设前，环境影响评价文件应重新报原审批主管部门审核，但建设单位未报或未获批准。之所以这样规定，是因为区域环境质量是一个动态变化的过程，5年后周边的环境质量状况可能已发生重大变化，需要对建设项目重新评估以适应现实的条件。

（4）建设项目竣工验收后，进行了改、扩建，应当编制并报批环境影响评价文件而未报或未批的，以及建设项目竣工验收后，因生产、升级等需要而进行改、扩建的，须根据环境影响评价名录的规定确定是否需要编制环境影响评价文件，以防止建设单位肆意通过改、扩建来规避法定的环境影响评价义务。

上述四种情形的判断依据是不同的，第一种、第四种情形的认定需要根据环境影响评价名录来判断，因为新建、改建、扩建项目，是否需要编制环境影响评价文件以及编制哪类环境影响评价文件，是依据所在行业及环境影响评价名录确定的。第二种情形的认定则需要根据《重大变动清单（试行）》来判断，因为，对于在建设中发生重大变动的项目，需要依据生态环境部发布的重大变动清单来判断是否达到了须重新编制环境影响评价文件的标准。第三种情形要求将原环境影响评价文件报批，一般不涉及环境影响评价文件的重新编制。

所以，回到本案，代理律师团队认为，K公司增减部分处理设备，一段时间内增加垃圾处理量的行为属于建设项目竣工验收后，因生产、升级需要而进行的改、扩建行为。这种情形下，是否应当编制环境影响评价文件以及编制哪一类环境影响评价文件需根据环境影响评价名录来确定。

代理律师团队与K公司高级管理人员就案件事实及相关细节进行沟通，并对某市生态环境局收集证据的倾向以及认定违法的思路进行研判后认为，若要在听证阶段就尽可能取得不予处罚的结果，从听证策略的角度出发，最好是对"改、扩建"和"重大变动"这两个方面都进行申辩论述，即阐述清楚，无论是依据环境影响评价名录来判断，还是依据重大变动清单来判断，案涉行为都是不需要环境影响评价的。

若是将案涉行为定性为"改建、扩建"，根据《××市名录(2021)》，K公司无须编制环境影响评价报告表。《××市名录(2021)》"四十七、公共设施管理业"项目类别第103项"生活垃圾(含餐厨废弃物)集中处置(生活垃圾发电除外)"规定以下项目应当编制报告表：其他处置方式日处置能力50吨以下10吨及以上的；在现有厂区红线范围内采取填埋方式的改扩建项目；在现有厂区红线范围内，其他处置方式日处置能力50吨及以上的改扩建项目。

本案中，K公司不符合上述三种情形中的任何一种。首先，K公司主体工程建设项目早在2014年即编制环境影响评价报告表，合法取得批复并经过环保验收，本次变动是在原有生产线基础上进行设备的替换更新，不是"从无到有"，不属于新建项目。其次，K公司处置餐厨垃圾采用的不是填埋方式，而是厌氧发酵技术。最后，案涉项目属于在现有厂区红线范围内其他处置方式的改扩建项目，因此，需要进一步判断案涉改扩建项目是否达到日处置能力50吨及以上，以K公司《建设项目环境影响审查批复》允许的餐厨垃圾(含地沟油)处理量230吨/日为基线，230吨/日+50吨/日=280吨/日。也就是说，如果K公司日处理垃圾量达到280吨及以上就需要对改建项目报批环境影响评价报告表。而现实情况是，K公司2021年1—9月，餐厨垃圾处理量为277.03吨/日，并未达到280吨/日。

若是将案涉行为定性为"重大变动"，《建设项目环境保护管理条例》第12条第1款规定："建设项目环境影响报告书、环境影响报告表经批准后，建设项目的性质、规模、地点、采用的生产工艺或者防治污染、防止生态破坏的措施发生重大变动的，建设单位应当重新报批建设项目环境影响报告书、环境影响报告表。"如何判断是否构成"重大变动"则成为关键点。参照《重大变动清单(试行)》)，符合以下任一情形的构成规模重大变动：一是生产、处置或储存能力增大30%及以上的；二是生产、处置或储存能力增大，导致废水第一类污染物排放量增加的；三是位于环境质量不达标区的建设项目生产、处置或储存能力增大，导致相应污染物排放量增加的（细颗粒物不达标区，相应污染物为二氧化硫、氮氧化物、可吸入颗粒物、挥发性有机物；臭氧不达标区，相应污染物为氮氧化物、挥发性有机物；其他大气、水污染物因子不达标区，相应污染物为超标污染因子）；位于达标区的建设项目生产、处置或储存能力增大，导致污染物排放量增加10%及以上的。

参照上述判断标准，因K公司未增加废水第一类污染物排放量，且不在环境质量不达标区域，只需判断K公司的处置量是否比环境影响评价批复允许的量增大30%及以上。以K公司《建设项目环境影响审查批复》允许的餐厨垃圾（含地沟油）处理量230吨/日为基线，增大30%即增大299吨/日（230吨/日×130%=299吨/日），而K公司2021年1—9月，餐厨垃圾处理量为277.03吨/日，并没有达到构成“重大变动”299吨/日的标准。

综上所述，无论是依据《××市名录（2021）》，还是《重大变动清单（试行）》，K公司的日均处理量均未达到需要进行环境影响评价的标准，既然案涉项目不需要进行环境影响评价，自然也不可能构成“未批先建”违法行为。

2. 增设的设备是否已过“未批先建”的追诉时效

即便某市生态环境局认定案涉行为构成“未批先建”，K公司也可以从追诉时效的角度来进行申辩。《行政处罚法》第36条第1款规定：“违法行为在二年内未被发现的，不再给予行政处罚；涉及公民生命健康安全、金融安全且有危害后果的，上述期限延长至五年。法律另有规定的除外。”原环境保护部《关于建设项目“未批先建”违法行为法律适用问题的意见》（环政法函〔2018〕31号）规定，“‘未批先建’违法行为自建设行为终了之日起二年内未被发现的”，环保部门应当不予行政处罚。“未批先建”违法行为的行政处罚追溯期限应当自建设行为终了之日起计算。本案中，K公司增设的设备确已过了2年的追诉时效（于2019年10月14日前已建成），如破碎制浆机2016年完成技改新增，水解罐在2018年完成技改。以上事实，有购货合同、维修合同等证据证实。

3. 本案是否符合清洁生产技术升级改造无须编制环境影响评价报告表的情形

代理律师团队在接受委托后，对K公司的生产车间进行了实地考察，同时对K公司技术人员提供的技术性说明材料进行研究，认为K公司的餐厨垃圾处理项目涉及对废弃油脂的资源化利用，而案涉设备可以有效提高餐厨垃圾中废弃油脂的提取率，提取的废弃油脂可以制成生物柴油等资源化产品。因此，将案涉项目归类为清洁生产技术升级改造项目亦是非常有力的申辩理由。

《××××生态环境保护条例》第 49 条规定："鼓励排污单位开展清洁生产技术升级改造。在未改变项目性质、未增加主要污染物排放量和排放种类的前提下，下列清洁生产技术升级改造项目无需进行环境影响评价：……（二）采用资源利用率高、污染物产生量少的工艺和设备，替代资源利用率低、污染物产生量多的工艺和设备的……"本案中，K 公司在未改变项目性质、未增加主要污染物排放量和排放种类的前提下，通过优化配置设备，不仅提高了油脂回收率，降低了杂物油脂对发酵系统的干扰，还提高了厌氧沼气回收发电率，降低了废水污染物处理负荷，并实现厂区热电联产节约能源，可以说是非常典型的提高资源利用率式的清洁生产改造。符合上述条例规定，无须编制环境影响评价报告表。

4. 构成"未验先投"的前提条件是什么，案涉行为是否可以认定为"未验先投"违法行为

《建设项目环境保护管理条例》第 19 条第 1 款规定："编制环境影响报告书、环境影响报告表的建设项目，其配套建设的环境保护设施经验收合格，方可投入生产或者使用；未经验收或者验收不合格的，不得投入生产或者使用。"

根据上述规定，"未验先投"违法行为应当同时具备以下条件：①建设项目按规定应当编制环境影响评价书或报告表；②应当配套的环保设施未经验收或验收不合格；③未经验收或验收不合格的环保设施投入了生产或者使用。

严格来说，K 公司增加叠螺机的行为并不同时满足上述三项前提条件。具体表现在：首先，K 公司增加设备属于清洁生产技术升级改造，不需要报批环境影响评价（上文已阐明，此处不再赘述），那么自然也无从谈起"根据环境影响评价文件及其审批意见展开环保设施竣工验收"。其次，对于被指未经验收的"叠螺机"，环保部门并无证据证明该设备已投入生产使用，若 K 公司仅是在供货厂家安装设备后，进行了通电调试，而未投入使用，也是不构成"未验先投"的。

5. 本案是否符合《行政处罚法》第33条不予行政处罚的条件

若某市生态环境局认定K公司构成“未批先建”“未验先投”,有没有可以不予处罚的理由呢?根据《行政处罚法》第33条第1款的规定,同时符合以下三项条件的,行政机关可以不予行政处罚:①违法行为轻微;②及时改正;③没有造成危害后果。

本案K公司虽然增加了设施,但垃圾处理量也有所提高,且关键在于K公司通过优化生产工艺达到了“增产不增污”,项目运行本身既未增加污染物的排放种类,也未增加污染物的排放量。也就是说,并未给所在区域的生态环境造成不利影响,没有加重环境容量负担,这属于违法行为轻微,没有造成危害后果的情形。同时,自收到责令改正决定后,K公司已停用案涉设备,并减少餐厨垃圾收运处理量,故也做到了及时改正。据此,K公司同时满足上述条款规定的可以不予处罚的全部条件。

(五)案件结果

依法举行听证后,某市生态环境局经集体审议,部分采纳了当事人的意见,于2022年2月25日作出不予行政处罚决定书。

对于“未批先建”一事,某市生态环境局虽然仍认为违法行为成立。但鉴于K公司在限期内改正,且未造成危害后果,依据《行政处罚法》第33条第1款的规定,决定对K公司增设垃圾处理设备、扩大餐厨垃圾量的行为不予处罚。对于“未验先投”一事,某市生态环境局认为增加的设备未改变项目性质,且未增加污染物种类及排放种类,根据《××××生态环境保护条例》第49条的规定,K公司增加的设备属于技术升级工艺,未增加污染物排放种类,依法不需要环境影响评价。因此,未经环保验收便建成投入使用的违法行为不成立。

经过听证,某市生态环境局最终决定对K公司不予处罚,K公司成功上市。

(六)类案经验总结

“未批先建”和“未验先投”是两种常见的违法行为。这两种违法行为经常相伴而生,即构成“未批先建”的,通常也同时构成“未验先投”违法行为,但构成“未验先投”的,并不必然同时构成“未批先建”违法行为。因此,遇到此类案件,首先要审查涉案的建设项目是否需要编制环境影响评价文件,并报生态环境主管部门批复。如果无须编制并报批环境影响评价文件,就不构成“未批先建”和“未验先投”违法行为。因为,只有经审批的报告书和报告表项目,才要求对污染防治设施进行验收。

基于行政处罚2年的时效性限制,且“未建先投”针对的是建设行为,建设项目一经建成,违法行为就已终止,故对于超过2年的建设项目,生态环境主管部门不能再给予行政处罚,这是一个对涉案企业有利的抗辩点。这里的抗辩点,仅限于“未批先建”违法行为。对于“未验先投”违法行为,其指向的是未经验收即投产的违法行为,而投产又是一种持续性违法行为,故不受处罚时效的限制。也就是说,只要是须编制报告书或报告表的项目,在“未批先建”违法行为超过2年时效不再处罚的情况下,“未验先投”违法行为仍要被给予行政处罚。

对于涉嫌“未批先建”的违法行为,要结合国家或地方主管部门发布的环境影响评价名录进行审查,对于无法确定是否须编制环境影响评价文件的建设项目,可以向环境影响评价工程师求助。由于建设项目在建设过程中还可能发生重大变动问题,因此在“未批先建”违法行为中,还可能涉及重大变动问题。对于重大变动的认定,须根据重大变动清单而不是环境影响评价名录进行认定。

对于涉嫌“未验先投”违法行为,应注意配套的污染防治设施是否建成、是否在进行试生产、是否造成了环境影响评价污染及投产时间、验收期限等因素,这些都有可能是罚款金额的裁量因素。如果处罚不能免除,少罚也是减少行政处罚争议的一个选项。

二、P公司篡改监测数据案

(一)基本案情

P公司是一家主要从事环境污染治理设施运营管理、在线环境监测设备的销售及运营维护,以及环保工程设计、施工及安装的环保企业。2021年1月12日至2022年1月11日,P公司为某市某区某眼镜加工厂提供在线监测设施的运维服务。

2021年6月23日,某市生态环境局执法人员到P公司负责运营废水处理设施的某市某区某眼镜加工厂进行执法检查并调取在线监控视频，发现 P 公司员工在 2021 年 3 月 26 日 16 时 41 分至 18 时 14 分时间段内放置挡板在排放口上部，挡住了排放口流量计，认定 P 公司员工放置挡板的行为导致排放废水时在线数据流量计为 0，属于“篡改、伪造监测数据”行为，违反了《水污染防治法》第 39 条的规定，根据《水污染防治法》第 83 条第 3 项的规定，参照《××市环境行政处罚裁量权实施标准(第六版)》第 12.5.1 条裁量标准“篡改或者伪造监测数据的”“排放口所在区域特别控制区以外的区域”“A 类水污染物”“环评文件类别审批类报告书”，拟对 P 公司处以 60 万元罚款。

（二）本案争议焦点

1. 如何界定排污单位和第三方治理单位的责任？
2. 如何认定第三方治理单位的责任？
3. P 公司作为受委托单位的责任性质？

（三）适用法条

1.《水污染防治法》

第 39 条　禁止利用渗井、渗坑、裂隙、溶洞，私设暗管，篡改、伪造监测数据，或者不正常运行水污染防治设施等逃避监管的方式排放水污染物。

第 83 条　违反本法规定，有下列行为之一的，由县级以上人民政府环境保护主管部门责令改正或者责令限制生产、停产整治，并处十万元以上一百万元以下的罚款；情节严重的，报经有批准权的人民政府批准，责令停业、关闭：

……

（三）利用渗井、渗坑、裂隙、溶洞，私设暗管，篡改、伪造监测数据，或者不正常运行水污染防治设施等逃避监管的方式排放水污染物的；

……

2.《××省环境保护条例》

第 23 条第 5 款　企业事业单位和其他生产经营者可以委托具有相应能力的单位运营其防治污染设施或者实施污染治理，并与受委托单位签订协议，明确双方权利、义务及环境保护责任。受委托单位应当遵守环境保护法律、法规和相关技术规范的要求。

第67条第3款 违反本条例第二十三条第五款规定，受委托单位未按照法律、法规和相关技术规范的要求运营防治污染设施或者实施污染治理，或者在运营防治污染设施或者实施污染治理中弄虚作假的，由县级以上生态环境主管部门责令改正，处五万元以上十万元以下罚款；受委托单位在运营防治污染设施或者实施污染治理中弄虚作假，对造成的环境污染和生态破坏负有责任的，还应当与造成环境污染和生态破坏的其他责任者承担连带责任。

（四）代理思路

本案的争议焦点之一是“环境污染第三方治理单位的责任认定”的法律适用问题。环境污染第三方治理（以下简称第三方治理）指的是排污单位通过缴纳或按合同约定支付费用，委托环境服务公司进行污染治理的新模式。[1] 虽然，近年来，第三方治理受到了国家及地方的大力推广，在实践中也取得了一定成效，但执法、司法实践中仍然存在法律责任不明晰、法律适用待统一等问题。对本案的代理思路具体分析说明如下。

1. 关于排污单位和第三方治理单位的责任界定问题

可以明确的是，排污单位承担污染治理的主体责任。《环境保护法》第6条第3款“企业事业单位和其他生产经营者应当防止、减少环境污染和生态破坏，对所造成的损害依法承担责任”之规定，已明确企业事业单位及其他生产经营者的主体责任。若其违法排污，除了承担罚款、赔偿等责任外，也应承担污染治理责任。

但在什么情形下，行政违法责任可以对排污单位和第三方治理单位实行双罚？在什么情形下仅单罚排污单位或第三方治理单位？委托合同中对行政法律责任的约定是否具有法律效力？关于这些问题，尚无明确的规定予以区分。尽管目前“第三方治理单位在环境污染治理方面存在过错不能成为排污单位免于承担环境行政处罚的理由（排污单位与第三方治理单位之间是合同关系）”的观点已逐渐成为共识。但因污染治理责任未完成而造成的违法后果，可能归咎于第三方治理单位，也可能归咎于排污单位，由此

---

〔1〕 相关规定参见国务院办公厅《关于推行环境污染第三方治理的意见》（国办发〔2014〕69号）。

而导致的法律责任界定问题仅靠笼统的共识是无法判断的,应当视不同情形而进行具体的划分。

2. 第三方治理单位的责任认定问题

根据原环境保护部2017年出台的《关于推进环境污染第三方治理的实施意见》,第三方治理单位应按有关法律法规和标准及合同要求,承担相应的法律责任和合同约定的责任。也就是说,第三方治理单位若违反行政法律法规,不仅可能承担民事违约责任,还可能承担行政法律责任。

据此,第三方治理单位是否会成为行政处罚责任的承担主体,要看法律是否明确了第三方治理单位违反规定应受处罚,若法律没有明确规定,则要判断第三方治理单位是否按约定履行了合同义务、其在导致违法排污行为出现方面的过错程度等。具体而言,排污单位超过合同约定数量和标准排放污染物导致第三方治理单位无法处理的,应当承担相应的违约责任和违法排污的行政法律责任;排污者按有效合同的规定排放污染物,但第三方治理过程或结果违法的,则应由第三方主体承担相应的行政法律责任。

3. 本案中P公司作为受委托单位的责任性质

P公司员工客观上存在遮挡流量计的行为,笔者认为,对于该行为,《××省环境保护条例》(2019年修正)已就受委托单位的行政责任作出了规定。因此,依据《××省环境保护条例》(2019年修正)第23条第5款以及第67条第3款之规定,结合P公司遮挡行为的持续时长、危害后果以及设施本身故障等案件情节判断,P公司虽无弄虚作假的主观故意,但客观上确实存在运行防治污染设施不符合技术规范的行为,根据上述规定,应承担相应的行政违法责任。而合同责任方面,则需根据合同约定来判断是否需要承担违约责任。

代理律师团队为P公司撰写了听证申请书和陈述申辩书,并提交到某管理局。陈述申辩书内容摘录如下。

1. 流量计本身存在故障

代理律师在查阅案涉流量计原始记录后,发现在3月26日16时40分(未放置挡板)流量计读数为0,16时41分操作工放置挡板后,流量计读数仍为0,18时14分操作工拿开挡板后,读数仍为0,3个时刻的读数均为0,说明流量计存在故障的可能性。这种情况下,操作工遮挡了有故障的流量计,在客观上也不能产生伪造或干扰监测数据的法律后果。

2. 监控设备运行正常,未受到干扰

代理律师团队在查阅"577 工程"视频记录后,发现在 16 时 41 分至 18 时 14 分期间,"577 工程"所装的流量计、各类污染因子的监测设备均有数据显示,无异常情况。换言之,即便认为员工放置挡板的行为不当,该行为也未干扰到"577 工程"监控设备对监测数据的采集。

3. "577 工程"未经法制和技术审核

《行政处罚法》第 41 条第 1 款规定:"行政机关依照法律、行政法规规定利用电子技术监控设备收集、固定违法事实的,应当经过法制和技术审核,确保电子技术监控设备符合标准、设置合理、标志明显,设置地点应当向社会公布。"

案涉"577 工程"为某市生态环境局的重要监管项目,根据上述规定,电子技术监控设备应当经过法制审核和技术审核。"577 工程"包含对视频监控设备的利用,但却未通过相关部门的法制审核和技术审核,故该工程中收集的证据或为非法的,不具有证据效力。

4. 员工无篡改流量计数据的主观故意

事后,经向案涉员工了解情况得知,该员工是在即将排放完废水后,担心晚上无人上班时,棚顶锈渣掉入流量槽导致第二天要清扫排放口,故为避免清扫工作,员工才将挡板放置在流量计的上方。其目的并非干扰视频监控设备的正常运行,而是为防止异物落入流量槽。

5. 未造成危害后果,可不予行政处罚

《行政处罚法》第 33 条第 1 款规定:"违法行为轻微并及时改正,没有造成危害后果的,不予行政处罚。初次违法且危害后果轻微并及时改正的,可以不予行政处罚。"本案中,且无论流量计本身是否存在设备故障以及监控设备是否符合法律规定的使用条件,即便操作工的行为确有不当,这种无心之失也并未对相关设备的正常运行造成干扰,且未造成危害后果,故可认定涉案行为违法情节显著轻微,依法可以不予处罚。

(五)案件结果

经过听证后,某市生态环境局更改了本案的法律适用条款,罚款幅度从 10 万元以上 100 万元以下降到了 5 万元以上 10 万元以下。在行政处罚决定书中,某市生态环境局认为 P 公司违反的是《××省环境保护条例》第 23

条第5款:“企业事业单位和其他生产经营者可以委托具有相应能力的单位运营其防治污染设施或者实施污染治理,并与受委托单位签订协议,明确双方权利、义务及环境保护责任。受委托单位应当遵守环境保护法律、法规和相关技术规范的要求。”违反该条款的罚款幅度在5万元以上10万元以下。参照《××市环境行政处罚裁量权实施标准(第六版)》第7.2条裁量标准的规定,属于“在运营防治污染设施或者实施污染治理中弄虚作假的”“限批区或环境敏感区”,决定对P公司处以罚款8万元。

收到行政处罚决定书后,委托人P公司对结果较为满意,遂不再对该处罚决定提起行政复议或诉讼。

(六)类案经验总结

环境监测数据弄虚作假违法行为是近几年生态环境主管部门重点打击的对象之一,当然也包括第三方运维单位弄虚作假的行政违法案件。

在这类案件中,第三方运维单位和排污单位之间存在委托运营合同,它们之间属于民事委托关系,根据受托人的行为后果由委托人承担这一基本原则,鉴于目前国家层面上还没有明文规定运维单位的行政责任,因此,第三方运维单位弄虚作假的行政违法行为应当由排污单位即委托人承担。当然,地方性法规或规章规定由运维单位承担责任的,从其规定。

尽管一些地方性法规对此案类情形已经作出明确规定,但有些执法人员仍然会犯处罚主体和法律适用上的错误,这是此类案件的一个重要抗辩理由。

2024年11月22日,生态环境部办公厅发布《生态环境监测条例(草案征求意见稿)》,其中第39条规定,监测机构篡改、伪造生态环境监测数据的,最高可处以200万元以下的罚款。不但如此,对其直接负责的主管人员和其他直接责任人员处上一年度从该机构取得收入1倍以上3倍以下的罚款,3年内禁止从事生态环境监测活动,取得收入不足5万元的,按5万元计算;情节严重的,终身禁止从事生态环境监测活动。

可以看出,随着法治的健全,政策导向即将转化为法规规定,严厉打击此类违法行为,是保障生态环境质量只能更好、不能变坏的必然要求。建议提供第三方监测服务的机构提前准备,一方面,加强法律学习,知法才能守法;另一方面,要建立严格的内控制度。规范自己的行为,从而减少被处罚的风险。

三、Y 公司超标排放工业废水案

(一)基本案情

Y 公司是一家从事散热器、电子产品结构件生产的企业,主要生产工艺为有机加工、清洗(碱洗、除油)等,清洗废水排放量不超过 5 吨/日。

2021 年 12 月 29 日,某市生态环境局执法人员到 Y 公司进行执法检查。现场检查时,Y 公司正在生产,废水处理设施正在运行,废水排放口正在排放废水,采样人员在废水总排口采集水样。根据某市生态环境监测站某分站提供的《监测报告》(0410),监测结果中的氨氮浓度为 21.4mg/L,超过了排污许可证规定的许可排放浓度限值(氨氮 8mg/L),超标 1.675 倍。

2022 年 1 月 18 日,Y 公司向某市生态环境局提交了重新取样申请书,2022 年 1 月 24 日,某市生态环境局委托某市生态环境监测站某分站对同一批采取的样品的氨氮项目进行留样复测。某市生态环境监测站某分站出具《关于对编号 901A 样品氨氮留样复测检测结果的情况说明》,表明“我站对《监测报告》(0410)中氨氮 21.4mg/L 的结果予以保留,不做更改,监测报告有效”。

2022 年 1 月 21 日,某市生态环境局执法人员到 Y 公司复查,采样人员在废水总排口和原水池采集了水样,送某市生态环境监测站检测,《监测报告》(0016)显示监测因子监测结果达标。

2022 年 3 月 7 日,某市生态环境局作出行政处罚听证告知书,告知 Y 公司工业废水氨氮超标的行为违反《××××生态环境保护条例》第 55 条第 1 款的规定,根据《××××生态环境保护条例》第 137 条第 1 款第 3 项的规定,参照《××市环境行政处罚裁量权实施标准(2021 年版)》第 1.21.1 条裁量标准,拟对 Y 公司处以罚款 20 万元。

(二)本案争议焦点

1. 本案取样检测过程是否有严格按照相关技术规范、操作方法及程序进行?

2.《监测报告》(0410)能否作为行政处罚作出的合法依据?

3. 本案是否可依据《行政处罚法》第 33 条第 1 款的规定不予处罚?

（三）适用法条

《××××生态环境保护条例》

第 55 条第 1 款　排污单位应当按照排污许可证规定的排放浓度、排放量等许可事项排放污染物，并遵守排污许可证载明的环境保护管理要求，按照规定编制和提交排污许可证执行报告。

第 137 条第 1 款　有下列行为之一的，由市生态环境部门责令改正，处二十万元以上五十万元以下罚款；情节严重的，限制开展生产经营活动、责令停产停业或者吊销排污许可证，并处五十万元以上一百万元以下罚款；情节特别严重的，依法报经有批准权的人民政府批准，责令关闭：

……

（三）违反本条例第五十五条第一款规定，排污单位未按照排污许可证规定的排放浓度、排放量等许可事项排放污染物的。

……

（四）代理思路

首先，收到行政处罚听证通知书后，代理律师团队为更好地维护 Y 公司的合法权益，提高听证会的质量和效率，帮助厘清本案的事实认定及法律适用问题，于 2022 年 3 月 22 日向某市生态环境局提交了调取证据申请书，申请调取以下证据材料：立案审批表；本案全部现场检查（勘察）笔录和调查询问笔录；现场采样的视频资料、原始采样记录；案涉采样人员的上岗证、相关仪器设备的检定或校准证书、授权签字证明、监测报告出具单位的资质认定证书和计量认证项目及限制要求；本案执法人员的执法证件；《关于对编号 901A 样品氨氮留样复测检测结果的情况说明》；《监测报告》（0410）；其他作为证据使用的材料。

之后，某市生态环境局向代理律师提供了部分证据资料。此处要说明的是，有关提前阅卷的问题，不同地方的生态环境局可能会有不同的做法。有些地方的生态环境局允许代理律师在听证会之前阅卷，而有些地方的生态环境局则只同意代理律师在听证会上现场查阅案卷资料。关于是否允许阅卷的问题，法律法规或规章无明确规定，所以当事人应与生态环境局做好沟通工作,争取能在听证会之前拿到或看到案卷资料,这样有利于提前准备听证材料,取得较好的听证效果。

其次,听证会举行当日,代理律师团队向某管理局提交了法律意见书。法律意见书内容摘录如下。

1. 采样过程不符合相关技术规范,样品存在受污染的可能性

(1)样品容器清洗不符合规范

《污水监测技术规范》(HJ 91.1—2019)第6.5.4条规定:"采样前先用水样荡涤采样容器和样品容器2~3次。"

本案中,代理律师团队通过查看采样视频发现,采样人员只清洗了部分样品容器,有些样品容器并未清洗。而未按技术规范清洗样品容器的情况下,前一次使用的物质残留可能会导致本次的样品受污染。不仅如此,采样人员还将整个容器浸入水中取样,直接用样品容器接水,而样品容器外壁未清洗,加上Y公司废水排放口本身水量少、流速慢等因素的影响,采样人员如此操作后所采取的水样很可能因此受到了污染。

(2)封样不规范

《工业污染源现场检查技术规范》(HJ 606—2011)第5.2.3条"采样记录与标志"规定:"采样后,除进行现场快速检测或必要的前处理外,现场采样人员应立即填制样品标签及样品封条。样品标签应贴在样品盛装容器上,样品封条应贴在样品盛装容器封口,封条的样式应便于检测单位确认接收前样品容器是否曾被开封。采样人员和排污者代表应当在封条上签名并注明封存日期。"

从本案的采样视频中可以看出,采样人员先将样品容器装进透明的塑料袋中,然后将封条贴在塑料袋上,再用胶带缠绕。这种样品封存方法,并不符合上述技术规范要求。

(3)未按技术规范要求冷藏运输样品

根据《污水监测技术规范》(HJ 91.1—2019)表A.1"常用污水监测项目的采样和保存技术"的规定,样品保存1天以上7天以内的应当冷藏。若未达到相应的低温保存条件,可能会影响检测结果的准确性。

虽然某管理局提供的污染源废水采样原始记录表显示,采样人员所采的样品是冷藏运输。但从采样视频中发现,采样人员并没有携带保温箱,而是将样品直接放在一个提篮中带走,并无证据能够证明采样人员采用冷藏

方法运输、保存样品。

2. 采样人员未取得有效的上岗资格

2008年10月20日，原××省环境保护厅关于印发《××省环境监测质量管理规定（试行）》等四项制度的通知中，《××省环境监测人员持证上岗考核管理规定（试行）》第27条规定："经考核合格的环境监测人员，由××省环境监测中心颁发合格证。"

本案采样人员杨某某并未取得××省环境监测中心颁发的上岗合格证，其资格证是由××市环境监测协会颁发的，不符合上述规定。即采样人员没有采样资格，采样过程不符合相关的技术规范，所采取的样品不具有合法性，不能作为样品使用。

3.《监测报告》(0410)不能作为认定案件事实的证据

(1)《监测报告》(0410)监测结果的客观准确性存疑，氨氮超标的成因不清

①采样不符合相关的技术规范，影响监测结果准确性（此处不再赘述）。

②监测站提供的《监测报告》(0016)显示，Y公司的原水中，氨氮浓度为5.37mg/L，远低于排放标准8mg/L。但在生产工艺、原辅材料均未发生改变的情况下，未经处理过的原水中氨氮浓度不超标，经处理后的废水反而达到21.4mg/L，确实与常理相悖。因此，《监测报告》(0410)监测结果显示超标，可能与采样人员采样不规范导致样品受到污染有关。

③留样复测的结果显示样品中的氨氮浓度为16.1mg/L，这表明，用于检测的设备和仪器所得数据存在较大误差，不能排除设备和仪器未经检定和校准导致监测结果不准确的可能性。

(2)认定《监测报告》(0410)具有合法性还应证明的事项

①仪器设备经过了检定或校准。但某管理局并未提供校准或检定证书，不能证明所使用的检测仪器设备的准确性。

②分析人员的专业能力。若分析人员不具备相关的专业技术知识，无法胜任实验室的工作岗位，那么其出具的报告的结论也是不具有合法性的。本案中，某市生态环境局没有提供证明《监测报告》(0410)分析人员的专业能力证据，其分析结果的客观准确性存疑。

③签字人的授权证明。未经授权备案的人员无权在监测报告上签名。

④《监测报告》(0410)出具单位的检测项目备案证明。据查询，对于水

质氨氮的检测，国家标准中有三种检测方法。而每一种检测方法，又对应不同的技术要求。检测机构只能在能力范围内出具报告，不能使用备案之外的方法对涉案项目进行检测并出具监测报告。

在听证会举行之前，代理律师团队向某市生态环境局提出调取证据申请，要求其提供上述证据，以证明相关人员具备相应的专业能力、相关仪器设备计量准确等，但某管理局并未提供。

(3)没有采取质控措施，《监测报告》(0410)的质量无法保证

《污水监测技术规范》(HJ 91.1—2019)的“10　质量保证与质量控制”规定的质控措施主要有：

①全程序空白样品：按分析方法中的要求采集全程序空白样品，空白测定值应满足分析方法中的要求，一般应低于方法检出限。如分析方法中未明确，每批次水样均应采集全程序空白样品，与水样一起送实验室分析，以判断分析结果的准确性，掌握全过程操作步骤和环境条件对样品的影响。

②现场平行样品：按分析方法中的要求采集现场平行样品。如分析方法中未明确，对均匀样品，凡能做平行双样(除现场监测项目、悬浮物、石油类、动植物油类、微生物等)的监测项目也应采集现场平行样品，每批次水样应采集不少于10%的现场平行样品(自动采样除外)，样品数量较少时，每批次水样至少做1份样品的现场平行样品。当现场平行样品测定结果差异较大时，应对水样进行复核，检查采样和分析过程对结果的影响。

本案中，并无证据显示采样人员采集了全程序空白样品和现场平行样品，因未采取质控措施，故无法保证本次采样及监测的质量。

4. 执法人员没有执法资格，所取得的证据不合法

《行政处罚法》第42条第1款规定：“行政处罚应当由具有行政执法资格的执法人员实施。执法人员不得少于两人，法律另有规定的除外。”《环境行政处罚办法》第10条[1]规定：“调查取证时，调查人员不得少于两人，并应当出示中国环境监察证或者其他行政执法证件。”

根据上述规定，可以多人参与行政执法，但参与人员必须持有行政执法证，在执法过程中必须出示行政执法证。现场检查(勘验)和询问当事人并制作询问笔录，既是一种执法行为，也是一种取证过程，必须由执法人员完

〔1〕 此办法已失效，相关规定参见《生态环境行政处罚办法》第8条。

成。这里的执法人员，当然也包括记录人。

本案中，杨某某作为多次现场检查（勘验）笔录、询问笔录的记录人，却只持有某市环境监测协会颁发的“人员培训上岗合格证”。按规定，没有取得行政执法证件是不能担任记录人参与执法的，即便有行政执法证件，不出示也不合法。在他制作的笔录中，并无记录显示他曾向当事人出示了行政执法证件，也没有询问当事人是否申请对他的回避。因此，杨某某参与的调查取证中所取得的证据，均不具有合法性。

5. 建议对 Y 公司不予处罚

《行政诉讼法》第 70 条规定：“行政行为有下列情形之一的，人民法院判决撤销或者部分撤销，并可以判决被告重新作出行政行为：（一）主要证据不足的；（二）适用法律、法规错误的；（三）违反法定程序的；（四）超越职权的；（五）滥用职权的；（六）明显不当的。”由此可知，行政处罚所认定的事实存在主要证据不足、违反法定程序的情形，法院将依法判决撤销行政行为。

本案中，某市生态环境局认定申请人氨氮超标的主要证据是《监测报告》（0410），而该《监测报告》（0410）所使用的样品采样过程不符合规范，《监测报告》（0410）亦不具有证据效力。同时，杨某某没有取得行政执法证却参与执法，违反了法定程序。若某管理局坚持作出行政处罚决定，一旦本案诉至法院，该处罚决定存在被法院撤销的可能性。

另外，根据《行政处罚法》第 33 条第 1 款之规定[1]，无论何种原因导致的氨氮超标，本案超标的倍数较小，没有造成严重后果。并且，Y 公司在收到责令改正违法行为决定书后，已即刻高度重视，立即责令相关人员加强管理，增加抽检频次，以确保不再发生类似情况，该行为可视为及时改正。

综上所述，鉴于采样过程存在诸多不符合技术规范的行为，无法保证监测结果具有合法性，为避免诉累，建议某管理局对 Y 公司不予处罚。

（五）案件结果

经过听证和集体讨论后，某市生态环境局仍认为 Y 公司未按照排污许可证的规定排放水污染物的行为违反了《××××生态环境保护条例》第 55

〔1〕《行政处罚法》第 33 条第 1 款规定：“违法行为轻微并及时改正，没有造成危害后果的，不予行政处罚。初次违法且危害后果轻微并及时改正的，可以不予行政处罚。”

条第 1 款的规定,本案事实认定清楚,证据充分。但考虑到代理意见及法律意见书中提到的不予处罚意见,某市生态环境局认可 Y 公司本次氨氮超标并未对外环境产生实质影响,且收到责令改正违法行为决定书后及时改正,加上 Y 公司在新《行政处罚法》施行后也从未出现过生态环境违法行为,依据《行政处罚法》第 33 条第 1 款的规定,决定对 Y 公司不予行政处罚。

尽管某市生态环境局不认为采样存在问题,但还是以情节轻微、未对外环境造成实质影响为由,作出不予处罚决定,由此可见,听证取得了预期效果。

(六)类案经验总结

在笔者代理过的环境行政案件中,涉及废水、废气等超标类的案件成功率最高,总结起来,采样环节是这类案件的突破口。为此,笔者归纳出处理此类案的几点经验,供参考:一是看采样人员是否具有采样资格、技术人员是否经过专业培训;二是看采样过程是否符合相关技术规范,如采样容器的选择、清洗,按规定加固定剂,密封、低温保存等;三是样品的流转是否有记录;四是设备是否经过检定或校准;五是采样及检测是否符合相关标准;六是数据之间是否符合逻辑;七是出具监(检)测报告是否具备资质,报告上是否加盖 CMA 认证标志;八是报告的签发人员是否得到授权;等等。

监(检)测报告是否合法有效,一定要结合原始采样记录、采样过程的视频或照片、样品交接记录及实验室记录等资料,并对照相关技术规范,进行综合判断。

涉超标类环境行政处罚案件是最为复杂,但也最容易获得较好代理效果的一类行政案件。在这类行政处罚案件中,认定行政管理相对人所排放的废水、废气、噪声等污染物是否超标及超标的倍数,关键性的证据就是监(检)测报告,监(检)测报告的结果是否具有合法性、是否可以作为事实认定的依据,往往是双方争议的焦点。因此,遇到此类环境行政处罚案件时,应把重点放在对监(检)测报告合法性的审查上。

若要认定监(检)测报告为合法有效的证据,可以从出具报告单位的资质、采样人员的专业能力、采样过程是否符合相关技术规范、所依据的标准及方法是否正确、仪器是否经过校准或检定、监(检)测报告的结果是否符合逻辑等方面进行审查。审查监(检)测报告的时候,要结合原始采样记录、采样时录制的视频、样品的交接和流转记录、计量认证证书及附表、实验室检测数据原始记录等资料进行审查。

当然，当事人要想找到每一个案件的切入点，应当对相关的技术规范比较熟悉，包括涉案污染物的排放标准、不同污染因子的采样规范及检测方法和标准等。有些执法或司法人员懂法律，但不一定懂相关的技术规范；监测人员懂相关技术规范，但不一定懂法律。必要时可以聘请专家辅助人出庭，就专业问题进行作证，以增强说服力。

四、H公司未按规定贮存危险废物案

（一）基本案情

H公司是生产和销售自产的各类线路板的企业。主要生产软性多层板，是一家隶属于香港H科技集团的全资子公司，产品主要应用于手机、液晶显示器、数码相机、打印机等电子设备。

2021年6月22日，某市生态环境局对H公司进行调查，发现干膜渣存放间内存有危险废物，且有水向外环境渗出，认定H公司未按照国家有关规定和环境保护标准要求贮存危险废物，违反了《固体废物污染环境防治法》第79条的规定，并根据《固体废物污染环境防治法》第112条第1款第6项及参照珠海市环境保护局《行政处罚自由裁量规则》第3条之规定，拟对H公司作出70万元罚款的行政处罚。H公司依法向某市生态环境局申请听证。

（二）本案争议焦点

1. 拟作出的行政处罚决定中，认定违法行为的事实是否清楚？

2. 某市生态环境局以某市《行政处罚自由裁量规则》作为裁量依据是否适用？

3. 是否可以对H公司从轻处罚？

（三）适用法条

《固体废物污染环境防治法》

第79条　产生危险废物的单位，应当按照国家有关规定和环境保护标准要求贮存、利用、处置危险废物,不得擅自倾倒、堆放。

第112条第1款 违反本法规定,有下列行为之一,由生态环境主管部门责令改正,处以罚款,没收违法所得;情节严重的,报经有批准权的人民政府批准,可以责令停业或者关闭:

……

(六)未按照国家环境保护标准贮存、利用、处置危险废物或者将危险废物混入非危险废物中贮存的;

……

(四)代理思路

首先,收到行政处罚听证告知书后,代理律师团队通过与H公司沟通,了解案件的基本情况并确认当事人的诉求,于2021年9月16日拟定听证申请书,并于当日由H公司盖章后提交至某市生态环境局申请听证。同时,代理律师团队为了保障H公司的合法权益,及时梳理本案基本事实和相关法律依据,提前为听证会的举行做充足的准备。

其次,2021年11月30日,某市生态环境局向H公司送达了行政处罚听证通知书,拟定于2021年12月14日举行听证会,并释明听证主持人、听证员以及听证会注意事项。

最后,在听证会当日,代理律师团队通过现场查阅本案执法证据,了解执法人员认定H公司具有违法行为的执法依据,结合本案的事实和法律依据,提出如下代理意见:

1. 本案行政处罚听证告知书中认定违法行为的事实不清。本案中,执法人员检查当日发现H公司贮存间内存有危险废物,在未对涉案危险废物进行称重的前提下,执法人员仅凭在场工作人员的随口估计,确认了涉案贮存间内危险废物有8吨,并记录在《调查询问笔录》中,且将该证据作为执法依据。事实上,H公司危险废物转移联单、称重单、第三方处理机构开具的发票等一系列证据显示,案发当时贮存间内的危险废物仅有3吨左右。

《固体废物污染环境防治法》第79条规定:"产生危险废物的单位,应当按照国家有关规定和环境保护标准要求贮存、利用、处置危险废物,不得擅自倾倒、堆放。"第112条第1款规定:"违反本法规定,有下列行为之一,由生态环境主管部门责令改正,处以罚款,没收违法所得;情节严重的,报经有批准权的人民政府批准，可以责令停业或者关闭：……（六）未按照国家环境保护标准贮存、利用、处置危险废物或者将危险废物混入非危险废物中贮存的；……”本案中，案涉危险废物的重量影响着H公司的违法行为适用行政处罚裁量标准的区间，在事实不清的前提下拟作出的行政处罚决定不具有合法性。

2. 法律适用错误。首先，某市《行政处罚自由裁量规则》未对《固体废物污染环境防治法》第79条设定行政处罚自由裁量权细化的标准，根据《行政处罚法》第34条第1款“行政机关可以依法制定行政处罚裁量基准，规范行使行政处罚裁量权”的规定，在有其他细化标准为《固体废物污染环境防治法》第79条设定裁量标准的情况下，应当参考适用该标准。其次，某市环境保护局《行政处罚自由裁量规则》第3条规定：“行使行政处罚自由裁量权，应当遵循适法准确、公平公正、过罚相当、程序正当、罚教结合、综合裁量原则。综合裁量应考虑的因素：主观恶性，过错程度，初犯还是再犯、屡犯，污染源规模或排放污染物种类、数量，违法行为持续时间，改正态度和效果，违法行为造成的危害后果等。对于事实、影响、情节相同或相近的环境违法行为，在同一时期，罚款数额应基本一致。”该条款为原则性条款，在有规范性条款的前提下，不应直接适用原则性条款。最后，某省生态环境厅2021年11月14日印发了《××省生态环境行政处罚自由裁量权规定》，在其附件1《××省生态环境违法行为行政处罚罚款金额裁量表》第四章固体废物污染类的规定中，对《固体废物污染环境防治法》第79条的行政处罚进行了细化规定，该规定于2022年1月1日起施行。本案听证会于2021年12月14日举行，对已经公布且即将实施生效的《××省生态环境行政处罚自由裁量权规定》应当参考适用。

3. H公司的违法行为未造成危害后果，且渗出物质还受到客观连日降雨因素的影响，主观上没有向外环境渗漏危险废物的故意。同时，H公司对违法行为及时进行了整改，根据《行政处罚法》第33条第1款的规定，可以对H公司从轻处罚。

代理律师团队与H公司经过沟通，在听证会时向听证主持人和听证员提交了提前准备的如下证据，以证明己方主张：①2021年6月某历史天气情况，证明检查当日及之前该地已持续多日为阴雨天气；②H公司整改后厂区照片，证明H公司已对违法行为及时改正，在未造成危害后果的前提下，可以从轻处罚。

（五）案件结果

经过听证后，某市生态环境局采纳了代理律师团队对本案事实和法律适用方面的意见，更改了行政处罚听证告知书中认定的涉案危险废物的重量和行政处罚自由裁量权的适用标准。在行政处罚决定书中，某市生态环境局经过复核H公司提交的涉案危险废物的称重单及发票等证据材料，认定涉案危险废物的重量为2吨以上5吨以下。同时，某市生态环境局经综合考量涉案危险废物的重量以及H公司违法行为的情节，参照2022年1月1日起施行的《××省生态环境行政处罚自由裁量权规定》附件1 “××省生态环境违法行为行政处罚罚款金额裁量表”第4.18项的规定，决定对H公司予以从轻处罚，处以罚款20万元。

收到行政处罚决定书后，委托人H公司对原先罚款70万元，经听证后改为20万元的结果较为满意，遂决定不再对该处罚决定提起行政复议或诉讼。

（六）类案经验总结

在涉及危险废物的行政处罚案件中，危险废物的重量是一项重要的裁量指标。危险废物的重量越大，处罚就越重。本案之所以取得成功，主要是因为发现了涉案危险废物重量认定方面，存在证据不足这一问题。针对存在的问题，在听证会上或听证会之后，还可以补充与案件事实有关的证据，这些证据只要被采纳，就有可能降低相应的罚款金额。

为了避免同案不同罚的现象发生，各地均出台了行政处罚的裁量标准。在代理行政处罚案件时，我们可以根据裁量标准，去核算行政处罚告知书或行政处罚决定书中的罚款金额，当发现罚款金额与裁量标准不符，或者相关证据不足以支撑告知书或处决定书上的罚款金额时，就是案件的突破口。当然，我们也可以以裁量标准为依据，准备证据、进行陈述或申辩。

第四章 登报道歉

第一节 登报道歉的实践

一、登报道歉制度的创设

2016年3月,《深圳市环境行政处罚裁量权实施标准(第三版)》[1]首创违法者主动道歉承诺从轻处罚制度。此制度设立的初衷是为了解决三个方面问题:

第一,对企业而言,部分有整改意愿的企业因处罚额度较高而面临资金困难,从而减少了环保投入,部分违法企业的高层管理者仅凭罚款也难以受到触动,缺少体验式教育,无法真正引起他们的重视。

第二,对执法者而言,由于深圳施行零自由裁量权的定额罚款,因此刚性高额罚款增加了行政处罚中的申辩、听证以及处罚后的复议、诉讼程序,影响行政执法效率,耗费更多社会成本。

第三,对公众而言,环境执法相对专业和封闭,鲜活的案例较少直接触及公众,导致公众对环境执法知晓度和参与度不高。

该制度的创设,对在相同情节下违法行为人是否诚恳悔过进行了区分

---

〔1〕《深圳市环境行政处罚裁量权实施标准(第三版)》已废止,现行有效规定为《深圳市生态环境行政执法裁量权基准规定》。但前述标准首创的"违法者主动道歉承诺从轻处罚制度在实务中仍可参照适用。

处罚,体现了行政处罚的公正原则。其通过让违法行为人积极改正违法行为、公开认错道歉,来体现处罚与教育相结合的原则。

据了解,2016 年至 2021 年,深圳累计已有 1270 家违法企业在深圳主流媒体公开道歉承诺,均在作出处罚决定前自觉完成整改。其中,2020 年、2021 年分别有 53 家、48 家企业公开道歉承诺,减免处罚金额分别为 469.5 万元、487.4 万元,均占当年总处罚金额的 4.3%。在 2020 年公开道歉承诺的企业中,再次违法企业 6 家,2021 年仅 2 家,企业守法意识明显增强。[1]

按照《深圳市环境行政处罚裁量权实施标准(2021 年版)》总则第 9 点规定:"当事人在行政处罚决定作出前主动改正违法行为,向生态环境主管部门主动公开道歉申请并在深圳市主流媒体或网站上公开道歉、作出环保守法承诺的,按罚款标准 50% 减轻处罚,但减少的罚款金额最多不得超过 30 万元;降低后的罚款额低于法定最低罚款额的,按法定最低罚款额处罚。"

二、登报道歉的适用情形

2024 年 1 月 3 日,深圳市生态环境局《关于印发〈深圳市生态环境行政执法裁量权基准规定〉的通知》(深环规〔2024〕1 号)第 12 条规定,当事人在行政处罚决定作出前改正生态环境违法行为,向生态环境主管部门提出公开道歉申请并在深圳市主流媒体或网站上公开道歉、作出环保守法承诺的,按罚款标准 30% 降低处罚,但减少的罚款金额最多不得超过 30 万元;降低后的罚款额低于法定最低罚款额的,按法定最低罚款额处罚。有以下行为之一的,不适用公开道歉承诺从轻制度:①违反饮用水水源保护区内禁止性规定的;②将危险废物提供或者委托给无许可证的单位或者其他生产经营者从事收集、贮存、利用、处置活动的;③无许可证或者未按照许可证规定从事危险废物收集、贮存、利用、处置的经营活动的;④生态环境违法行为属于

〔1〕 参见生态环境部生态环境执法局:《推广深圳经验,强化守法引导!广东省创新实施公开道歉承诺从轻处罚制度》,载微信公众号"广东生态环境"2022 年 4 月 6 日,https://mp.weixin.qq.com/s/yw5hmUWk3ag04XkZVBKdFQ。

《深圳市生态环境行政执法裁量权基准规定》第 8 条规定的从重处罚情形的;[1] ⑤生态环境违法行为属于适用移送公安机关行政拘留的;⑥生态环境违法行为属于涉嫌环境污染犯罪的;⑦经生态环境主管部门责令改正,复查发现违法行为仍持续的;⑧同一时间检查发现存在两个或以上生态环境违法行为,其中一个生态环境违法行为存在上述情形的;⑨生态环境违法行为属于法律、法规或规章规定的定额罚款,或者法定最低罚款的;⑩其他法律、法规或规范性文件规定不得适用公开道歉承诺从轻制度的。

从上述规定可以看出,除处罚较重或拒不改正、多次违法的情形外,其他的违法情形可以通过登报道歉承诺守法的形式,来减少环境行政处罚的罚款金额。对于企业而言,可谓又一条解决环境行政处罚的路径。

三、登报道歉的操作流程

行政管理相对人若想通过登报道歉的形式来减轻处罚,参照深圳市生态环境局制定的《深圳市环境行政处罚裁量权实施标准(2021 年版)》第三十五章"环境违法企业主动公开道歉承诺管理工作指引",登报道歉可以按以下流程操作。否则,可能达不到减轻处罚的目的:

(1)进行整改。行政相对人存在需要整改的违法行为的,要进行及时整改。否则,即便是申请登报道歉,生态环境主管部门也不会同意。并且,要在道歉承诺书中写明整改情况。

(2)登报道歉的申请。行政相对人收到生态环境主管部门的行政处罚(听证)告知书后,可以按规定的格式,起草并提交"关于请求公开道歉承诺从轻处罚的申请"。需要注意的是,申请一定要在处罚决定作出之前提交。提交登报道歉申请和行政管理相对人所享有的陈述、申辩和申请听证的权利并不冲突,可以同时进行。

---

[1] 《深圳市生态环境行政执法裁量权基准规定》第 8 条规定:"当事人有下列情形之一的,应当提高一个罚款数额档次处罚,符合最高处罚档次的,按照最高档次处罚:(一)近二年内因同类环境违法行为存在 3 次以上行政处罚记录的或者受到 1 次以上按日连续处罚的;(二)近三年内因生态环境违法被行政拘留或刑事处罚的;(三)近三年内有公开道歉承诺记录的;(四)违反生态保护红线管理规定,在生态保护红线内实施生态环境违法行为;(五)在案件查处中对执法人员进行威胁、辱骂、围堵、殴打、恐吓或者打击报复的;(六)生态环境违法行为造成跨省、市、区行政区域污染的(仅因生产经营场所跨行政区域导致跨域污染的除外);(七)发生突发事件期间,违反突发事件应对措施的;(八)其他具有从重情节的。"

(3)刊登××环保公开道歉承诺书。经审查符合条件,生态环境主管部门会通知行政管理相对人,在收到生态环境主管部门同意通知后7个工作日内,在指定的报纸或媒体上,按要求刊登××环保公开道歉承诺书,并将截图和报纸版面提供给生态环境主管部门。

(4)按规定缴纳罚款。一般情况下,最终行政相对人收到的处罚决定书的罚款金额是减轻后的罚款金额,与告知书相比,会减少一半,但减少的金额最多不超过30万元。减轻后的罚款额低于法定最低罚款额的,按法定罚款最低额处罚。

第二节　登报道歉的推广

一、登报道歉的发展

2016年3月,深圳市原人居环境委员会发布的《深圳市环境行政处罚裁量权实施标准(第三版)》首创了登报道歉制度,即在总则第八点中规定:"违法者在行政处罚决定作出前主动在深圳市主流媒体上公开道歉并作出环保守法承诺的,按罚款标准50%处罚,但降低后的罚款低于法定最低罚款额的,按法定最低罚款额度处罚;适用按日连续处罚的,暂不予以处罚,应再次责令其改正违法行为,再次复查仍拒不改正的,应对其实施按日连续处罚,计罚日数累计执行。"

为进一步规范相关实施程序,2019年发布的《深圳市环境行政处罚裁量权实施标准(第六版)》对该制度适用情形、程序、实施标准和要求等作出明确规定,对公开道歉承诺申请书、公开道歉承诺书等文书模板进行统一,形成工作指引,使公开道歉承诺更加制度化、法治化。

2021年11月,深圳市生态环境局发布的《深圳市环境行政处罚裁量权实施标准(2021年版)》对该制度指引进一步修改完善:一是将道歉承诺制度与从轻、减轻行政处罚制度和生态环境损害赔偿制度进行衔接;二是明确对于实施"双罚制"的案件,被处罚的个人为单位法定代表人的,单位及法定代表人可以一并登报道歉。

2024年1月3日,深圳市生态环境局印发《深圳市生态环境行政执法裁量权基准规定》,将原来《深圳市环境行政处罚裁量权实施标准(2021 年版)》第三十五章“环境违法企业主动公开道歉承诺管理工作指引”中,不适用公开道歉承诺的情形由 12 种调整为 10 种,扩大了制度的适用范围。

二、登报道歉在广东省的全省适用

2021 年 11 月 14 日,广东省生态环境厅发布《广东省生态环境行政处罚自由裁量权规定》,吸收了深圳市的登报道歉制度,并在全省施行。

《广东省生态环境行政处罚自由裁量权规定》第 14 条规定:“当事人在行政处罚决定作出前改正生态环境违法行为,向生态环境主管部门提出公开道歉申请并在地市级以上主要媒体或网站上公开道歉、作出生态环境守法承诺的,按罚款标准的 30%—50% 降低处罚;降低后的罚款额低于法定最低罚款额的,按法定最低罚款额处罚。有以下行为之一的,不适用公开道歉承诺从轻制度:(一)违反饮用水水源保护区内禁止性规定的;(二)将危险废物提供或者委托给无许可证的单位或者其他生产经营者从事收集、贮存、利用、处置活动的;(三)无许可证或者未按照许可证规定从事危险废物收集、贮存、利用、处置的经营活动的;(四)生态环境违法行为属于第十条规定的从重处罚情形的;(五)生态环境违法行为属于适用移送公安机关行政拘留的;(六)生态环境违法行为属于涉嫌环境污染犯罪的;(七)经生态环境主管部门责令改正,复查发现违法行为仍持续的;(八)公开道歉承诺后再次出现生态环境违法行为的;(九)同一时间检查发现存在两个或以上生态环境违法行为,其中一个生态环境违法行为存在上述情形的;(十)生态环境违法行为属于法律、法规或规章规定的定额罚款,或法定最低罚款的;(十一)其他法律、法规或规范性文件规定不得适用公开道歉承诺从轻制度的不适用本制度。各地级以上市生态环境主管部门可根据本地的实际情况,制定适用于本辖区的公开道歉承诺工作指引,明确减轻处罚的具体标准及公开道歉的程序等内容。”

对比《深圳市生态环境行政执法裁量权基准规定》第 12 条和《广东省生态环境行政处罚自由裁量权规定》第 14 条的规定,大致相同但也有区别。主要表现在以下两个方面:

第一,减轻处罚的幅度不同。深圳规定可以减少 30%,最多减 30 万元的罚款。广东省则规定可以减 30% ~50%,没有规定减少罚款数额的上限。

第二,《深圳市生态环境行政执法裁量权基准规定》第 12 条少了《广东省生态环境行政处罚自由裁量权规定》第 14 条第 8 项的内容,也就是说,行政管理相对人公开道歉承诺后再次出现生态环境违法行为的,在深圳仍可以适用登报道歉、减轻处罚的规定。

可以看出,深圳作为登报道歉制度的发源地,相关规定也是在不断发展和变化的。减罚幅度比广东其他地方相对较少,而减罚范围比广东其他地方相对较大。一方面,表现深圳作为经济较为发达地区对环境违法行为的处罚力度;另一方面,也显示出深圳对行政管理相对人知错改错的包容态度。

在此也提醒行政管理相对人,在深圳市的案件应当适用深圳市的地方规定,广东省的其他地方应当适用广东省的规定。

第五章 环境行政复议

环境行政复议，是指法律规定的行政主体根据环境行政管理相对人的申请，依据法定程序对引起争议的具体环境行政行为进行审查并作出相应复议决定的活动，是行政复议在环境管理领域的具体化。行政复议作为一种内部行政审查、监督的行为，其本质是上级机关对下级机关行政行为的合法性与合理性的审查与监督。

习近平总书记在中央全面依法治国委员会第三次会议上指出，要发挥行政复议公正高效、便民为民的制度优势和化解行政争议的主渠道作用。以此为指导，2023 年修订后的《行政复议法》将“发挥行政复议化解行政争议的主渠道作用”写入立法目的条款。而“主渠道作用”不等于对行政复议监督纠错功能的舍弃，相较于权力机关、司法、监察监督等外部监督方式，行政复议对行政机关的内部监督具有高效、专业等优势。

本章通过对环境行政复议制度进行分析，为企业解读不服环境行政处罚结果而申请行政复议所需要做的准备与申请流程，分析环境行政处罚复议程序，并通过评析笔者曾代理的环境行政处罚复议案件，对环境行政处罚复议制度在实践中的运用与完善提出意见。

第一节 复议制度

环境行政复议制度的宗旨，是以一种为民、便民、利民的行政手段救济当事人的合法环境权益、化解环境行政纠纷。环境行政复议制度施行的好与坏直接关系到公民对行政主体的信任程度,所以完善好环境行政复议制度是建设法治政府和生态文明社会的重要工作。无论是基本法、实体法还是程序法,其中对行政复议制度的规定,至少要具备在制度层面保护行政管理相对人的合法权益的意义。

一、我国环境行政复议制度的发展

随着1991年1月1日开始实施的《行政复议条例》(已失效)、1995年1月1日开始实施的《国家赔偿法》的先后颁布,我国行政复议制度的体系初步形成。

1989年,环境保护方面的基本法《环境保护法》颁布实施,该法在行政救济方面的规定较1984年颁布的《水污染防治法》和1987年颁布的《大气污染防治法》更加具体,救济途径更加多元化,同时也确立了环境行政复议制度。

与此同时,原国家环保总局同步制定了行政复议工作的相关规章和规范性文件,各级环境行政主管部门开始建立或强化具备行政复议功能的法制机构。至1997年,全国31个省级环保部门已有25个设立了法制机构,全国环保系统共有法制机构350多个。截至1990年前后,大部分省级环保部门开始受理行政复议案件,随着法制机构数量的增加,环境行政复议案件的数量也逐步提升。虽然复议制度与信访、诉讼等制度相比,具有更经济、更快捷的优势,但在传统观念的影响下,最终提起环境行政复议的案件数量并不多。在2004年之前,原环境保护部受理的行政复议案件平均每年为1~3件,2005年后数量逐渐增加。[1] 直到2010年前后,部分省份才出现第一例环境行政复议案件。

1999年4月29日,第九届全国人民代表大会常务委员会第九次会议通过的《行政复议法》,自1999年10月1日起施行,通过制度创新使行政复议制度成为一种独立的法律制度。[2] 随着该法的实施,为了进一步保障行政复议制度的落实,2007年5月29日,国务院颁布了配套的行政法规《行政复

---

〔1〕 参见张立锋、李俊然:《环境行政复议制度的困境及出路》,载《河北学刊》2012年第5期。
〔2〕 参见杨海坤、章志远:《中国行政法原论》,中国人民大学出版社2007年版,第354页。

议法实施条例》,该举措意味着中国行政复议制度进入了新的发展阶段。

为了保障环境案件能够更好地适用行政复议制度,2006 年 12 月 19 日原国家环保总局通过了《环境行政复议与行政应诉办法》。随着《行政复议法》的发展,为了确保《行政复议法》在环境案件中充分发挥其作用,2008 年 12 月 30 日,原环境保护部公布了《环境行政复议办法》,对 2006 年《环境行政复议与行政应诉办法》作了重大调整,保障环境行政复议案件有法可依。

近年来,随着立法的完善和公民法治意识的增强,环境行政复议案件数量呈逐年增加的趋势,面对不合法、不合理的行政处罚决定,行政管理相对人逐渐愿意通过行政复议的方式提出自己的合理诉求,争取自己的合法权益。与此同时,环境行政复议案件的类型和复议请求也出现了多元化的现象,疑难案件、复杂案件也随之增多。

《行政复议法》自 1999 年 10 月 1 日起施行后,先后经过两次修正,一次修订。2023 年 9 月 1 日新修订的《行政复议法》发布,自 2024 年 1 月 1 日起施行。随着新修订的《行政复议法》的发布和施行,2024 年 4 月 11 日,生态环境部发布了《生态环境部行政复议办法》(自 2024 年 6 月 1 日起施行),取代了《环境行政复议办法》。未来,与《行政复议法》配套的《行政复议法实施条例》或将作出相应的修改。

与行政诉讼相比,行政复议有以下特点:

第一,审理期限短。普通程序的行政复议审理期限为 60 日,最多可以延长 30 日,即最长不超过 90 日。适用简易程序审理的行政复议案件,行政复议机关应当自受理申请之日起 30 日内作出行政复议决定。而行政诉讼一审的简易程序为 45 日,普通程序为 6 个月。如果加上二审的审理期限,则还有 3 个月。

第二,复议决定书一经送达就发生法律效力。与行政决定书一样,复议机关作出的行政复议决定也是一种具体行政行为,故一经送达就发生法律效力。需要强调的是,对复议决定书不服的,行政管理相对人可以向法院提起行政诉讼,而作出涉案行政决定的行政机关不能向法院起诉。行政诉讼适用二审终审制,当事人在法定期限内提起上诉,行政判决书就不发生法律效力。

第三,行政复议决定书不对外公开,而行政诉讼的判决书、裁定书,一般要在法院的裁判文书网上公开。

第四,先选择行政复议的案件,行政管理相对人对行政复议决定不服可以提出行政诉讼;而直接提起行政诉讼的案件,行政管理相对人对法院的判决或裁定不服,只能上诉而不能再提出行政复议。

第五,复议机关审理复议案件不收取任何费用,而法院审理行政诉讼案件,当事人须按规定交纳诉讼费用。

第六,复议机关审理复议案件,可以进行调解,且对调解案件的类型没有限制;而法院审理行政案件,除行政赔偿、补偿以及行政机关行使法律、法规规定的自由裁量权的案件可以调解外,其他案件不适用调解。特别是在《行政复议法》经过修订后,要发挥其化解行政争议的主渠道作用,在复议机关的主持下,行政机关和行政管理相对人达成和解,可能会成为解决行政争议的常见方式。

第七,复议机关审理复议案件,不但对行政行为的合法性进行审查,还可以对其合理性进行审查。而法院审理行政案件,主要对行政行为是否合法进行审查。

结合行政复议的上述特点,对于行政管理相对人而言,如果对环境行政处罚不服,建议先选择行政复议。当行政复议没有达到想要的效果,向法院提起行政诉讼时,应把复议机关和作出行政行为的行政机关一并列为共同被告。

申请行政复议应注意以下问题:

第一,在复议机关的选择方面,在行政处罚决定书中列明可以向两个复议机关申请复议的,要综合当地的情况,例如,复议人员的业务能力、是否存在地方保护、是否便利等因素,选择当事人认为对其最有利的复议机关。

第二,在复议申请书的撰写方面,如果案件没有经过听证,行政相对人对行政机关作出行政处罚所采纳的证据不太了解,则可以先针对处罚决定书所列明的事实认定、法律适用、裁量幅度等方面的内容,结合相关规定来撰写复议申请书,等阅卷之后再进行补充。

第三,及时申请听证审理。无论复议机关是适用普通程序还是简易程序审理复议案件,都建议行政相对人在复议案件立案时或复议机关受理后及时申请听证审理。与书面审理相比,听证审理更有利于复议机关查明事实,作出公正处理。

第四,无论复议机关采用听证还是书面形式审理案件,行政相对人及代理律师均应当在阅卷后认真研究案情，写出书面意见提交给复议机关。经听证审理的，可以在听证审理之后，根据听证会的情况，对原代理意见进行补充或修改，提交给复议机关。如果有类案判决或复议决定，可一并提交供复议案件的办理人员参考。

第五，对于案件所涉及的技术问题，最好请相关的技术专家协助解决。如果有必要，相关专家可作为专家证人出席听证会，以增加听证效果。

第六，复议期间，如果被申请人向申请人一方收集与涉案行政处罚相关的证据，申请人一方可以拒绝配合。不能拒绝或无法拒绝的，注意保存该证据是被申请人在复议期间收集的证据。例如，询问笔录的签字时间应当签署制作笔录的时间，不能倒签；更不能签空白的资料。

第七，复议期间，既可以缴纳罚款，也可以不缴纳。复议或诉讼期间不缴纳罚款的，被申请人不会申请强制执行，也不会加处罚款。实务中，有些行政机关在行政管理相对人已经申请行政复议的情况下，以行政处罚不停止执行为由催促行政管理相对人缴纳罚款，这种做法是错误的，不符合《行政强制法》第 53 条〔1〕的规定。

二、行政复议的特别规定

行政复议机关履行行政复议职责，首先应当遵循合法、公正、公开、及时、便民的基本原则，坚持有错必纠，保障法律、法规的正确实施。在行政复议制度执行的过程中，还有以下特别规定值得注意。

（一）行政处罚不停止执行

行政处罚不停止执行，是指行政管理相对人对行政处罚决定不服虽然已申请行政复议，但在复议期间，行政处罚决定不停止执行。之所以如此规定，是为了保证行政行为的公定力，即行政行为在被行政机关自己、复议机

〔1〕《行政强制法》第 53 条规定："当事人在法定期限内不申请行政复议或者提起行政诉讼，又不履行行政决定的，没有行政强制执行权的行政机关可以自期限届满之日起三个月内，依照本章规定申请人民法院强制执行。"

关或法院撤销前,一直具有法律效力。这与《行政处罚法》第 73 条[1]的规定一脉相承,也是保持行政效率的应有之义。但这种不停止执行并不是绝对的,在某些情形下是可以停止的。也就是说,符合《行政复议法》第 42 条[2]规定情形的,可以停止执行。

该规定的适用在学界和实务界均存在诸多争议,有的学者认为其设计与执行实际上已经不能适应现代行政法的发展趋势,损害了公民、法人和其他组织的合法的正当权益,违背了行政复议制度设立的本意,没有保障行政相对人的合法权益受到应有的救济。提起行政复议正是因为行政管理相对人认为自身的合法权益受到了侵犯,该行政行为可能确实在事实和程序方面存在瑕疵,需要被纠正,但该原则却要求被处罚者"先认罚,再纠错",这是对行政资源的浪费,更会导致行政机关对行政行为的盲目自信。

笔者认为,行政处罚不停止执行包括两种含义:一是行政管理相对人的主动履行;二是作出行政处罚决定的行政机关在行政管理相对人不主动履行时,可以依法进一步加处罚款、采取强制执行措施或申请法院强制执行等。这里的不停止执行,主要是指行政管理相对人应不停止主动履行。否则,除复议或诉讼期间加处的罚款外,期限之外还可以根据具体情况加处罚款。

(二)禁止不利变更原则

通俗地讲,该原则是指行政管理相对人因不服具体行政行为,向行政复议机关提出申请,行政复议机关在行政复议审查的过程中,不能加重复议申请人的处罚结果或使其承担更多的义务,同样也不能减少复议申请人已经得到的利益。

---

〔1〕《行政处罚法》第 73 条规定:"当事人对行政处罚决定不服,申请行政复议或者提起行政诉讼的,行政处罚不停止执行,法律另有规定的除外。当事人对限制人身自由的行政处罚决定不服,申请行政复议或者提起行政诉讼的,可以向作出决定的机关提出暂缓执行申请。符合法律规定情形的,应当暂缓执行。当事人申请行政复议或者提起行政诉讼的,加处罚款的数额在行政复议或者行政诉讼期间不予计算。"

〔2〕《行政复议法》第 42 条规定:"行政复议期间行政行为不停止执行;但是有下列情形之一的,应当停止执行:(一)被申请人认为需要停止执行;(二)行政复议机关认为需要停止执行;(三)申请人、第三人申请停止执行,行政复议机关认为其要求合理,决定停止执行;(四)法律、法规、规章规定停止执行的其他情形。"

行政复议禁止不利变更原则有两个特点：第一，它只适用于认为行政机关的行政行为侵犯其合法权益而向复议机关提出复议申请的行政管理相对人，包括公民、法人或其他组织，并不适用因行政处罚中的违法行为而申请行政复议的被害人。第二，禁止不利变更原则适用于撤销和变更的裁决。复议机关的复议结果，一般有维持、撤销和变更三种情况。但是较复议前相比，复议维持不会使当事人处于更加不利的境地，而撤销和变更则有可能将复议申请人置于较复议之前更为不利的境地。所以，在行政复议中确立禁止不利变更原则，只是将范围限定在复议裁决撤销和变更的内容中。[1]

其实该原则在环境行政复议案件中鲜少遇到，对于复议机关决定撤销或变更原行政决定的案件，多数是因为原具体行政行为自身存在瑕疵，其结果并未对行政管理相对人造成不利影响。但该原则是保障行政管理相对人合法权益的一种形式，对于少数涉及增加申请人义务的案件，应当严格适用禁止不利变更原则。

（三）行政一体原则

最高人民法院《关于行政诉讼证据若干问题的规定》（法释〔2002〕21号）第61条规定："复议机关在复议程序中收集和补充的证据，或者作出原具体行政行为的行政机关在复议程序中未向复议机关提交的证据，不能作为人民法院认定原具体行政行为合法的依据。"

自2018年2月8日起实施的最高人民法院《关于适用〈中华人民共和国行政诉讼法〉的解释》（法释〔2018〕1号）（以下简称《行政诉讼法解释》）第135条第3款规定："复议机关作共同被告的案件，复议机关在复议程序中依法收集和补充的证据，可以作为人民法院认定复议决定和原行政行为合法的依据。"

前后司法解释的变化即复议机关对在复议程序中收集和补充的证据由不认可到认可，这种变化等于把作出具体行政行为的机关和复议机关当作一个整体，而其所承担的证明具体行政行为和复议行为合法性的举证责任将一直持续整个复议过程。

---

〔1〕参见章圆圆：《论行政复议中的禁止不利变更原则——以行政处罚的适用为视角》，载《法制博览（中旬刊）》2013年第6期。

但是,修订后的《行政复议法》并没有明确规定“行政一体”原则,仅可以从司法解释中窥见其存在。有学者把《行政诉讼法》第 26 条第 2 款[1]视为“行政一体”原则的体现,并把最高人民法院《行政诉讼法解释》第 135 条[2]视为对该原则的进一步明确。笔者认为,为及时高效便捷地解决行政争议,《行政复议法》有必要适时引入行政一体原则,并在时机成熟时改“双被告”为复议机关“单被告”,以突出对复议决定的实质审查。[3] 行政一体原则的确立,可以指导复议机关正确履行职责,纠正错误的行政处罚。对代理复议案件的律师而言,运用得当,也可以取得良好的代理效果。

实务中,已经有司法机关适用该原则作出判决的案例。例如,在某市某物流公司诉某市某区环保水务局案[4]中,某区环保水务局以物流公司未验先投为由,作出罚款 7 万元的行政处罚决定。该案经过行政复议,法院一审、二审。二审法院认为,《建设项目环境影响评价分类管理名录》(2017 年版)[5]已于 2017 年 9 月 1 日起施行,并且 2017 年修订的《建设项目环境保护管理条例》也于同年 10 月 1 日起施行。新修改的管理名录将“仓储项目(不含油库、气库、煤炭储存,且除有毒、有害及危险品的仓储、物流配送项目外的其他项目)”的环境影响评价等级从环境影响报告表下调为环境影响登记表类别。也就是说,“仓储项目(其他)”自 2017 年 9 月 1 日起,除建设前需要备案管理外,其他配套建设的环境保护设施不需要经过竣工验收,仓储项目(其他)即可投入生产或使用。根据该新条例的规定,仓储项目(其他)

---

〔1〕《行政诉讼法》第 26 条第 2 款规定:“经复议的案件,复议机关决定维持原行政行为的,作出原行政行为的行政机关和复议机关是共同被告;复议机关改变原行政行为的,复议机关是被告。”

〔2〕最高人民法院《行政诉讼法解释》第 135 条规定:“复议机关决定维持原行政行为的,人民法院应当在审查原行政行为合法性的同时,一并审查复议决定的合法性。作出原行政行为的行政机关和复议机关对原行政行为合法性共同承担举证责任,可以由其中一个机关实施举证行为。复议机关对复议决定的合法性承担举证责任。复议机关作共同被告的案件,复议机关在复议程序中依法收集和补充的证据,可以作为人民法院认定复议决定和原行政行为合法的依据。”

〔3〕参见耿宝建、殷勤:《〈行政复议法〉修改如何体现“行政一体原则”?》,载《河南财经政法大学学报》2020 年第 6 期。

〔4〕参见陈勇儒、肖燕平:《胜案路径:环境资源实案律师策略》,中国环境出版集团 2020 年版,第 3 ~ 32 页。

〔5〕《建设项目环境影响评价分类管理名录》(2017 年版)(已失效),现行规定为《建设项目环境影响评价分类管理名录》(2021 年版)。

未验先投的，已经不具有可处罚性。某市环保局2017年11月14日作出被诉复议决定时，上述法规、规章均已施行。《行政诉讼法》第26条第2款确立了原行政行为与复议决定的“行政一体”原则，即将复议决定和原行政行为视为一个整体，将行政监督权形成的行政复议决定视为行政系统内部的最终行政处理处决。某市环保局本应当按照新的规范精神和有利于相对人的原则，撤销原行政行为，使行政复议决定更具目的性、合理性和可接受性，但市环保局既没有对原行政行为的量罚不当予以纠正，也没有妥善考虑上述新旧法律规范更替情形，而是径行作出复议维持决定，确有不当，亦应予以撤销。

总之，了解“行政一体”原则，可以为我们参与行政复议的案件及不服行政复议决定提起行政诉讼的案件打开一条思路。

三、复议对象

环境行政复议对象，是具体环境行政行为的合法性和适当性。本书主要解决的是环境行政处罚争议问题，复议的对象当然也是环境行政处罚，无须赘述。除此之外，主管部门作出的责令改正违法行为决定，也可以成为复议的对象。之所以将主管部门作出的责令改正违法行为决定列为复议的对象，主要是基于以下考虑：

首先，责令改正违法行为决定作为一种行政命令，是环境行政主管部门作出环境行政处罚的必经程序。一旦提起行政复议，可能会影响此前的行政处罚决定的作出及是否成立。

其次，提起行政复议后，可以拿到行政机关作出责令改正违法行为决定的行政答复书及所依据的证据资料，有利于提前了解行政机关拟作出行政处罚所掌握的证据，为下一步应对可能收到的行政处罚听证告知书或处罚决定做准备。

最后，涉案责令改正违法行为决定一旦被撤销，行政机关有可能不再作出行政处罚决定，从而达到阻止不合法行政处罚决定可能对企业造成的伤害的目的。行政处罚决定一经作出并送达，就发生法律效力，且要进行公示。即便是通过复议或诉讼而撤销，也会对企业的环保信用造成负面影响。如果能通过行政复议撤销责令改正违法行为决定，则可以避免这些负面影响的发生。

需要强调的是,责令改正违法行为决定虽然也是一种具体行政行为,但本质上不是行政处罚。责令改正违法行为决定书的作出,不需要遵守行政处罚法的相关程序性规定。

在笔者曾代理的某公司涉嫌暗管偷排案中,该公司收到生态环境部门作出的责令改正违法行为决定书后,就委托笔者提出行政复议。通过到复议机关查阅生态环境部门提交的行政答复书及相关证据,我们发现认定该公司偷排废水的证据严重不足,不但没有证据证明该公司有偷排废水的违法行为,而且执法人员在调查取证据时,制作检查(勘验)笔录和调查询问笔录的记录人员没有出示执法证,也不是行政执法人员,严重违反法定程序。因此,笔者向复议机关提交了书面的代理意见,要求撤销生态环境部门作出的责令改正违法行为决定。复议机关经书面审理,采纳了笔者的代理意见,并据此撤销了生态环境部门作出的责令改正违法行为决定书。

也正是因为责令改正违法行为决定书被撤销了,生态环境部门未再对该公司作出行政处罚决定。

第二节　复议的准备与申请

申请环境行政处罚复议,需要满足案件符合行政复议受理范围的要求,对申请期限、复议参加人、复议机关、申请方式也皆有规定,申请人应当根据相关要求做好申请准备,依法提出复议申请。

一、复议准备

根据环境行政处罚是否经过听证程序的不同,在行政管理相对人决定申请复议时,存在一些区别。

(一)常规准备

首先,要对行政处罚决定书进行仔细研究。这一步主要通过分析作出行政处罚决定的机关、认定的违法行为、认定该违法行为所依据的证据资料、处罚程序、所适用的法律法规或规章的依据及裁量标准等,来判断能否从中找出问题。

其次,列出行政机关所适用的法律及裁量标准,看相关的法律条款与涉案的违法行为是否具有相符性。如果发现不相符,则存在适用法律错误的可能。判断裁量标准与违法情况是否相符,以确定量罚是否适当。

再次,让企业提供相关资料,包括但不限于:环境影响评价报告文件及批复、监(检)测报告、视听资料、在线监测数据、固体(危险)废物委托处理合同、联单、验收报告、应急计划及演练情况等。如果认为上述证据对案件事实有帮助,可以作为证据提交复议机关。

又次,查看现场。如果时间允许,尽可能要实地考察,或许会有意想不到的收获。笔者曾代理过一个第三方在线监测运营单位涉嫌不正常运营污染防治设施案,采样记录上没有排污单位和第三方运营单位的签名,但现场检查记录却有第三方运营单位人员在现场的记录。实地考察后,发现采样人员采样的总排口和在线监控机房不在同一视线内。也就是说,第三方运营单位在机房内操控设备,根本无法看到总排口的采样过程。加之没有第三方运营单位人员在原始采样记录上签名,被申请人在复议中也没有提供采样当时录制的采样视频,我们就以此为突破口,指出采样过程违法,样品来源不明,以此样品的检测结果来认定第三方运营单位不正常运行污染防治设施证据不足。最终,生态环境部门撤销了该处罚决定。

最后,与企业的相关人员进行交流,充分了解事发经过及他们对处罚决定的意见。特别是涉及生产工艺、产品的原辅材料,所在的行业类别等,弄清楚这些问题,可以帮助我们对争议的问题作出专业判断。

(二)特别准备

所谓特别准备,就是根据生态环境主管部门所认定的违法行为及作出的行政处罚,准备不同的证据资料。

行政案件,由作出处罚的行政机关承担举证责任。因此,除行政处罚决定书外,企业如果有对自身有利的证据是可以提交的。笔者在代理具体案件时,通常会让企业提供上文提到的相关资料,但这些资料不一定都要提交给复议机关,而是有所选择。提交不该提供的资料,效果会适得其反,置企业于不利境地。例如,企业的环境影响评价报告书(表)、排污许可证副本、环境管理台账、危险废物转移联单等,并非都与涉案的行政处罚有关联,不应不加区分地一概提交。

具体提交哪些资料,除判断其与涉案的行政处罚是否具有关联性外,还要审查其必要性。这不但需要专业判断,也需要经验判断。证据并非越多越好,不确定的不要提交,可有可无的也无须提交。

二、复议申请

(一)申请期限

申请行政复议的期限是60日,这一期限的起算点是收到行政机关送达的行政处罚决定书的次日。相关法律规定申请行政复议的期限超过60日的,按照期限长的计算。

一般情况下,行政机关会将行政处罚决定书直接送达被处罚的单位或个人,复议期限就从收到该行政处罚决定书的次日开始计算。除了直接送达行政处罚决定书外,法律还规定了留置送达、邮寄送达、公告送达等法定送达形式。因此,拒收行政机关依法送达的行政处罚决定书没有任何意义,还有可能会错失维权的有利时机。

对于采用法定形式送达的,申请行政复议的起算点有明确的规定,对于采用非法定形式送达的,则不发生送达的法律效力。实务中,有由他人转交送达的,还有通过非中国邮政EMS邮寄送达的,这些送达方法均不是法律规定的送达方式而有可能被认定为无效送达。

如果发生不可抗力,致使当事人在行政处罚决定书送达后60日内不能提出复议申请,则可以扣除不可抗力发生的期间,待不可抗力事件结束后,继续计算复议期间,并提出复议申请。

从收到行政处罚决定书到申请行政复议,最长可以间隔60日。那么,在这60日内,具体什么时间向复议机关递交复议申请书最好?前文曾提到过,复议期间不计算加处的罚款,而复议期间到底指哪一时间段?笔者认为,复议期间是指自复议机关立案之日起至作出复议决定之日止的时间段。复议机关一般不出具受理通知书,复议期间可以推定从向复议机关递交复议申请书之日起计算。除此之外的时间段,不能算作复议期间。

例如,某公司于2024年1月4日收到某市生态环境局的行政处罚决定书,罚款金额为10万元。该行政处罚决定书载明某公司应在收到行政处罚决定书后15日内缴纳罚款。也就是说,自2024年1月5日起计算,该公司缴纳罚款的最后日期为2024年1月19日，申请行政复议的最后日期为2024年4月4日。2024年4月4日至6日三天为休息日，所以顺延至4月7日，即该公司申请行政复议的最后日期为2024年4月7日。如果该公司在2024年1月29日向复议机关申请复议，且市生态环境局对该公司决定采取加处罚款的执行措施，自2024年1月29日之后不计算加处罚款，而2014年1月19日至2024年1月29日这一时间段是应加处罚款的。因此，如果决定申请行政复议，则建议在行政处罚决定书所载明的罚款缴纳的履行期限内提出申请。否则，有被加处罚款的风险。

（二）复议参加人

1. 申请人

普通的环境行政处罚案件，单位或个人是违法行为的主体，也是被处罚的对象，行政复议的申请人当然是行政处罚决定书上载明的主体。此外，一些环境违法行为的行政处罚采取双罚制，如未验先投，既处罚单位，又处罚主要负责人或直接责任人。环境行政机关作出的是两个行政处罚，如果申请行政复议，应当分别提出复议申请。因此，单位和被处罚的个人，均是申请人。

实务中，还有一些企业在行政机关作出环境行政处罚前后停止生产经营，或迁到其他地方，甚至可能注销或破产。在这种情况下，如何确定被处罚主体或行政复议申请人就变得较为复杂。

2. 被申请人

依据《行政复议法》的规定，作出环境行政处罚决定的生态环境行政机关是被申请人。

通过机构改革，原县区级的环境保护局已经改为区级生态环境局的派出机构。如果环境行政处罚决定是以区生态环境局派出机构的名义作出的，那么在申请行政复议的时候，无论是将该区生态环境局作为被申请人，还是将其派出机构作为被申请人?

《行政复议法实施条例》第14条规定："行政机关设立的派出机构、内设机构或者其他组织，未经法律、法规授权，对外以自己名义作出具体行政行为的，该行政机关为被申请人。"

不难看出，依据上述规定，被申请人只能是行政机关而不是作出行政处罚决定的派出机构。但是,这也不能一概而论,在确定派出机构能否以自己名义作出行政处罚,即是否可以将该派出机构作为被申请人时,还要结合地方立法的规定。

在深圳,各区的原环境保护局均成为深圳市生态环境局的派出机构,例如,深圳市生态环境局宝安管理局可以自己的名义作出行政处罚,复议的被申请人是深圳市生态环境宝安管理局。

在莆田市鸿立鞋业有限公司、莆田市涵江生态环境局环境保护行政管理案[1]中,福建省莆田市中级人民法院就以莆田市涵江生态环境局是莆田市生态环境局的派出机构,在没有法律、法规授权情况下,没有独立的法律地位为由,认为莆田市涵江生态环境局作出闽莆环罚〔2019〕237号行政处罚决定书属超越职权行为,程序违法,应予撤销。

(三)复议机关

前文已有论述,随着复议制度的改革落地,复议机关不再是上级主管机关,而是各级人民政府。

在笔者曾代理过的一起环境行政处罚案中,东莞市生态环境局的行政处罚决定书中载明,被处罚的行政相对人不服该行政处罚的,可以在收到处罚决定书后60日内向广东省生态环境厅或东莞市人民政府申请复议,也可以在6个月内直接向东莞市第一人民法院起诉。笔者选择广东省生态环境厅作为复议机关并递交了复议申请,广东省生态环境厅收到复议申请书后,作出行政复议申请转送告知书,根据广东省人民政府《关于县级以上人民政府统一行使行政复议职责有关事项的通告》(粤府函〔2021〕99号)的有关规定,自2021年6月1日起,其不再受理行政复议申请。于是,笔者将复议申请转送东莞市人民政府办理。东莞市人民政府收到广东省生态环境厅转送的复议申请后,经审查符合《行政复议法》(2017年修正)第6条、第9条[2]的规定,决定予以受理,并通知申请人。

基于这一变化,在选择复议机关时,可供选择的复议机关就变为区人民政府和市人民政府。因此,选择区人民政府还是市人民政府作为复议机关,

---

〔1〕 参见福建省莆田市中级人民法院行政判决书,(2020)闽03行终227号。

〔2〕 相关规定参见2023年修订的《行政复议法》第11条、第20条。

是申请复议时应当考虑的。当然，各地的情况不一样，在选择复议机关时，要结合各地的实际情况，决定如何选择复议机关。

当政府成为复议机关后，选择哪一级人民政府作为复议机关没有标准答案，只能凭各自的经验作出判断，在征得委托人的意见后确定。

（四）提出复议申请

在环境行政处罚案件中，复议申请书和行政起诉书除格式不同外，内容上并无太大差异。

行政复议申请书与民事起诉状相比，最大的不同就在于对案件的了解程度。民事诉讼的原告在决定起诉时，可以通过对所持有的证据进行梳理，确定诉讼请求及相关的事实与理由。而在提起行政复议时，无论是当事人还是代理律师，除经过听证的情形外，可能对行政机关据以作出行政处罚的证据不知悉或不全部知悉。

因此，在撰写复议申请书的事实与理由部分时，只需要抓住关键点进行阐述，不确定的理由不宜写入；没有证据支撑的相关陈述，最好也避免提及。在笔者看来，递交复议申请的最大作用是合理行使法律赋予当事人的权利，启动复议程序。可以等复议机关受理，拿到被申请人的复议答复书和证据资料后，再提交一份补充理由。或者，在提交代理词时，再全面地阐述理由。

需要强调的是，在复议申请书中，一定要写明申请人要求进行开庭审理。或者，在递交复议申请书后，另行提交一份申请开庭审理申请书，要求复议机关开庭审理本案。

当然，最终是开庭审理还是书面审理，决定权在复议机关。而提出申请，可以尽可能争取开庭审理。

三、申请阅卷

由于修订前的《行政复议法》及《行政复议法实施条例》没有明确规定律师可以复制被申请人提交的证据资料，因此在实务中，有些复议机关只允许代理律师查阅被申请人一方提交的证据资料而不同意拍照或复制，给律师的代理工作造成诸多不便。还有一些地方的复议机关的做法是：书面审理的案件，只让查阅资料，不让代理律师复制案卷资料；开庭审理的案件，则同意代理律师复制案卷资料。

2023年修订的《行政复议法》第47条明确规定，行政复议期间，申请人、第三人及其委托代理人可以按照规定查阅、复制被申请人提出的书面答复、作出行政行为的证据、依据和其他有关材料，除涉及国家秘密、商业秘密、个人隐私或者可能危及国家安全、公共安全、社会稳定的情形外，行政复议机构应当同意。由此可见，除特殊情况外，复制案件材料的行为有了明确的法条保障。

强调去复议机关阅卷，主要是为了了解行政机关的答辩意见及作出具体行政行为的证据。只有全面掌握这些资料，才有利于申请人或代理律师为接下来的听证或书面审理做准备。

第三节　复议案件审理

一、审理程序

修订后的《行政复议法》规定的审理程序包括普通程序和简易程序两种。除采取简易程序审理的案件外，其他案件均应当采用普通程序审理。

（一）简易程序

依据《行政复议法》第53条[1]的规定，适用简易程序审理的行政案件有两大类：一是罚款金额较小、对行政管理相对人影响较少的行政处罚案件；二是当事人各方均同意适用简易程序审理的案件。适用简易程序审理的案件，可以书面审理。当然，如果在审理过程中复议机关认为案件不宜适用简易程序，经复议机关负责人批准可以转为普通程序审理。

修订前的《行政复议法》规定，行政复议以书面审理方式为主。书面审理的弊端不仅在理论层面饱受争议，而且在实践中更真实地反映为复议程

---

〔1〕《行政复议法》第53条规定："行政复议机关审理下列行政复议案件，认为事实清楚、权利义务关系明确、争议不大的，可以适用简易程序：（一）被申请行政复议的行政行为是当场作出；（二）被申请行政复议的行政行为是警告或者通报批评；（三）案件涉及款额三千元以下；（四）属于政府信息公开案件。除前款规定以外的行政复议案件，当事人各方同意适用简易程序的，可以适用简易程序。"

序因现有审理制度的设计而被“架空”。这是因为只通过书面材料提出意见，无法使申请人切实感受到诉求得到了充分的阐述。但在现行环境行政复议审理制度的立法背景下，即使书面审理存在诸多弊端，无法使申请人充分行使其自身权益，但在立法层面更改该制度之前，仍应当适用并遵守制度规则。修订后的《行政复议法》把书面审理的案件范围限定在适用简易程序的案件，一定程度上摒除前文所述的弊端，是一大进步，有利于发挥行政复议解决行政争议的主渠道作用，实质性地化解行政争议，打造良好的营商环境。

笔者曾代理了大量因不服环境行政处罚而提起的行政复议案件。依据笔者的办案经验，如果复议机关决定采取书面审理方式处理案件，就要做好提交书面代理意见的工作。

在书面审理的原则下，提交书面代理意见是向复议机关的承办人员表达观点的主要形式，书面代理意见的内容就显得尤为重要。

一份完整的代理意见，可以围绕认定事实的证据是否充分、法律适用是否正确、处罚程序是否合法及量罚是否适当等角度来撰写。不但如此，还要结合被申请人提交的复议答复书，对其中的观点进行反驳。

书面代理意见初稿形成后，一定要发给申请人一方，征求他们的意见，再根据他们的意见进行修改和补充。特别是涉及事实的部分，申请人更清楚案件事实的具体情况，作为代理律师不能主观臆断。否则，不仅会置申请人于不利境地，而且难以获得复议机关的支持。

在有些情况下，可以根据案件的不同情况，提交多份代理意见，对之前的代理意见进行补充，来强化代理观点。提交代理意见的同时，可以附上对申请人一方有利的证据作为附件，以增加说服力。

（二）普通程序

与简易程序相比，适用普通程序审理的复议案件又可以分为两种情况：一是听取意见形式的审理，即采用当面或者通过互联网、电话等方式听取当事人的意见，并将听取的意见记录在案的审理形式；二是听证审理。重大、疑难、复杂的行政复议案件，行政复议机构应当组织听证。

对于那些重大、疑难、复杂、专业性强、技术性强、省级行政机关作出及复议机关认为有必要的案件，应当提请复议咨询机构提出咨询意见，以保证复议案件的质量。

二、复议中止与和解

（一）复议中止

依据《生态环境部行政复议办法》第 25 条的规定，行政复议期间有《行政复议法》第 39 条[1]规定的中止情形的，行政复议中止。

无论是复议中止还是恢复，复议机构均应当制作中止行政复议通知书、恢复审理通知书，及时送达并告知有关当事人。

实务中，申请人一方如果有实际需求，可以依据规定，向复议机关提出申请，请求中止审理。

笔者曾代理过一起环境行政处罚案，某市生态环境局以某公司无证排污为由，对该公司罚款 10 万元。某市生态环境局之所以认定该公司无证排污，是因为该公司在排污许可证被吊销后，还继续从事生产并排放水污染物。但是，该公司对吊销排污许可证的行政处罚不服，已经向法院提起了行政诉讼，要求撤销某市生态环境局作出的吊销排污许可证的行政处罚。

如果申请人在吊销排污许可证的行政诉讼中胜诉，某市生态环境局所认定的无证排污违法行为就不成立。基于无证排污以吊销排污许可证为前提，笔者以吊销排污许可证的行政处罚案正在诉讼且需要法院的最终结果为由，申请中止审理本案。复议机关收到申请书后，决定中止本案的审理。

（二）达成和解

《行政复议法实施条例》第 40 条规定："公民、法人或者其他组织对行政机关行使法律、法规规定的自由裁量权作出的具体行政行为不服申请行政

---

〔1〕《行政复议法》第 39 条第 1 款规定："行政复议期间有下列情形之一的，行政复议中止：（一）作为申请人的公民死亡，其近亲属尚未确定是否参加行政复议；（二）作为申请人的公民丧失参加行政复议的行为能力，尚未确定法定代理人参加行政复议；（三）作为申请人的公民下落不明；（四）作为申请人的法人或者其他组织终止，尚未确定权利义务承受人；（五）申请人、被申请人因不可抗力或者其他正当理由，不能参加行政复议；（六）依照本法规定进行调解、和解，申请人和被申请人同意中止；（七）行政复议案件涉及的法律适用问题需要有权机关作出解释或者确认；（八）行政复议案件审理需要以其他案件的审理结果为依据，而其他案件尚未审结；（九）有本法第五十六条或者第五十七条规定的情形；（十）需要中止行政复议的其他情形。"

复议，申请人与被申请人在行政复议决定作出前自愿达成和解的，应当向行政复议机构提交书面和解协议；和解内容不损害社会公共利益和他人合法权益的，行政复议机构应当准许。”

《行政复议法实施条例》第 50 条第 1 款第 1 项规定：“有下列情形之一的，行政复议机关可以按照自愿、合法的原则进行调解：(一)公民、法人或者其他组织对行政机关行使法律、法规规定的自由裁量权作出的具体行政行为不服申请行政复议的；……”

从以上规定可知，无论是申请人与被申请人之间的和解还是在复议机关主持下的调解，均以行政机关行使自由裁量权为限。通俗地说，罚不罚不能商量，罚多少是可以商量的。在行政复议案件中，当事人如果不能使环境行政处罚决定被撤销，与行政机关进行和解也能在一定程度上维护委托人的合法权益。

第四节　实 务 案 例

一、W 公司以逃避监管的方式排放水污染物案

(一)基本案情

W 公司成立于 2005 年 12 月，主要经营业务范围包括：生产经营化妆品、日用品、新型医药包装材料、日用清洁剂、消毒剂、卫生用品、汽车护理用品、机械设备、金属包装材料、卫生用农药、家庭使用杀虫剂等。

2020 年 3 月 18 日，因河涌变黑，某市生态环境局某管理局接到电话举报后立即开展对河涌周边企业的排查工作。执法人员到达 W 公司开展现场检查时 W 公司正在生产，W 公司员工正在通过水泵和软管将厂区沙井内的污水排放至厂区外。执法人员现场委托了某检测技术有限公司对 W 公司办公楼斜对面沙井进行采样检测。

2020 年 3 月 23 日，某检测公司出具检测报告显示，W 公司排放废水主要为一般水污染物，办公楼斜对面沙井采样点内的水样中，含有悬浮物、pH、五日生化需氧量、总磷、石油类、阴离子表面活性剂、化学需氧量、氨氮、总氮，以及总锌、总铜等重金属因子。

2020 年 3 月 26 日，某市生态环境局对 W 公司送达了行政处罚听证告知书，W 公司未申请听证，未提出陈述申辩意见。2020 年 5 月 13 日，某市生态环境局作出《行政处罚决定书》，认定 W 公司上述行为是应当受到行政处罚的违法行为，依据《水污染防治法》第 83 条第 3 项的规定，并参照《××市生态环境局行政处罚自由裁量量化标准(2019 年修订版)》"违反水污染防治规定类"中第 2 项"利用渗井、渗坑、裂隙、溶洞，私设暗管，篡改、伪造监测数据，或者不正常运行水污染防治设施等逃避监管的方式排放水污染物的"下的"行政处罚自由裁量标准"中的第 1 点，其规定排放一般水污染物且属于初犯的(近 3 年未发生同种违法行为)，"已停止或改正违法行为的，处 10 万—12 万元罚款"。最终决定对 W 公司作出罚款 10 万元的行政处罚决定。

2020 年 5 月 30 日，W 公司依法向某省生态环境厅申请行政复议，请求撤销某市生态环境局作出的上述行政处罚决定书。

(二)本案争议焦点

1. 事实认定方面，涉案的暗管是否真实存在？是否存在以逃避监管的方式排放水污染的违法行为？监测报告是否可以作为事实认定的证据？

2. 法律适用方面，适用《水污染防治法》第 39 条、第 83 条是否正确？

3. 采样及处罚程序是否合法？

(三)适用法条

《水污染防治法》

第 39 条 禁止利用渗井、渗坑、裂隙、溶洞，私设暗管，篡改、伪造监测数据，或者不正常运行水污染防治设施等逃避监管的方式排放水污染物。

第 83 条 违反本法规定，有下列行为之一的，由县级以上人民政府环境保护主管部门责令改正或者责令限制生产、停产整治，并处十万元以上一百万元以下的罚款；情节严重的，报经有批准权的人民政府批准，责令停业、关闭：

……

(三)利用渗井、渗坑、裂隙、溶洞，私设暗管，篡改、伪造监测数据，或者不正常运行水污染防治设施等逃避监管的方式排放水污染物的；

……

（四）代理思路

经与当事人沟通，基于当时的情况，笔者选择向某省生态环境厅申请行政复议。在拿到市生态环境局提交的证据资料后，发现现有的证据只能证明该公司有将厂区内沙井里的污水外排的事实，但没有证据证明沙井内的污水源于公司车间，并且采样人员采样过程严重不规范，从而影响监测报告的证据效力。遂提出如下代理意见。

1. 事实认定方面

第一，被申请人的听证告知书、处罚决定书中所称的"废水通过雨水管道流至河涌，导致河涌变黑"，没有事实依据。理由如下：

（1）关于河涌变黑这一"事实"，其来源是群众的电话举报，但该举报是否属实，被申请人没有提供任何证据予以证实，不足为信。

（2）从被申请人提供的视频证据看，从软管内流出的水质，颜色与正常的雨水无明显差别，即便是流至河涌，也不可能会因此导致河涌变黑。

第二，认定申请人实施了利用渗井、渗坑、裂隙、溶洞，私设暗管，篡改、伪造监测数据，或者不正常运行水污染防治设施等逃避监管的方式排放水污染物，没有证据。理由如下：

（1）以私设暗管逃避监管的方式排放水污染物，前提是有私设的暗管。结合本案的情况，此处所指的暗管，应当是连通生产车间与厂区内沙井的管道。然而本案中，无论是从被申请人提交的照片还是视频中，均没有发现申请人私设了从车间到沙井的排污管道。申请人在接受调查时，也没有提及过该管道。被申请人的现场勘察记录中，也没有对该管道的记载。既然没有排污管道的存在，何来暗管排污？

（2）申请人利用软管将公司内沙井（雨水井）中的雨水抽到厂区外雨水管道，不构成暗管排污。本案中，申请人厂区内沙井原本与厂区外雨水管道相通，但由于市政修护不及时，因而在逢雨之后，会有雨水从沙井中溢出。在当天的雨后，申请人的员工将沙井内的雨水抽到厂区外的雨水管道，所排放的根本不是车间内的生产废水，而是下雨过后的雨水，该行为不具有违法性。如果不是雨水管道堵塞的话，该沙井内的雨水照样会通过雨水管网，自动排入河涌。

申请人用于排放雨水的软管，不是《环境保护法》及《水污染防治法》意义上的暗管,排放雨水,也不构成间接排污。

第三,如果真有暗管连接沙井,那么采样点位应该在暗管连接沙井的出水口,而不是沙井内。

2020 年 3 月 18 日,被申请人制作的现场检查(勘验)笔录中显示:“现场检查时当事人正在生产,生产车间产生的废水有部分通过雨水管道流至厂区办公楼外部沙井……”

如果事实确实如此,采样点应该在车间废水排至沙井的出水口,而不应该直接在沙井内取样。因为,沙井有雨水流入,且整个园区内的沙井是相通的,直接在沙井内取样,不排除有其他污染源进入沙井的可能,故不能排除沙井内的污染因子与其他污染源的关联性。因此,代理人有理由认为,正是因为没有所谓的暗管存在,被申请人才将采样的点位选择在了沙井内。这种做法,不符合《地表水和污水监测技术规范》(HJ/T 91—2002)第 5.1 条污染源污水监测点位的布设规定。

第四,认定申请人私设暗管、以逃避监管方式排放污染物,不符合情理。

按照被申请人的逻辑,申请人先把车间内的废水通过暗管排放到厂区内的沙井,然后把该废水用软管抽出,排放到雨水管道,经雨水管道流至河涌。

但事实是,申请人厂区内的沙井因堵塞,不能与厂区外的雨水管道相通,否则申请人也不会再用软管往外抽水了。既然如此,申请人为什么还要把车间内的废水先排放到厂区内一个与外界不能连通的沙井中,然后再从该沙井内用软管抽到厂区外的雨水管道?一个小小的沙井,并不能贮存太多的废水。申请人并无必要专门私设一条暗管,这样做既不经济,也容易被发现,得不偿失。如果本意是排放污染物,申请人为什么不用软管把车间内的废水直接排放至雨水管道呢?这样不是可以更方便、更快捷地实现偷排的非法目的吗?

违背情理的“事实”如果得不到合理的解释,又没有证据的支持,只能说这种所谓的“事实”,有可能是根本不存在的。

第五,采样过程不规范,样品受到污染,检测报告的结果不能作为认定违法事实的证据使用。表现在以下几个方面:

(1)从视频中可以看出,采样人员多次将分装水样的容器放在地上,之后又在装有水的桶中取水,这样反复放在地上,又在桶中取水,会污染桶中的水样。

(2)从视频中可以看出,采样人员多次将手按在地上,样品容器的盖子也放在地上,采样人员再用手拿容器或拧盖子时,会污染水样。

(3)采样人员用沙井中的水清洗水桶,然后再把清洗过水桶的水倒进沙井,再从沙井中取水倒入水桶中,用于分装水样。这种操作方法,不能排除因水桶不洁净而污染水样的可能。

第六,检测报告的检测结果中的污染因子与申请人生产废水中的污染因子不符,进一步印证了沙井中的水污染物非申请人所排放。

为处理生产中所产生的废水,申请人与某市某工业园污水处理有限公司签订了工业废水转移处理服务合同书。申请人在生产中所产生的废水,均一直交由该有资质的公司处理。从该合同书中可以看出,申请人交付给第三方公司处理的废水中,水污染物的污染因子有限,且不含任何重金属因子,而且石油类污染物的浓度最高不超过25mg/L。但被申请人提供的检测报告中,不但检出了多种重金属因子,而且石油类污染物的浓度也高达231mg/L。由此也进一步印证,该沙井内的水污染物并非申请人所排放。

此外,被申请人提供的检测报告仅列举了所检测的水污染物的含量,并没有对应的排放标准。这样不但不能评价水污染是否超标,更不能评价案件的性质。

2.法律适用方面

《水污染防治法》第39条规定:“禁止利用渗井、渗坑、裂隙、溶洞,私设暗管,篡改、伪造监测数据,或者不正常运行水污染防治设施等逃避监管的方式排放水污染物。”第83条第3项规定:“违反本法规定,有下列行为之一的,由县级以上人民政府环境保护主管部门责令改正或者责令限制生产、停产整治,并处十万元以上一百万元以下的罚款;情节严重的,报经有批准权的人民政府批准,责令停业、关闭:……(三)利用渗井、渗坑、裂隙、溶洞,私设暗管,篡改、伪造监测数据,或者不正常运行水污染防治设施等逃避监管的方式排放水污染物的;……”

本案中,要认定暗管偷排,首先应有擅自安装用于排放污染物的管道,再判断有没有利用这条管道排放水污染物。然而,现场并没有发现任何从车间通向车间外雨水井的管道,表明申请人既没有私设暗管,也没有利用暗管将车间内的生产废水排入沙井之中,故适用上述规定对申请人作出处罚,无正当性。

3. 程序合法性方面

(1)采样人员吴某某不具备采样资格

本案中,采样人员是某检测技术有限公司的吴某某和李某某,采样时间为 2020 年 3 月 18 日,而被申请人提供的采样人员吴某某的资格证书的发证日期为 2020 年 4 月 1 日。也就是说,被申请人没有证据证明采样人员吴某某在采样时拥有采样资格。不具有采样资格的人员进行采样,不仅程序不合法,其所采集的样品也不具有合法性。样品不合法,检测报告亦不具有参考价值。

(2)没有经过法治审核和集体审议

被申请人的处罚听证告知书认定:申请人的废水通过雨水管道流至河涌,导致河涌变黑,造成较大社会影响或者有其他严重情节,拟处罚款 32 万元。并根据该告知的内容,于 2020 年 4 月 16 日对申请人作出罚款 32 万元的处罚决定。但被申请人在未做进一步调查的情况下,却以申请人已停止或改正违法行为为由,收回了原送达给申请人的 32 万元的处罚决定书,后又以同样的文书编号,于 2020 年 5 月 13 日作出了罚款 10 万元的行政处罚决定书。

原处罚决定的收回,也意味着该处罚决定被自行撤销;但被申请人在明知认定的事实有变化、适用的裁量标准有变化的情况下,没有重新告知申请人听证,就对申请人又作出 10 万元的处罚。究其原因,与本案没有经过法制审核和集体审议有关,正是少了内部监督,处罚的撤销与作出才如此随意。程序合法,是实体合法、公正的有力保障。被申请人的处罚存在诸多问题,是不遵守程序性规定的结果。

(五)案件结果

复议机关认为,被申请人提交的现场采样视频和照片显示,采样人员用沙井中的水清洗水桶后,将清洗过水桶的水倒进沙井,再从沙井中取水倒入水桶中用于分装水样,并且多次将分装水样的容器放在地上,之后又在水桶中取水,不符合《水质　采样技术指导》(HJ 494—2009)“7.3　污染的控制”关于“a)尽可能使样品容器远离污染,以确保高质量的分析数据;b)避免采样点水体的搅动;……”的要求。涉案检测报告的采样过程违反监测标准规范，不符合上述司法解释和规章关于行政处罚证据的规定。

涉案行政处罚决定书是对违法排放水污染物作出的行政处罚行为，检测报告是被申请人认定涉案违法事实和适用处罚裁量标准进而作出行政处罚的主要依据。因现场采样行为不符合监测标准规范，检测报告的内容不符合行政诉讼司法解释和规章中关于监测报告作为行政处罚证据的规定，不能作为作出涉案行政处罚的依据。涉案行政处罚决定的其他证据无法证明申请人排放水污染物的事实。因此，被申请人作出的涉案行政处罚决定书，证据不足、认定违法事实不清楚。

经过复议机关的审理，复议机关根据《行政复议法》(2017 年修正)第 28 条第 1 款第 3 项第 1 目〔1〕的规定，撤销被申请人作出的《行政处罚决定书》。

另外，生态环境部门在查处本案时，也将案件违法线索移送当地公安部门，公安部门依据《环境保护法》第 63 条第 3 项的规定，对该公司的法定代表人行政拘留 5 日。生态环境部门作出的行政处罚决定被复议机关撤销后，公安机关也随即撤销对该法定代表人行政拘留的处罚决定。因该行政拘留决定已经执行，公安机关依法向该法定代表人作出了行政赔偿。

(六)类案经验总结

实务中，涉及暗管偷排的案件并不少见。争议焦点集中在以下几个方面：一是有没有暗管的存在；二是管道是否可以被认定为暗管；三是虽然有暗管存在，有没有利用该暗管排放水污染物；四是既私设暗管，又利用该暗管排放水污染物，所排放的水污染物是否超标、是否造成了外环境的污染；等等。

通俗地讲，本案就是一起涉及暗管偷排的环保案件。本案的特别之处，是生态环境部门没有证据证明，该公司存在私设暗管行为。

在暗管的认定方面，生态环境部门一般认为，凡是没有经过环保验收的管道，无论这条管道是在明处还是在暗处，也无论其是位于地上还是地下，均认定为暗管。笔者认为，这种认定未免过于绝对。因为在验收报告中，不可能具体到每一根管道，也就没有办法判断该管道有无经过验收。是否属

---

〔1〕 相关规定参见 2023 年修订的《行政复议法》第 64 条第 1 款第 1 项。

于暗管,应当结合其设置目的及使用功能进行综合判断。

而暗管偷排的违法行为,不但有暗管的存在,还要有排放污染物的行为,才构成暗管偷排违法行为。

笔者曾遇到这样一个案例,某公司通过股权转让接手另一公司并继续经营,但在一次执法检查中,执法人员发现总排放口有一条管道通往应急池,当时并没有污染物从该管道中排放出来。生态环境局以暗管偷排为由,对该公司罚款20万元。该公司辩称,这条管道是前公司留下的,接手后一直未拆除,并且,当时连接管道的水泵是坏的,根本无法排水。可惜该公司未能拿出相关证据。笔者认为,如果公司有证据证明这条管道根本无法排放水污染物,就不存在暗管偷排行为,生态环境部门的处罚主要证据不足。理由就是该公司只有暗管,没有偷排行为。因此,此类案件一定要把握暗管和偷排这两个核心要件,缺一不可。

二、H 检测公司弄虚作假,伪造、篡改监测数据案

(一)基本案情

2023 年 8 月,某市生态环境局执法人员对 B 公司进行现场检查和调查,发现在 H 检测公司为 B 公司提供的在测监测设备比对监测服务中,存在使用该在线监测设备运维单位 A 公司提供的数据,而该数据系运维单位在对在线监测设备调试后出具的,该行为违反了《水污染源在线监测系统(COD_{Cr}、NH_3-N 等)运行技术规范》(HJ 355—2019)第 10.2.4 条“比对监测期间,不允许对在线监测仪器进行任何调试”的要求。某市生态环境局认为,H 检测公司将质控水样交由 A 公司运维人员后离开,直接采用 A 公司工作人员微信提供的质控水样测试数据,该数据存在不真实记录或选择性记录的情况,H 检测公司并未对该数据的真实性、有效性进行核实,对该检测报告的造假结果具有放任的故意,未尽到合理注意和审查义务,上述行为违反了《××××生态环境保护条例》第 133 条第 2 款、第 3 款“前款规定的机构及其主要负责人对其出具的数据、报告等文件的真实性和准确性负责;采样与分析人员、审核与授权签字人员分别对原始检测数据、检测报告的真实性负责。严禁弄虚作假、篡改、伪造或者指使篡改、伪造相关数据和信息”的规定。

依据《××××生态环境保护条例》第136条第18项“相关单位有下列行为之一的，由市生态环境部门责令改正，并按照下列规定给予处罚：……（十八）违反本条例第一百三十三条第二款规定，相关机构弄虚作假、篡改、伪造或者指使篡改、伪造相关数据和信息的，处五万元以上二十万元以下罚款，情节严重的，处二十万元以上五十万元以下罚款”之规定，参照《××市环境行政处罚裁量权实施标准（2021年版）》第一章第1.18条“重点管理”“环境敏感区或特别控制区以外的区域”“1次以上3次以下”之裁量标准，某市生态环境局对H检测公司处以罚款15万元的行政处罚。H检测公司不服，向某市人民政府申请行政复议，要求撤销某市生态环境局的处罚决定。

（二）本案争议焦点

1. 认定弄虚作假的依据是什么？
2. H检测公司是否存在弄虚作假违法行为？
3. H检测公司是否存在主观故意？

（三）适用法条

1.《××××生态环境保护条例》

第133条　从事环境检测、环境监测设备和污染防治设施维护运营、环境影响评价等活动的机构应当建立和完善质量控制体系。

前款规定的机构及其主要负责人对其出具的数据、报告等文件的真实性和准确性负责；采样与分析人员、审核与授权签字人员分别对原始检测数据、检测报告的真实性负责。

严禁弄虚作假、篡改、伪造或者指使篡改、伪造相关数据和信息。

第136条　相关单位有下列行为之一的，由市生态环境部门责令改正，并按照下列规定给予处罚：

……

（十八）违反本条例第一百三十三条第二款规定，相关机构弄虚作假、篡改、伪造或者指使篡改、伪造相关数据和信息的，处五万元以上二十万元以下罚款，情节严重的，处二十万元以上五十万元以下罚款。

2.《环境监测数据弄虚作假行为判定及处理办法》

第7条 环境监测机构及其负责人对监测数据的真实性和准确性负责。负责环境自动监测设备日常运行维护的机构及其负责人按照运行维护合同对监测数据承担责任。

(四)代理思路

由于某市生态环境局(被申请人)以弄虚作假为由对当事人进行处罚,代理律师就围绕弄虚作假的构成要件、认定弄虚作假的证据及当事人是否构成弄虚作假违法行为等问题,提出代理观点。

1. 弄虚作假违法行为的认定依据及构成要件

首先,从弄虚作假的认定依据上分析。2015年12月28日,为保障环境监测数据真实准确,依法查处环境监测数据弄虚作假行为,原环境保护部发布了《环境监测数据弄虚作假行为判定及处理办法》(以下简称《判定及处理办法》),这是到本案发生时,执法机关认定环境监测数据弄虚作假的合法依据。

被申请人根据《检验检测机构资质认定能力评价 检验检测机构通用要求》(R/BT 214—2017,已失效,以下简称《通用要求》)及《检验检测机构资质认定 生态环境监测机构评审补充要求》(以下简称《补充要求》)认定申请人弄虚作假,依据不合法。《通用要求》的适用范围是检验检测机构的资质能力评价,《补充要求》是在《通用要求》的基础上,对环境监测资质能力评价作出的规定。因此,《通用要求》和《补充要求》不是对弄虚作假的判断。被申请人以此为据,认定申请人弄虚作假不具有合法性。并且,《通用要求》是推荐性标准,没有强制执行的效力。被申请人虽辩称该标准被法律法规或强制标准引用,但没有提供相关证据证明在哪部法律或标准中被引用,其辩解不能成立。即使按照《通用要求》来判定,申请人也已在检测报告中说明清楚"本公司对报告中的信息负责,客户提供的信息除外"。根据《通用要求》第4.5.21条结果说明中的规定:"e)特定检验检测方法或客户所要求的附加信息。报告或证书涉及使用客户提供的数据时,应有明确的标识。当客户提供的信息可能影响结果的有效性时,报告或证书中应有免责声明。"备注该情况说明非是被申请人所说的为了逃避确保检测结果真实性、有效性的责任,而是为了满足《通用要求》的要求,将不确定性的信息予以公开说明。此外,原国家环境保护总局发布的《污染源自动监控管理办法》第14条第1款规定:"自动监控系统的运行和维护,应当遵守以下规定:(一)自动监控设备的操作人员应当按国家相关规定,经培训考核合格、持证上岗;(二)自动监控设备的使用、运行、维护符合有关技术规范;(三)定期进行比对监测;(四)建立自动监控系统运行记录;(五)自动监控设备因故障不能正常采集、传输数据时,应当及时检修并向环境监察机构报告,必要时应当采用人工监测方法报送数据。"由此可见,只有培训考核合格后上岗的人员才可对在线设备进行操作,同时运维单位也有定期进行比对监测的义务,并非被申请人所说的只有第三方检测机构是比对监测的主体。比对监测是需要检测单位和运维单位共同协作完成,在本案中,运维人员发现设备异常并对设备进行了维修,但其没有通知管理部门,也没有通知申请人,明显是有意而为之,且无论是《水污染源在线监测系统(COD_{Cr}、NH_3-N等)验收技术规范》(HJ 354—2019)、《水污染源在线监测系统(COD_{Cr}、NH_3-N等)运行技术规范》(HJ 355—2019)等技术标准,还是《××市水和废气污染源在线监测系统建设、验收、运行与考核及数据审核技术指南》,都没有明确规定在线设备检测后的数据传输、确认、审核等流程及具体要求,故申请人采取此种方式获取在线数据也并非故意而为之。被申请人在听证会上还辩称,《检验检测机构监督管理办法》也是认定环境监测数据弄虚作假的依据。对此,一方面,被申请人的处罚决定书并未将《检验检测机构监督管理办法》作为认定处罚的依据,其依据是《通用要求》和《补充要求》,会上又辩称《检验检测机构监督管理办法》也是认定依据,由此可见认定依据并不是十分充足。另一方面,《检验检测机构监督管理办法》并没有将申请人的行为认定为弄虚作假,且《检验检测机构监督管理办法》的执法主体是市场监督管理部门,不是生态环境部门,因此《检验检测机构监督管理办法》不能作为被申请人的执法依据。如果被申请人认为申请人违反了《检验检测机构监督管理办法》的规定,应当将案件移交市场监督管理部门,而不是径行处罚申请人。

其次,从弄虚作假的构成要件上分析。依据《判定及处理办法》第2条的规定,构成弄虚作假的行为必须同时具备以下三点:违反法律法规、规章及环境监测技术规范;实施了篡改、伪造或者指使篡改、伪造行为;主观上存在故意。本案中,申请人既未实施篡改、伪造或者指使篡改、伪造行为,又没有主观故意,故不构成弄虚作假违法行为。

第一,《判定及处理办法》第4、5、6条[1]对篡改、伪造或者指使篡改、伪造行为进行了明确规定,对照上述规定,申请人的行为与之不符,不能认定存在上述违法行为。

第二,被申请人认为申请人存在放任的故意,并做出故意使用不真实数据的违法行为,但未提供证据证明,该"事实"认定缺乏证据,不能成立。所谓故意,应以明知为前提,本案中申请人对运维单位的标定行为不知情,运维单位也没有将其标定行为告知申请人,因此认定申请人主观上存在故意,或故意使用不真实数据,系被申请人的主观推断,与事实不符。

---

[1] 《判定及处理办法》第4条规定:"篡改监测数据,系指利用某种职务或者工作上的便利条件,故意干预环境监测活动的正常开展,导致监测数据失真的行为,包括以下情形:(一)未经批准部门同意,擅自停运、变更、增减环境监测点位或者故意改变环境监测点位属性的;(二)采取人工遮挡、堵塞和喷淋等方式,干扰采样口或周围局部环境的;(三)人为操纵、干预或者破坏排污单位生产工况、污染源净化设施,使生产或污染状况不符合实际情况的;(四)稀释排放或者旁路排放,或者将部分或全部污染物不经规范的排污口排放,逃避自动监控设施监控的;(五)破坏、损毁监测设备站房、通讯线路、信息采集传输设备、视频设备、电力设备、空调、风机、采样泵、采样管线、监控仪器或仪表以及其他监测监控或辅助设施的;(六)故意更换、隐匿、遗弃监测样品或者通过稀释、吸附、吸收、过滤、改变样品保存条件等方式改变监测样品性质的;(七)故意漏检关键项目或者无正当理由故意改动关键项目的监测方法的;(八)故意改动、干扰仪器设备的环境条件或运行状态或者删除、修改、增加、干扰监测设备中存储、处理、传输的数据和应用程序,或者人为使用试剂、标样干扰仪器的;(九)未向环境保护主管部门备案,自动监测设备暗藏可通过特殊代码、组合按键、远程登录、遥控、模拟等方式进入不公开的操作界面对自动监测设备的参数和监测数据进行秘密修改的;(十)故意不真实记录或者选择性记录原始数据的;(十一)篡改、销毁原始记录,或者不按规范传输原始数据的;(十二)对原始数据进行不合理修约、取舍,或者有选择性评价监测数据、出具监测报告或者发布结果,以至评价结论失真的;(十三)擅自修改数据的;(十四)其他涉嫌篡改监测数据的情形。"第5条规定:"伪造监测数据,系指没有实施实质性的环境监测活动,凭空编造虚假监测数据的行为,包括以下情形:(一)纸质原始记录与电子存储记录不一致,或者谱图与分析结果不对应,或者用其他样品的分析结果和图谱替代的;(二)监测报告与原始记录信息不一致,或者没有相应原始数据的;(三)监测报告的副本与正本不一致的;(四)伪造监测时间或者签名的;(五)通过仪器数据模拟功能,或者植入模拟软件,凭空生成监测数据的;(六)未开展采样、分析,直接出具监测数据或者到现场采样、但未开设烟道采样口,出具监测报告的;(七)未按规定对样品留样或保存,导致无法对监测结果进行复核的;(八)其他涉嫌伪造监测数据的情形。"第6条规定:"涉嫌指使篡改、伪造监测数据的行为,包括以下情形:(一)强令、授意有关人员篡改、伪造监测数据的;(二)将考核达标或者评比排名情况列为下属监测机构、监测人员的工作考核要求,意图干预监测数据的;(三)无正当理由,强制要求监测机构多次监测并从中挑选数据,或者无正当理由拒签上报监测数据的;(四)委托方人员授意监测机构工作人员篡改、伪造监测数据或者在未作整改的前提下,进行多家或多次监测委托,挑选其中"合格"监测报告的;(五)其他涉嫌指使篡改、伪造监测数据的情形。"

第三，申请人没有监督运维单位的法定权利。申请人作为一家提供检测服务的企业，法律没有授予其监督其他单位的权利，被申请人认为申请人应对运维单位进行监督，没有法律依据。

2. 被申请人认定申请人弄虚作假没有法律依据

被申请人认为，申请人违反了《××××生态环境保护条例》第 133 条第 2 款、第 3 款的规定，存在弄虚作假、篡改、伪造或者指使篡改、伪造相关数据的违法行为，并依据《××××生态环境保护条例》第 136 条第 18 项规定作出处罚。而何为"弄虚作假、篡改、伪造"？《××××生态环境保护条例》未作规定。

2015 年 12 月 28 日，为规范环境监测弄虚作假行为的认定和处理，原环境保护部印发《判定及处理办法》，对如何认定弄虚作假行为作出了明确的规定。该办法第 2 条第 1 款规定："本办法所称环境监测数据弄虚作假行为，系指故意违反国家法律法规、规章等以及环境监测技术规范，篡改、伪造或者指使篡改、伪造环境监测数据等行为。"可见，篡改、伪造或者指使篡改、伪造环境监测数据是弄虚作假的具体表现。该办法第 4、5、6 条分别对"篡改监测数据""伪造监测数据""指使篡改、伪造监测数据"作出规定并列举了具体情形。这也是现阶段行政执法机关认定监测数据弄虚作假的唯一合法依据。

本案中，被申请人认定申请人存在弄虚作假行为不是依据《判定及处理办法》的规定，而是依据《通用要求》和《补充要求》这两个技术规范，故认定依据不合法。并且，《通用要求》属于推荐性技术性规范，不是国家强制性标准，没有强制执行的效力。从《补充要求》第 2 条的规定还可以看出，本补充要求所称的生态环境监测并不包括出具比对报告。因此，被申请人依据《通用要求》和《补充要求》的规定认定申请人弄虚作假，用技术性规定代替法律认定，是对弄虚作假行为的随意解释，也是滥用执法权的表现。退一步讲，即便申请人的行为在某些方面不太符合上述《通用要求》和《补充要求》的要求，也不构成法律上的弄虚作假违法行为，最多是操作不太规范，导致运维单位利用了这一漏洞，只能给予批评教育，而不能苛以行政处罚。

另外，《判定及处理办法》也没有将申请人的行为认定为弄虚作假。从被申请人的行政处罚决定书可以看出，其处罚申请人的主要理由是没有对运维人员提供的数据进行审查而直接采用作为比对依据，但无论是该办法的第4条还是第5条、第6条，均没有将申请人的这种行为认定为弄虚作假。被申请人辩称，申请人的行为所引发的后果与该办法第4条第10项、第12项规定基本一致，这种说法明显是用后果来评价行为，根本没有考虑到弄虚作假行为必须以故意为前提，因此也是错误的。

3. 被申请人认定申请人存在"放任的故意""故意使用了不真实的在线监测数据作为原始数据"与事实不符

《行政处罚法》《生态环境行政处罚办法》等行政法律法规均没有"故意"的定义，参考我国《刑法》第14条第1款"明知自己的行为会发生危害社会的结果，并且希望或者放任这种结果发生，因而构成犯罪的，是故意犯罪"的规定，对危害结果的明知，是判断当事人是否存在故意的前提。

本案中，被申请人证明申请人存在"故意"的证据主要是丁某和叶某的询问笔录。从这两个人的笔录中可以得出的基本事实是：运维人员自始至终没有告诉申请人他们对在线监测设备进行了标定及数采仪上的数据是在标定之后得出的。既然申请人自始至终不知道运维人员曾对设备进行了标定，当然不存在故意使用不真实数据并出具比对报告这一违法事实。至于在线监测设备是否存在异常：一方面，存在异常并不代表不能进行比对；另一方面，申请人一方的丁某和运维单位的叶某对在线监测设备是否存在异常各执一词，根本无法判断孰是孰非。因此，现有的证据只能证明，申请人对危害后果不是明知，更不可能放任。故被申请人认定申请人存在"放任的故意""故意使用了不真实的在线监测数据作为原始数据"与事实不符。

反观运维单位，从其工作人员叶某的询问笔录中可知，他明知在比对期间不得对设备进行任何调试而为之，也没有将标定之事告知申请人，还在标定之后测试质控样并上传主管部门的监控平台，即使本案存在弄虚作假的违法行为，也是运维单位在弄虚作假，而不是申请人，在某种意义上申请人也是受害者。

4. 被申请人的处罚决定应予以撤销

（1）被申请人处罚申请人系处罚主体错误

《××××生态环境保护条例》第133条规定："从事环境检测、环境监测设备和污染防治设施维护运营、环境影响评价等活动的机构应当建立和完善质量控制体系。前款规定的机构及其主要负责人对其出具的数据、报告等文件的真实性和准确性负责；采样与分析人员、审核与授权签字人员分别对原始检测数据、检测报告的真实性负责。严禁弄虚作假、篡改、伪造或者指使篡改、伪造相关数据和信息。”

本案中，申请人系环境检测单位，A公司系涉案环境监测设备的维护运营单位。按照上述规定，在线监测设备质控样数据是由A公司提供的，其真实性和准确性应由A公司负责。本案弄虚作假的是A公司而不是申请人，即便要处罚也应该处罚A公司，而不是申请人。

（2）申请人没有在质控水样比对环节造假的必要

首先，并非每次检测服务中都需要用到质控数据。根据《××市水和废气污染源在线监测系统建设、验收、运行与考核及数据审核技术指南》第7.3.1.3.2条的规定，“总氮、氨氮水质自动分析仪比对监测时，当实际水样实验室手工监测浓度小于2mg/L时且比对结果不合格，可用浓度为1.5mg/L的质控样代替实际水样进行试验，至少测定2次，比对误差须满足±0.3mg/L的范围”。由此可知，只有在实验室检测数据与在线数据比对结果不合格且实验室数据低于2mg/L时才需要开展质控样分析，以质控样数据来判定比对结果，如果实验室数据比对合格就不需要看质控数据的结果。其次，数采仪上显示的数据就是运维单位上传到主管部门监控平台上的数据，既然运维单位上传了数采仪上的数据，申请人就有理由相信该数据是真实可信的。如申请人存在弄虚作假的主观故意，则在实验室检测数据比对阶段就可以直接认定结果为合格，无须再使用质控水样的数据。

（3）申请人已对数据进行了核实，在能力范围内尽到了注意和审查义务

申请人接受B公司的委托，为其提供比对监测服务，该服务由检测公司手工检测和比对两部分组成，即用检测单位的检测数据和在线监测的数据进行对比，然后出具比对报告。同时，B公司另行委托了A公司为其提供工业废水在线监测设备系统运营维护服务。因此，只有A公司具有在线监测系统的操作权限，申请人未经授权禁止操作该设备，也不能直接查看、核对数据。在本次检测服务中，申请人严格按照相关技术规范进行采样，在出具比对报告前也曾要求客户发送填写好的在线比对水质数据表，委托单位已对数据表中的数据进行了核实并加盖公章，申请人再次将该数据表与数采仪进行核对，对在线监测数据的出处进行了核实。并且，运维单位在数采仪采集数据信息之后，同步上传到了主管部门的监控平台，申请人也没有理由怀疑该数据的真实性。

因此,在本案中,申请人已在权限范围内对数据的有效性、真实性进行了核实,在能力范围内尽到了注意和审查义务。

(4)小结

申请人没有弄虚作假的主观故意,不符合弄虚作假违法行为的构成要件,不应该受到处罚。具体理由见上文,不再赘述。

5. 结论

综上所述,申请人没有弄虚作假的主观故意,本案现有的证据也不能证明申请人存在放任的故意或故意使用不真实记录的在线监测数据,处罚主体错误,处罚决定应予以撤销。

(五)案件结果

复议机关的听证会举行之后,某生态环境局就以适用法律错误为由,主动撤销了涉案行政处罚决定,H 检测公司随后也撤回了复议申请。构成弄虚作假必须以故意为必要条件,本案之所以取得良好的效果,就是因为代理律师紧紧抓住申请人不存在主观故意,以及被申请人没有证据证明申请人存在主观故意这一关键点,充分发表了代理意见。

一般的行政违法不以故意为构成要件,但并不意味着所有的行政违法行为均不要求行为人存在主观故意。在线监测弄虚作假违法行为是一种特殊的行政违法行为,其以行为人存在主观故意为前提。因此,证明行为人不存在主观故意,就成了破解此类案件的关键。一方面,行为人的陈述可以作为判断其是否存在主观故意的证据;另一方面,从一些行为本身就可以推定行为人是否存在主观故意。

(六)类案经验总结

监测数据弄虚作假,包括篡改监测数据和伪造监测数据两类违法行为,篡改和伪造的本身就包含着故意的主观动机。因此,监测数据造假类的行政违法案件,均要求有证据证明当事人存在主观故意。作为行政管理相对方,只要执法机关没有提出存在主观故意的证据,或者说,当事人有证据证明自己没有主观故意,就不构成监测数据弄虚作假的行政违法。

当然,是否存在弄虚作假违法行为,除当事人的陈述外,还可依据当事人所实施的行为,推定其是否属于弄虚作假行为。遇到此类案件,代理律师可以根据原环境保护部2015年12月28日发布的《判定及处理办法》，结合在案证据进行综合判断，提出有效的代理思路。

《判定及处理办法》第4条归纳了篡改监测数据的13种情形加“其他涉嫌篡改监测数据的情形”的兜底规定，凡实施了规定行为之一的，就可以被推定为采用篡改监测数据手段弄虚作假。同样，《判定及处理办法》第5条具体列举了伪造监测数据的7种情形加“其他涉嫌伪造监测数据”的兜底规定，凡实施了规定行为之一的，就可以被推定为采用伪造监测数据手段弄虚作假。

三、T公司超标排放水污染物案

（一）基本案情

2000年10月，某电镀厂成立，2007年5月，该电镀厂由原个体户变更性质为企业，登记注册名称为：T公司。经营范围是生产、加工、销售五金、塑胶电镀制品等。

2018年4月12日，某县环境保护局执法人员对T公司进行现场检查，并对废水进行监督性采样，发现T公司将未经处理的工业废水通过消防软管直接排放至外环境。监测报告显示：废水总排放口所测项目监测结果除总铬超标181倍、总镍超标285倍、总铅超标3.4倍、总铜超标135倍、总锌超标28.5倍、总铁超标17.4倍、DHI值超标准下限2.95个pH单位、化学需氧量超标4.6倍、氨氮超标3.6倍、总氮超标4.4倍、总磷超标35.7倍、氟化物超标8.9倍、总氰化物超标2.3倍外，其余所测项目监测结果均符合标准限值要求。含镍废水的消防软管出水口的总铬超标203倍、总镍超标281倍、总铅超标3.0倍、总铜超标74.6倍、总锌超标17.8倍、总铁超标9.7倍、pH值超标准下限2.94个pH单位、化学需氧量超标3.2倍、氨氮超标4.7倍、总氮超标4.4倍、总磷超标37.0倍、氟化物超标7.4倍、总氰化物超标0.7倍外，其余所测项目监测结果均符合标准限值要求。含油废水的消防软管出水口处的总铬超标199倍、总镍超标883倍、总铅超标5.6倍、总铜超标167倍、总锌超标39.3倍、总铁超标21.4倍、pH值超标准下限3.61个口单位、化学需氧量超标7.5倍、氨氮超标3.5倍、总氮超标5.2倍、总磷超标17.3倍、氟化物超标5.4倍、总氟化物超标5.8倍外，其余所测项目监测结果均符合标准限值要求。

2018 年 4 月 17 日，某县环境保护局以 T 公司存在以逃避监管的方式排放水污染物的违法行为为由进行立案调查。经调查认定，T 公司临时聘用的污水处理工王某某，在 2018 年 4 月 12 日值班时自行安装消防软管，并擅自将未经处理的含镍废水收集池、含油废水调节池的废水分别直接抽至生产废水规定排放口下方的明渠中，最终排放至外环境。

2018 年 4 月 20 日，某县环境保护局向某县公安局发出涉嫌犯罪案件移送书，认定 T 公司私设暗管排放生产废水的行为涉嫌违反了《刑法》第 338 条的规定，将有关案件材料移送公安机关。

2018 年 5 月 14 日，某县人民政府制作的《县政府常务会议纪要》第 11 项明确：鉴于 T 公司环境污染违法情节严重、事实清楚，且证据确凿，根据《行政处罚法》的有关规定，为切实维护好我县良好的生态和发展环境，经研究，原则同意对该公司按程序依法予以关闭。具体由县环保局会同县法制局依法依规做好相关工作。

2018 年 10 月 16 日，某县环境保护局作出行政处罚决定书认定 T 公司的行为违反了《水污染防治法》第 39 条的规定，且违法情节特别严重；根据《水污染防治法》第 83 条第 3 项的规定，经某县人民政府批准，该局决定给予申请人责令自行关闭的行政处罚。

（二）本案争议焦点

1. 认定申请人违法的事实是否清楚，证据是否充分？
2. 申请人决定让申请人自行关闭是否有法律依据？
3. 处罚程序是否合法？

（三）适用法条

1.《水污染防治法》

第 39 条 禁止利用渗井、渗坑、裂隙、溶洞，私设暗管，篡改、伪造监测数据，或者不正常运行水污染防治设施等逃避监管的方式排放水污染物。

第 83 条 违反本法规定，有下列行为之一的，由县级以上人民政府环境保护主管部门责令改正或者责令限制生产、停产整治，并处十万元以上一百万元以下的罚款；情节严重的，报经有批准权的人民政府批准，责令停业、关闭：

……

（三）利用渗井、渗坑、裂隙、溶洞，私设暗管，篡改、伪造监测数据，或者不正常运行水污染防治设施等逃避监管的方式排放水污染物的；

……

2.《环境保护主管部门实施限制生产、停产整治办法》

第8条　排污者有下列情形之一的，由环境保护主管部门报经有批准权的人民政府责令停业、关闭：

（一）两年内因排放含重金属、持久性有机污染物等有毒物质超过污染物排放标准受过两次以上行政处罚，又实施前列行为的；

（二）被责令停产整治后拒不停产或者擅自恢复生产的；

（三）停产整治决定解除后，跟踪检查发现又实施同一违法行为的；

（四）法律法规规定的其他严重环境违法情节的。

（四）代理思路

围绕争议焦点，代理律师从事实认定、法律适用和程序等方面提出如下代理意见。

1. 事实认定方面

（1）现有证据不能证明样品的来源是合法的

本案中，被申请人一共提交了四段视频作为证据，证明采样是合法的。但在这四段视频中，没有一段是完整的采样视频。现有的采样视频显示，采样时采样容器中已经装有不明液体。这种不明液体是什么、何时所采、何人所采，均不得而知。因此，用已经装有不明液体的容器采样，有可能使水样受到污染而失去合法性。

另外，总排放口的水样，既无视频资料印证为何人所采，也没有申请人一方员工及见证人在场，无法证明样品的来源是合法的。样品来源不合法，检测结果亦不合法。

听证时，被申请人的代理人称，采样视频是事后补录的。首先，事后补录本身就不符合程序规定，正确的做法是采样时记录采样的全过程。事后补录采样过程不能证明采样的真实情况。其次，采样时进行录像，目的就是证明采样的过程的合法性。再次，事后补录，证明不了容器中已有的不明液体来源合法。最后,若确为事后补录,更加印证了之前的样品的采集不具有合法性。

(2)混淆了单位犯罪和个人犯罪的区别,将肇事员工个人的犯罪混同于申请人单位犯罪

2018年4月20日,某县环境保护局以申请人私设暗管,涉嫌污染环境罪为由,将案件线索移送某县公安局。某县公安局立案后,于2018年5月10日将法定代表人左某某、污水处理工熊某某、王某某三人刑事拘留。2018年5月25日,某县公安局向某县人民检察院提请批准逮捕这三个人。

2018年6月6日,某县人民检察院批准逮捕熊某某,同时以情节轻微,无逮捕必要为由,不批准逮捕左某某。

2018年7月10日,某县公安局以熊某某、王某某、左某某涉嫌污染环境罪为由,将本案向某县人民检察院移送审查起诉。需要说明的是,污染环境罪的主体可以是单位,但某县公安局在向某县人民检察院移送起诉时,并没有把申请人列为犯罪嫌疑单位。

2018年10月29日,某县人民检察院作出不起诉决定,以某县公安局认定的犯罪事实不清、证据不足为由,决定不起诉左某某和熊某某。

2018年11月5日,某县人民检察院以王某某违反国家规定,排放污染物分别超过国家规定3倍和10倍以上为由,向某县人民法院提起公诉,要求以污染环境罪追究王某某的刑事责任。

2018年11月21日,某县人民法院以王某某违反国家规定,排放含铬、铅的污染物,超过国家或者地方污染物排放标准3倍以上,排放含镍、铜、锌的污染物,超过国家或者地方污染物排放标准10倍以上,构成污染环境罪,判处其有期徒刑8个月,并处罚金2000元。

需要说明的是,某县人民检察院和某县人民法院均没有采纳某县环境保护局的意见,认定本案存在私设暗管的犯罪情节,而是以超标排污为由,追究了王某某的刑事责任。

以上事实表明,司法机关并没有认定申请人和法定代表人左某某构成污染环境犯罪,仅追究了肇事者王某某一人的刑事责任。某县环境保护局混淆了单位犯罪和个人犯罪的区别,以涉刑为由,认为申请人违法情节严重,与事实不符。

(3)认定申请人私设暗管,与事实不符

私设暗管排放污染物,因其具有隐蔽性、不容易被发现的特点,且非个人所能完成的,而具有较大社会危害性,是涉水违法行为重点处罚的对象之一。

本案中,视频显示,肇事者王某某用消防软管将废水抽到明渠里,再经过明渠的总排污口,将废水排放到外环境中。根据王某某的供述,他当晚未经任何人许可,擅自安装了消防软管,排放废水 15 分钟,总量为 1 吨左右。该行为虽然违法,但系他个人临时安装软管,且为明管明渠排放,不具有隐蔽性排污的本质特征。也正是这个原因,司法机关最终是以超标排污,而不是以私设暗管为由,对王某某作出有罪判决。因此,某县环境保护局认定王某某的行为属于私设暗管,与事实不符。

2. 法律适用方面

(1)不应适用《水污染防治法》第 83 条第 3 项对申请人作出处罚

某环罚字〔2018〕335 号行政处罚决定书所适用的主要法律依据是《水污染防治法》第 83 条第 3 项。《水污染防治法》第 83 条第 3 项规定:"违反本法规定,有下列行为之一的,由县级以上人民政府环境保护主管部门责令改正或者责令限制生产、停产整治,并处十万元以上一百万元以下的罚款;情节严重的,报经有批准权的人民政府批准,责令停业、关闭:……(三)利用渗井、渗坑、裂隙、溶洞,私设暗管,篡改、伪造监测数据,或者不正常运行水污染防治设施等逃避监管的方式排放水污染物的;……"

如前所述,王某某虽然将未经处理的废水直接排向外环境,但这种违法行为不属于法律上的私设暗管排放污染物行为。因此,某县环境保护局适用上述规定对申请人作出处罚,属于适用法律不当。

(2)申请人不具有关闭的法定违法情节

《水污染防治法》第 83 条第 3 项在处罚上规定了两个档次,只有在情节严重的情况下,才能报经有批准权的人民政府批准,责令停业、关闭。但是,何为情节严重?《水污染防治法》没有作出直接规定。

《环境保护法》第 60 条规定:"企业事业单位和其他生产经营者超过污染物排放标准或者超过重点污染物排放总量控制指标排放污染物的,县级以上人民政府环境保护主管部门可以责令其采取限制生产、停产整治等措施;情节严重的,报经有批准权的人民政府批准,责令停业、关闭。"

《环境保护主管部门实施限制生产、停产整治办法》第6条第1款规定："排污者有下列情形之一的，环境保护主管部门可以责令其采取停产整治措施：(一)通过暗管、渗井、渗坑、灌注或者篡改、伪造监测数据，或者不正常运行防治污染设施等逃避监管的方式排放污染物，超过污染物排放标准的；……"第8条规定："排污者有下列情形之一的，由环境保护主管部门报经有批准权的人民政府责令停业、关闭：(一)两年内因排放含重金属、持久性有机污染物等有毒物质超过污染物排放标准受过两次以上行政处罚，又实施前列行为的；(二)被责令停产整治后拒不停产或者擅自恢复生产的；(三)停产整治决定解除后，跟踪检查发现又实施同一违法行为的；(四)法律法规规定的其他严重环境违法情节的。"

从《环境保护法》及其配套办法的规定可以看出，对于通过暗管排污的，可以责令停产整治，被责令停产整治后拒不停产或者擅自恢复生产，以及停产整治决定解除后，又实施同一违法行为的，才能责令停业、关闭。

在环境保护的法律体系之中，《环境保护法》是基本法，其他的如《水污染防治法》《大气污染防治法》《土壤污染防治法》等单行法是特别法。法律适用的原则是，特别法有规定的适用特别规定，特别法没有规定的适用基本法。因此，《水污染防治法》第83条没有规定何谓情节严重，就应当适用《环境保护法》及其配套的《环境保护主管部门实施限制生产、停产整治办法》的相关规定，对以逃避监管方式排放水污染物"情节严重"的行为作出认定。

对照上述规定，申请人不具备关闭的法定违法情节。因此，某县环境保护局对申请人处以自行关闭的行政处罚，是错误的。

(3)报请局领导讨论所认定的事实、违反的法条及依据的法条有误

2018年4月20日，某县环境保护局对本案进行了讨论。但"报请局班子讨论的案件一览表"显示，违法案情简介栏中，写的是"私设暗管，一类污染物严重超标"。对于私设暗管的错误认定，前文已作论述，不再赘述。

在违反的法条栏中，所列明的是《水污染防治法》第25条第2款。不仅《水污染防治法》第25条的内容与本案无关联，而且该条并无第2款。我国还有一部《水法》，属于资源类的法律，其第25条与本案也无任何关联性。

在依据的法条栏中，所列明是《水污染防治法》第83条第3款和"两高"司法解释。适用《水污染防治法》第83条第3款是错误的，前文已作论述，不再赘述。这里的"'两高'司法解释"，指的是于2017年1月1日起开始实

施的最高人民法院、最高人民检察院《关于办理环境污染刑事案件适用法律若干问题的解释》(法释〔2016〕29 号)[1]。需要特别说明的是,行政违法和刑事违法构成要件不同,是两种不同性质的违法行为,前者不需要考量行为人的主观因素,而犯罪行为一定要区别故意或过失,过失行为,只有在法律有规定的情况下,才构成犯罪。因此,“两高”的司法解释只能用来规制刑事犯罪行为,不能作为行政处罚的依据。

本案中,司法机关没有认定申请人和法定代表人左某某构成污染环境罪,引用某县人民检察院不起诉决定书的表述来讲就是,某县公安局认定的犯罪事实不清、证据不足。既然申请人是无罪的,按照某县环境保护局涉刑处罚的逻辑,现在司法部门已经确定申请人和左某某均是无罪的,就应该撤销对申请人的行政处罚。

(4)“自行关闭”不属于行政处罚种类,违反《行政处罚法》的规定

依据《行政处罚法》(2017 年修正)第 8 ~ 14 条[2]的规定,行政处罚的种类是法定的,除法律、法规、规章外,其他规范性文件无权设定行政处罚的种类。《水污染防治法》第 83 条也仅规定,违法情节严重的,报经有批准权的人民政府批准,责令停业、关闭。

本案中,某环罚字〔2018〕335 号行政处罚决定书对申请人作出的处罚是责令自行关闭。由于《水污染防治法》第 83 条中,仅有“关闭”而没有“自行关闭”这一处罚种类,因此适用上述条款对申请人作出的处罚,属适用法律不当。

“自行关闭”不是法定的处罚种类,还容易让人产生理解歧义。申请人认为,所谓“自行关闭”,就是申请人自己关闭,不是在外力作用下的被迫关闭,或者被强制关闭。如果申请人不愿关闭,某县环境保护局会申请某县人民法院强制执法申请吗?如果申请强制执行,是否又违背了处罚决定书“自行关闭”这种处罚方式呢?

由此可见,这种依据不足的不规范处罚类型会导致行政管理相对人理解上的歧义,也给司法带来混乱。

---

〔1〕 此解释已因最高人民法院、最高人民检察院《关于办理环境污染刑事案件适用法律若干问题的解释》(法释〔2023〕7 号)施行而废止。

〔2〕 相关规定参见 2021 年修订的《行政处罚法》第 9 ~ 16 条。

3. 程序方面

(1)违反先刑事追究后行政处罚的原则

2017 年 1 月 25 日,原环境保护部、公安部、最高人民检察院联合印发的《环境保护行政执法与刑事司法衔接工作办法》第 16 条第 1 款规定:“环保部门向公安机关移送涉嫌环境犯罪案件,已作出的警告、责令停产停业、暂扣或者吊销许可证的行政处罚决定,不停止执行。未作出行政处罚决定的,原则上应当在公安机关决定不予立案或者撤销案件、人民检察院作出不起诉决定、人民法院作出无罪判决或者免予刑事处罚后,再决定是否给予行政处罚。涉嫌犯罪案件的移送办理期间,不计入行政处罚期限。”由此可见,先刑事追究后行政处罚,是两法衔接中处理此类案件的基本原则。

2018 年 11 月 21 日,某县人民法院对王某某犯污染环境罪作出了判决,从法院的判决书中可以看到,法院对犯罪情节的认定与某县环境保护局是不同的。如前所述,法院没有认定私设暗管排放污染物这一情节,而某县环境保护局却适用《水污染防治法》第 83 条第 3 款,以私设暗管为由,作出行政处罚。之所以会出现这种不同,就是因为某县环境保护局没有严格执行先刑事追究后行政处罚原则。某县环境保护局先于刑事追究而作出了行政处罚,违反了《环境保护行政执法与刑事司法衔接工作办法》第 16 条的规定,属于程序违法。

(2)先决定关闭再举行听证,违反法定程序

《行政处罚法》(2017 年修正)第 42 条[1]规定:“行政机关作出责令停产停业、吊销许可证或者执照、较大数额罚款等行政处罚决定之前,应当告知当事人有要求举行听证的权利;当事人要求听证的,行政机关应当组织听证。”

由此可见,听证程序设计的初衷,就是在行政机关作出重大的行政处罚之前给行政管理相对人一个陈述申辩的机会,同时,也有利于行政机关依法查明案件事实,从而防止发生误判,给当事人造成损失。

本案中,申请人于 2018 年 7 月 18 日收到某县环境保护局某环听证字〔2018〕177 号行政处罚听证告知书,而早在 2018 年 4 月 20 日,某县环境保护局就经领导讨论决定,关闭申请人,早在 2018 年 5 月 14 日,被申请人常务

---

〔1〕 相关规定参见 2021 年修订的《行政处罚法》第 63 条第 1 款第 4 项。

会议纪要就认定申请人“违法情节严重、事实清楚，且证据确凿”，经研究，原则同意对申请人依法予以关闭。查看某县环境保护局《关于报请关闭某县T公司的请示》可以看到，该请示的结尾写道：鉴于该公司的违法行为，现我局依法报请县人民政府按照《行政处罚法》规定的相关程序对该公司依法下达行政处罚听证告知书（当事人要求听证的，应按照规定程序组织听证）；经告知、听证后，符合关闭条件的，应经集体讨论后再下达关闭决定。

本案还未经过听证，没有听取申请人的意见，就得出“违法情节严重、事实清楚，且证据确凿”的结论，未免过于武断。

被申请人并没有听从某县环境保护局上述请示中“先告知、听证，符合条件的，再决定关闭”的建议，就直接认定本案“违法情节严重、事实清楚，且证据确凿”。这种做法，本质上是剥夺了申请人陈述申辩和听证的权利，不符合行政处罚法的相关规定。

环境保护的主管部门，有责任和义务依法查明事实。申请人在某县环境保护局举行的听证会中，曾就本案存在的上述问题进行充分的陈述和申辩，指出处罚的错误之处。但某县环境保护局在听证会后，并没有将本案的听证情况如实地向被申请人作出汇报，甚至没有再经某县环境保护局集体讨论研究，就直接下达了处罚决定。

（3）某环罚字〔2018〕335号处罚决定作出前，没有告知申请人听证权利，违反法定程序

2018年9月7日，某县环境保护局作出某环罚字〔2018〕289号行政处罚决定书，2018年10月16日，某县环境保护局以某环罚字〔2018〕289号行政处罚决定书中存在欠妥之处为由，决定撤销该行政处罚决定书。在撤销某环罚字〔2018〕289号行政处罚决定书的同时，作出了某环罚字〔2018〕335号行政处罚决定书。

某环罚字〔2018〕335号处罚和某环罚字〔2018〕289号处罚是两个不同的行政处罚，某县环境保护局在作出某环罚字〔2018〕335号处罚前，没有告知申请人有听证的权利，违反了我国《行政处罚法》（2017年修正）第42条的规定，程序违法。

（五）案件结果

复议机关认为，申请人排放含铬、铅的污染物，超过国家或者地方污染

物排放标准2倍以上，排放含镍、铜、锌的污染物，超过国家或者地方污染物排放标准。上述事实有监测报告为证，且申请人对监测报告予以认可：某县人民法院作出的(2018)粤1322刑初×××号刑事判决亦是对上述事实的认定。故申请人的上述行为违反了《水污染防治法》第39条规定，事实清楚，应依据《水污染防治法》第83条的规定予以处罚。但纵观本案，申请人违法排放污染物时间短(15分钟)、排放量较小(约1吨水量)，未造成严重的环境污染后果；且申请人系初次实施环境违法行为，该违法行为不属于原环境保护部《环境保护主管部门实施限制生产、停产整治办法》第8条规定的应当责令停业、关闭的情形之一。此外，从某县环境保护局对污水处理工王某某、法定代表人左某某的调查询问笔录及某县人民法院作出的生效刑事判决所认定的事实来看：本案违法排放污水系污水处理工王某某擅自而为，并非其法定代表人授意或与该工作人员恶意串通的违法行为，申请人主观上并无违法的故意。综合上述事实，认定申请人违法行为情节严重、事实不清、证据和理据不足并依据《水污染防治法》第83条的规定给予申请人责令关闭的处罚不适当。另从被申请人提供的证据看，被申请人常务会议同意给予申请人关闭处罚在前，某县环境保护局举行听证程序在后，故涉案行政处罚决定程序不当，在此予以指出。

综上所述，被申请人批准某县环境保护局作出涉案行政处罚决定事实不清，证据不足，处罚内容不适当，依法应予纠正。

根据《行政复议法》(2017年修正)第28条第1款第3项[1]的规定，某市人民政府作出行政复议决定如下：撤销被申请人批准某县环境保护局于2018年10月16日作出的某县环境保护局行政处罚决定书。

(六)类案经验总结

一个合法的行政处罚决定必须同时符合以下五个方面的规定：具备法定职权；事实认定清楚；法律适用正确；处罚程序合法；量罚适当。律师无论代理哪一方，均应从以上五个方面进行审查。本案就是围绕这些方面，结合案件证据和法律规定，找出了处罚决定中存在的问题，并取得了良好的代理效果。

---

〔1〕 相关规定参见2021年修订的《行政复议法》第64条第1款。

职权法定，是行政执法的前提。笔者认为，凡涉及关闭企业的环境行政处罚案件，其处罚权应属于各级政府的法定职权，生态环境主管部门既无权也无法胜任这一角色。在其他的环境行政处罚案件中，处罚权则属于市级生态环境主管部门，分局并不具备作出环境行政处罚的权力。当然，在一些实行综合执法的地方，例如广东省中山市，其街道综合行政执法部门可以对某类环境违法行为实施行政处罚。

事实认定，是每一个行政处罚案件的重点。法律适用错误或程序违法的，在行政处罚决定被撤销后可以重新作出行政处罚决定，但是如果认定事实的证据不足，则难以再次作出行政处罚决定。因此，审查事实认定证据的合法性、关联性及客观性，是一个专业律师的基本功。依据笔者的经验，越是事实认定复杂的案件，越容易发现问题，越需要专业律师的帮助。例如超标类的环境行政案件，涉及采样、样品检测等技术环节，相关的技术规范繁多，且对相关的采样或技术人员的专业能力有所要求，也更容易出现问题。

法律适用，简单地说就是适用上位法、新法、处罚重的法、特别法及经济特区法规。还有一种说法——实体从旧，程序从新，即在适用实体法时，应适用行为发生时的法律，法不溯及既往；在适用程序法时，应适用作出处罚决定时的法律，法溯及既往。

程序合法，最容易出问题的就是听证程序和行政处罚的集体讨论程序的先后顺序。经过听证的，一定要在听证之后再次进行集体讨论，即便听证之前已经组织了集体讨论，也应再组织集体讨论。没有经过听证的案件，如果在告知处罚决定之前举行过集体讨论，可以不再进行集体讨论。

至于量罚问题，前文已作论述，此处不再赘述。

四、Q 公司被责令改正违法行为案

（一）基本案情

Q 公司系一家从事洗涤业务的公司，主营业务是医院布草的洗涤。其生产废水执行《医疗机构水污染物排放标准》（GB 18466—2005）表 2 预处理标准。为在招投标中获得高分，该公司也办理了排污许可证。

2021 年 7 月 12 日，Q 公司收到某市生态环境局送达的〔2021〕××××号责令改正违法行为决定书，某市生态环境局以 Q 公司排放口排放的废水中，化学需氧量341mg/L、五日生化需氧量141mg/L及悬浮物75mg/L浓度均超过《医疗机构水污染物排放标准》（GB 18466—2005）表2预处理标准，违反《水污染防治法》第10条为由，依据《水污染防治法》第83条第2项之规定作出上述决定，要求申请人立即改正。Q公司不服，向某市人民政府申请行政复议，要求撤销该责令改正决定书。

（二）本案争议焦点

1. 监测结果可否作为本案事实认定的依据？
2. 认定超标应当依据什么标准？
3. 责令改正是否有法律依据？

（三）适用法条

《水污染防治法》

第10条 排放水污染物，不得超过国家或者地方规定的水污染物排放标准和重点水污染物排放总量控制指标。

第83条 违反本法规定，有下列行为之一的，由县级以上人民政府环境保护主管部门责令改正或者责令限制生产、停产整治，并处十万元以上一百万元以下的罚款；情节严重的，报经有批准权的人民政府批准，责令停业、关闭：

……

（二）超过水污染物排放标准或者超过重点水污染物排放总量控制指标排放水污染物的；

……

（四）代理思路

《环境行政处罚办法》[1]第11条第1款规定："环境保护主管部门实施行政处罚时，应当及时作出责令当事人改正或者限期改正违法行为的行政命令。"因此，作出责令改正的行政命令可以说是行政机关在作出行政处罚前的必经程序。

---

〔1〕 此办法已失效，相关规定参见《生态环境行政处罚办法》第9条第1款。

责令改正是一种具体行政行为，且对行政管理相对人的权利义务已经产生实际影响而具有可讼性，故行政相对人既可以向复议机关申请行政复议，又可以不经复议直接向法院提起行政诉讼，要求撤销责令改正决定。

责令改正决定所依据的事实与行政机关后续作出行政处罚所依据的事实相同，且在行政处罚决定之前，如果责令改正决定被撤销，可以有效阻止行政机关再作出行政处罚决定。笔者经与Q公司沟通，决定对本案的责令改正决定提起行政复议，并提出以下代理意见。

1. 监测结果不能作为认定超标排放的依据

第一，采样人员没有采样资格。被申请人提交的污染源废水采样原始记录表(续表)及监测报告显示，采样人员为赖某某、谢某某，但所提交的上岗资格证中，却没有这两个人的资格证明。因此，我们有理由相信这两个采样人员没有取得上岗资格证，不能从事样品的采集工作。

第二，采样点位不符合规定。《污水监测技术规范》(HJ 91.1—2019)第5.2.1条“污染物排放监测点位”规定“监测点位设在排污单位的总排放口。”本案中，采样人员在申请人的车间内采样，位于采样点位后方，申请人还设有缓冲池，车间内的废水排出车间后进入该缓冲池，再经提升泵排出，进入市政管网。因此，申请人的废水总排口不在采样人员采样的地方，应该在缓冲池或缓冲池的出水口。正是因为采样人员所采的水样不是总排口的水样，没有经过缓冲池的沉淀，所以悬浮物才会超标。

第三，采样过程不符合相关技术规范。首先，采样人员在采样前没有对采样容器进行清洗。《污水监测技术规范》(HJ 9 1.1—2019)第6.5.4条规定“采样前先用水样荡涤采样容器和样品容器2～3次”。视频中显示，采样人员用现场找到的带有长柄的塑料瓢将废水盛到一个白色的大桶中，然后再通过漏斗分装进瓶子里。而这些现场找来的塑料瓢、漏斗和白色的大桶均没有经过清洗，有可能会对水样造成污染，影响监测结果。其次，在封样前没有对样品的pH值进行测试。按照被申请人提供的“监测项目及保存方法”，化学需氧量需要加硫酸，并将水样的pH值调节到小于2。但视频中显示，采样人员仅在水样中滴入了保存剂，并未测试水样的pH值，不能保证水样达到了保存所需要的酸碱度。最后，样品没有按要求进行冷藏。五日生化需氧量和悬浮物均需要冷藏，但视频显示，采样人员在采样后，只是将样品放置在一个篮子里提走，没有将样品冷藏。

由于采样过程不符合相关技术规范，因而样品可能会发生物理或化学变化，从而影响检测结果的准确性。

第四，本案不能只采一次样。监测报告显示，被申请人的采样方式为瞬时采样，即只采一次样，采样方法依据的是《污水监测技术规范》（HJ 91.1—2019）。关于采样频次，其中的第6.3.2.1条规定："排污单位的排污许可证、相关污染物排放（控制）标准、环境影响评价文件及其审批意见、其他相关环境管理规定等对采样频次有规定的，按规定执行。"而申请人排污许可证所依据的《医疗机构水污染物排放标准》（GB 18466—2005）第6.1.3.5条采样频率规定："每4小时采样1次，一日至少采样3次，测定结果以日均值计。"本案中，被申请人的采样人员采用瞬时采样的方式，只采一次样，与上述规定的采样频次不符。因此，一次采样违反了《污水监测技术规范》（HJ 91.1—2019）及《医疗机构水污染物排放标准》（GB 18466—2005）的相关规定，是不合法的。

第五，本案不具备瞬时采样的条件。《污水监测技术规范》（HJ 91.1—2019）第6.3.1.2条规定："下列情况适用瞬时采样：a）所测污染物性质不稳定，易受到混合过程的影响；b）不能连续排放的污水，如间歇排放；c）需要考察可能存在的污染物，或特定时间的污染物浓度；d）需要得到污染物最高值、最低值或变化情况的数据；e）需要得到短期（一般不超过15min）的数据以确定水质的变化规律；f）需要确定水体空间污染物变化特征，如污染物在水流的不同断面和（或）深度的变化情况；g）污染物排放（控制）标准等相关环境管理工作中规定可采集瞬时水样的情况。"

本案中，被申请人的此次监测是监督性监测，目的是检查申请人生产过程中所产生的污水经预处理后，是否达标排放。而瞬时采样是有条件的，被申请人没有证据证明本案符合上述7种瞬时采样情况中的一种，故不能采取瞬时采样方式进行采样。

第六，被申请人关于瞬时采样的辩称不能成立。2019年5月19日，生态环境部办公厅对某省生态环境厅作出《关于医疗废水监督性监测采样频次和分析方法等有关问题的复函》，其中明确了《地表水和污水监测技术规范》（HJ/T 91—2002）的适用，即"排污单位如有污水处理设施并能正常运转使污水能稳定排放，则污染物排放曲线比较平稳，监督监测可以采瞬时样"。据此，在满足上述要求后，瞬时样可用于监督性监测。

本案中，从申请人提交的 2021 年 6 月 28 日廖某某询问笔录中可以看出，申请人排水量变化很大，有时是 13 立方米/小时，有时是 7 立方米/小时，变化幅度相差近一倍，污染物的排放曲线并不平稳，因此，不符合瞬时采样的条件，不能以采瞬时样的方式采集样品。

被申请人所称的《关于环保部门现场检查中排污监测方法问题的解释》（国家环境保护总局公告 2007 年第 16 号）是 2007 年 2 月 27 日发布的，《关于医疗废水监督性监测采样频次和分析方法等有关问题的复函》是 2019 年 5 月 19 日发布的，参照新法优于旧法的原则，应当优先适用后者。并且，后者是对某省生态环境厅的复函，从适用地域来看也更具有针对性。因此，被申请人以可以依据《关于环保部门现场检查中排污监测方法问题的解释》进行瞬时采样作为抗辩理由，不能成立。

总之，被申请人的采样人员没有采样资格，在不具备瞬时采样条件的情况下只采集一个水样，且这种采样频次与申请人执行的《医疗机构水污染物排放标准》（GB 18466—2005）不符，故采样不合法，依据该不合法样品所得出来的监测报告结果亦不具有合法性，不能作为认定申请人排放标准的依据。

2. 要求申请人执行《医疗机构水污染物排放标准》不具有合理性

（1）申请人所排放的洗涤废水与医疗机构所排放的医疗机构污水有本质区别

首先，在污染因子方面，从《医疗机构水污染物排放标准》（GB 18466—2005）表 2“综合医疗机构和其他医疗机构水污染物排放限值（日均值）”可以看出，医疗机构污水中的污染因子多达 24 项，且有重金属因子。而申请人提交的建设项目环境影响报告表（报批稿）显示，申请人排放的洗涤废水中的污染因子仅有 7 项，且没有重金属污染因子。因此，申请人所排放的洗涤废水中的污染因子与医疗机构所排放的水污染物中的污染因子并不相同。

其次，在处理工艺方面，按照《医疗机构水污染物排放标准》（GB 18466—2005）“5 处理工艺与消毒要求”的规定，医疗机构的各种特殊排水应单独收集并进行处理后，比如第 5.4.1 条规定的低放射性废水应经衰变池处理，再排入医院污水处理站，即采用“二级处理 + 消毒工艺或深度处理 + 消毒工艺”；执行预处理标准时宜采用“一级处理或一级强化处理 + 消毒工艺”。而申请人的主要工艺就是洗涤、脱水、烘干、消毒［见申请人提交的建设项目环境影响报告表(报批稿)],可以说申请人的生产工艺比医疗机构的工艺简单得多,两者的处理工艺也不相同。

因此,无论是在污染因子方面,还是在处理工艺方面,申请人所排放的洗涤废水与医疗机构所排放的水污染物有着本质的区别,不能混为一谈。

总之,申请人虽然从事医疗机构的布草洗涤,但也仅限布草的洗涤,且毕竟不是医疗机构,在污染因子和工艺上与医疗机构存在本质区别。因此,不应当适用《医疗机构水污染物排放标准》(GB 18466—2005)的排放标准。

(2)申请人所排放的洗涤废水与一般的洗涤废水没有本质区别

我国尚未发布洗涤行业污水排放国家标准,因此,只能参照污水综合排放标准来适用申请人排放的洗涤废水。在国家层面,我国已经制定了《污水综合排放标准》(GB 8978—1996),根据国家标准与行业标准不交叉适用原则,在没有行业标准的情况下,应当适用上述国家标准。在地方层面上,某省已经发布了《××省水污染物排放限值》地方标准,因此,××省内的洗涤行业所执行的排放标准是《××省水污染物排放限值》。

对比申请人提交的建设项目环境影响报告表(报批稿)“表15-2　洗涤废水污染物排放标准”与《××省水污染物排放限值》表4“第二类污染物最高允许排放浓度”(第二时段)可以看出,除了排放标准不同外,申请人洗涤废水中的污染因子都在《××省水污染物排放限值》的表4之中。

被申请人辩称申请人所排放的洗涤废水与一般的洗涤废水在污染因子和处理工艺上有本质区别,但并没有提供任何证据予以证明,应当认定其辩解没有事实及法律依据,不能成立。

需要强调的是,申请人所产生的污水有两种,一种是生活污水,另一种是洗涤废水。虽然生活污水执行的是《××省水污染物排放限值》中的第二时段三级标准,洗涤废水所执行的是《医疗机构水污染物排放标准》(GB 18466—2005)中的预处理标准,但是,申请人所产生的这两种不同的污水都是先排入市政管网,然后再排入某某水质净化厂[见申请人提交的建设项目环境影响报告表(报批稿)]。既然申请人的生活污水和洗涤废水的受纳水体是一样的,且需要再经某某水质净化厂处理后达标排放,为什么要求申请人的洗涤废水执行《医疗机构水污染物排放标准》(GB 18466—2005)中的预处理标准而不是《××省水污染物排放限值》中的第二时段三级标准呢?

（3）从新的环境影响评价名录看，申请人不应当被纳入环境影响评价管理

根据申请人提交的建设项目环境影响评价报告表（报批稿），申请人所在的行业属于《建设项目环境影响评价分类管理名录》（2018 年版）[1] 中“四十、社会事业与服务业”中的“116”“宾馆饭店及医疗机构衣物集中洗涤、餐具集中清洗消毒”“需自建配套污水处理设施的”情形，应进行环境影响评价，编制建设项目环境影响报告表。

为落实国务院“放管服”改革的需要，我国的环境影响评价制度也在不断修改和完善。自 2021 年 1 月 1 日起施行的《建设项目环境影响评价分类管理名录》，不再将“宾馆饭店及医疗机构衣物集中洗涤、餐具集中清洗消毒”纳入环境影响评价管理。也就是说，按照新的规定，申请人不但无须环境影响评价，甚至连环境影响评价登记表也不需要填写和备案。因此，依据从旧兼从轻原则，被申请人不能再将申请人之前的环境影响评价及环境影响评价审批上的排放标准作为执法依据。

（4）从固定污染源排污许可名录看，申请人不应当办理排污许可证

通过查询《固定污染源排污许可分类管理名录（2019 年版）》发现，申请人虽然有污水处理工序，但不是重点排污单位，且日处理废水只有 200 余吨，也远远没有达到 2 万吨办理排污许可证的条件，依法也不需要办理排污许可证，只需要在全国排污许可平台上登记，取得登记回执即可。不需要办理排污许可证，也就意味着申请人的洗涤废水不需要执行水污染物的排放标准，所排放的生活污水和洗涤废水应执行综合排放标准，即《××省水污染物排放限值》地方标准，而不应当执行《医疗机构水污染物排放标准》（GB 18466—2005）。

（5）环境影响评价审批把关不严

环境影响评价审批从法律上讲是一种行政许可，按照《行政许可法》的规定，行政许可应当依法进行。而环境影响评价，则是企业委托第三方环境影响评价公司，就建设项目在建及建成后生产中对生态环境所造成的影响与采取何种措施的一种评估和建议。出于自身利益考虑，一些环境影响评

---

[1] 《建设项目环境影响评价分类管理名录》（2018 年版）已失效，现行规定为《建设项目环境影响评价分类管理名录》（2021 年版）。

价公司为了使其制作的环境影响评价顺利通过审批部门的审批，在进行环境影响评价时，会迎合审批部门的监管需要，有意无意地提高标准、增加一些看似新颖却难以执行的新工艺。加之企业大多缺乏环境影响评价知识，收到环境影响评价文件之后甚至没有进行查阅，就直接提交给审批机关。但是，审批机关发现这种情况后，从相同行业应执行统一标准的角度，至少应当对企业予以释明，告知相关的法律后果。如果企业自愿多尽社会责任，同意提高自己的排放标准，应当鼓励；如果是因为企业不懂环境影响评价文件的内容而被动承担更多的社会责任，则要慎重审批。而不能看到环境影响评价公司为企业设下陷阱，却对企业即将陷入困境无动于衷。从公平角度看，审批机关应当查明企业的真实意图，而不是对环境影响评价公司给出的标准一律批准。否则也会给之后的监管执行带来麻烦，容易产生不必要的行政争议，损害政府的公信力。本案即属于此种情况，申请人本应该执行《××省水污染物排放标准》，环境影响评价公司却擅自提高了申请人的排放标准，审批部门并对企业予以释明，而是审批通过了这个排放标准，最终酿成了本案的排放标准之争。

3. 被申请人作出的责令改正决定没有法律依据

《行政复议法》(2017 年修正)第 23 条第 1 款[1]规定："行政复议机关负责法制工作的机构应当自行政复议申请受理之日起七日内，将行政复议申请书副本或者行政复议申请笔录复印件发送被申请人。被申请人应当自收到申请书副本或者申请笔录复印件之日起十日内，提出书面答复，并提交当初作出具体行政行为的证据、依据和其他有关材料。"第 28 条第 1 款第 4 项[2]规定："行政复议机关负责法制工作的机构应当对被申请人作出的具体行政行为进行审查，提出意见，经行政复议机关的负责人同意或者集体讨论通过后，按照下列规定作出行政复议决定：……(四)被申请人不按照本法第二十三条的规定提出书面答复、提交当初作出具体行政行为的证据、依据和其他有关材料的，视为该具体行政行为没有证据、依据，决定撤销该具体行政行为。"

[1] 相关规定参见 2023 年修订的《行政复议法》第 48 条。

[2] 相关规定参见 2023 年修订的《行政复议法》第 70 条。

从上述规定可知，被申请人应当在规定的时间内向复议机关提供作出具体行政行为的依据等有关材料，如果不提供或逾期提供，则视为所作出的具体行政行为没有依据，行政复议机关可以据此撤销该具体行政行为。之所以这样规定，是因为随着社会发展和法治进程的推进，我国法律、法规和规章需要根据实际情况进行动态调整。违法行为发生时与处罚决定作出时可能跨越不同法律适用阶段，如果被申请人不提供作出处罚的依据，就不利于复议机关准确判断法律适用的时效性与恰当性。因此，提供依据是被申请人的法定义务，否则，就应当承担不利的法律后果。

本案中，从被申请人作出的责令改正违法行为决定书中可以看出，作出该具体行政行为的依据是《水污染防治法》第 10 条、第 83 条第 2 款。但是，从被申请人所提交的资料中，并没有发现其提供适用的《水污染防治法》材料。依据《行政复议法》(2017 年修正)第 23 条及第 28 条的规定，应当以具体行政行为没有依据为由，撤销被申请人作出的责令改正决定。

(五)案件结果

复议机关经过审理，认为被申请人作出的责令改正决定认定事实清楚、证据确凿，适用依据正确，内容适当，程序合法，维持了某市生态环境局作出的涉案责令改正决定。

虽然对责令改正决定的行政复议没有成功，但在本案的行政处罚决定作出之后，Q 公司又委托笔者向法院提起行政诉讼，要求撤销某市生态环境局作出的行政处罚决定。经审理，某市某区人民法院作出一审判决，撤销了某市生态环境局作出的行政处罚决定。

(六)类案经验总结

笔者把这个不属于行政处罚的案例选入本书，一方面，是想告诉大家，如果复议成功，可以有效阻止生态环境部门再作出行政处罚决定，从这个角度讲，无疑也是解决行政争议的一种措施；另一方面，虽然撤销责令改正决定的行政复议没有达到目的，但是通过该复议程序，代理律师可以提前拿到行政机关的案卷资料，了解到行政机关的答辩理由及应对策略，为之后的行政诉讼打下了良好的基础。

《生态环境行政处罚办法》第 9 条规定，生态环境主管部门实施行政处罚时，应当责令当事人改正或者限期改正违法行为。基于该规定，遇到责令改正违法行为的行政案件，均可以考虑对责令改正决定申请行政复议或提起行政诉讼，从而为行政争议的解决增加一次机会。

第六章 环境行政处罚诉讼

第一节 概　　述

本章以行政处罚案件的审级为主线，从行政管理相对人代理律师的视角，介绍行政处罚案件在不同的阶段应主要关注的问题。

前文已论述过，行政管理相对人在行政处罚还没有作出决定之前，就可以根据《行政处罚法》的规定，通过陈述申辩、听证的手段，争取免除处罚、不予处罚或减轻处罚。当行政处罚决定书送达后，还可以依法申请行政复议，通过行政纠错程序，最大限度地维护自身的合法权利。从与行政机关的对抗性上看，陈述申辩、听证到行政复议、行政诉讼，呈增强趋势。如果从纠错的角度讲，陈述申辩和听证，是行政机关内部的纠错。行政复议，虽具有外部性，是监督机关的纠错机制，但毕竟还是上下级行政机关之间的监督。行政诉讼则属于外部监督，属于司法监督范畴，原告、被告之间的对抗性最强。对作出行政处罚决定的行政机关而言，内部纠错不会出现责任追究或政绩考核上的问题，而外部纠错，就是错案追究，可能会产生不利的政绩考核后果。因此，利用法律所赋予行政管理相对人的权利，借助行政机关的内部纠错机制达到目的，是解决行政争议的最佳选择。一旦提起行政复议或行政诉讼，不但增加了与行政机关的对抗性，而且行政复议或诉讼的不确定性也会让行政管理相对人甚至是代理律师承受巨大的压力。

当然，行政诉讼作为解决行政争议的终极手段，相对于行政机关的内部纠正和监督机关的外部纠错，其客观公正性毋庸置疑。随着行政管理相对人法律意识及司法审判质量的提高，通过行政诉讼解决行政争议，成了越来越多人选择的争议解决途径。

行政诉讼，特别是环境行政诉讼，不但对行政管理双方，而且对代理律师、审理案件的法官也都是一场考验。

面对同样一份行政处罚决定书，行政管理相对人作为被处罚的一方与代理律师看问题的角度有很大不同。相当一部分被处罚企业会认为，如果执法人员所发现的违法行为企业已经改正，就不应该再处罚了。还有的企业不理解，执法人员监测的数据超标，但在线监控显示的数据不超标，或者企业委托的第三方机构检测也不超标，为什么还要处罚？这都是对相关法律错误理解产生的问题。

相较于其他行政诉讼案件，环境行政处罚案件有自己的特点。前文已提及，环境行政处罚案件不但涉及数量众多的法律、法规和规章，还有大量的环保标准，有些还涉及相关的环保技术。作为承办这类案件的律师，不但要懂法律，还要对相关的标准和技术有一定的了解。不然，难以胜任环境律师的工作。

作为环境行政机关，不但要确保所作出的环境行政处罚决定合法，还要在诉讼中证明所作出的环境行政处罚在事实认定、法律适用、处罚程序及罚款金额等方面全部符合法律规定，行政处罚决定才不会被法院撤销。笔者承办过的案件中就有行政机关没有在举证期限内举证证明行政处罚符合程序规定，而被法院撤销了行政处罚。

司法审判存在的最大的问题，则是法官的专业化问题，这也是各地在推行环境与资源案件“三审合一”的重要原因之一。

司法实务中，因专业知识储备的不足，一些法官可能会过于依赖监测报告或者鉴定报告，只看结果而不审查结果是怎么形成的，甚至还会犯一些常识性的错误；还有一些法官，用审理民事案件的思维去审理行政案件，让原告承担举证责任；甚至有个别法官以职权去调取被告作出行政处罚时没有收集的证据，帮助行政机关去证明具体行政行为的合法性。为统一裁判尺度，2020 年 7 月 15 日，最高人民法院出台了《关于统一法律适用加强类案检索的指导意见(试行)》，对类案定义、应当进行类案检索的情形及类案检索的范围等作出规定。类案检索，为法官的裁判提供了参考依据，同案不同判的情况在一定程度上得到了改善。

第二节　行 政 一 审

一、立案

（一）起诉期限

《行政诉讼法》规定，不服行政处罚的公民、法人或者其他组织可以向人民法院提起行政诉讼，"公民、法人或者其他组织直接向人民法院提起诉讼的，应当自知道或者应当知道作出行政行为之日起六个月内提出。法律另有规定的除外"，"公民、法人或者其他组织不服复议决定的，可以在收到复议决定书之日起十五日内向人民法院提起诉讼。复议机关逾期不作决定的，申请人可以在复议期满之日起十五日内向人民法院提起诉讼。法律另有规定的除外"。也就是说，不服环境行政处罚的起诉期限根据案件是否申请过行政复议有所不同。经过复议后起诉的，起诉期限为收到复议决定书之日起的 15 日；没有经过复议的，起诉期限为知道或应当知道行政处罚决定之日起的 6 个月。

行政处罚决定作为行政机关作出的一种具体行政行为，一经合法送达被处罚的行政管理相对人即发生法律效力。只寄出而没有送达，不发生法律效力。这样既保护了行政管理相对人的合法权益，又保障了行政机关作出行政行为的效率。如果行政管理相对人收到了行政处罚决定书，起诉期限就从收到行政处罚决定书之日起计算 6 个月；如果行政管理相对人没有收到行政处罚决定书，起诉期限就从其知道生态环境主管部门作出行政处罚决定之日起计算 6 个月。

当然，行政处罚决定书不能直接送达，也不能邮寄送达时，行政机关就会采取公告送达的方式进行送达。公告期限届满之日起 6 个月内，视为行政管理相对人应当知道的期限。如果在该期限内，行政管理相对人还没有向法院起诉，就失去了时限效力。虽然法院仍会受理案件，但法院受理后经审查发现超过了起诉的时限，就会依法驳回行政管理相对人的起诉。

需要说明的是，《行政诉讼法》还规定："公民、法人或者其他组织因不可抗力或者其他不属于其自身的原因耽误起诉期限的,被耽误的时间不计算在起诉期限内。公民、法人或者其他组织因前款规定以外的其他特殊情况耽误起诉期限的,在障碍消除后十日内,可以申请延长期限,是否准许由人民法院决定。”例如,因疫情被隔离,不能按时起诉,就属于这种情况。

(二)选择管辖法院

一般情况下,不服环境行政处罚向法院起诉的,由最初作出行政行为的行政机关所在地法院管辖。但有些地方实行“三审合一”或“四审合一”,即环境行政、民事、刑事、执行案件集中管辖的,按照规定,由此类案件集中管辖的基层法院管辖。

《行政诉讼法》规定:“经复议的案件,也可以由复议机关所在地人民法院管辖。”对于那些没有实行环境案件集中管辖的地方,复议机关可能与最初作出行政行为的行政机关不在同一个辖区之内,这就存在选择管辖法院的问题。行政管理相对人可以根据实际情况,选择对自己有利的法院起诉。

(三)确定被告

随着生态环境部门的机构改革,各地生态环境主管部门的名称会有所变化。原来县/区一级的主管部门,变成了市生态环境部门的派出机构。而其作出的行政处罚决定书,有的是以市生态环境局的名义作出的,有的是以市生态环境局的派出机构的名义作出的,还有的是以街道办事处的名义作出的。面对这种情况,起诉对象应是谁?或者说谁是适格的被告,存在争议。针对以上三种情况,可以分别确定不同的被告。

1. 以市生态环境局作为被告

2018 年,随着国务院机构改革的深入,环境保护局被生态环境局所取代,随之而来的是行政隶属关系上的变化。原来的县/区级环境保护局,变成了市生态环境局的派出机构。而在作出环境行政处罚决定时,一些地方统一以市生态环境局的名义作出行政处罚决定;还有一些地方,则以市生态环境局的派出机构的名义作出行政处罚决定。

直接以市生态环境局的名义作出的环境行政处罚,行政管理相对人不服而起诉的,以作出处罚决定的市生态环境局为被告,这一判断比较容易确定,也相对没有争议。

2. 以该生态环境局的派出机构为被告

如果以市生态环境局派出机构的名义作出环境行政处罚决定，是将市生态环境局作为被告，还是将该派出机构作为被告，抑或将市生态环境局及其派出机构作为共同被告一并起诉呢？这又可以区分为不同的情况。

一般情况下，以派出机构的名义作出了环境行政处罚决定，该派出机构属于超越职权行为，行政处罚是无效的。但是，在向法院提起诉讼时，只能将市生态环境局作为被告，不能将派出机构作为被告或者共同被告。因为，派出机构没有独立诉讼地位，只能由市生态环境局担任被告。

还有一些地方，通过地方立法的方式，授权派出机构以自己的名义作出环境行政处罚，不服派出机构的处罚决定，只能将该派出机构作为被告。例如，2021 年 6 月 29 日通过的《深圳经济特区生态环境保护条例》，明确深圳市生态环境局的各派出机构可以作出行政处罚，不服行政处罚决定的，只能将作出行政处罚的派出机构作为被告。

《中华人民共和国生态环境法典（草案）》第 50 条规定："设区的市级人民政府生态环境主管部门设立的派出机构，可以以自己的名义实施现场检查、查封、扣押、代履行和行政处罚。"如果法典通过后该条仍保留的话，市生态环境局的派出机构可依自己的名义作出处罚决定。据此，该派出机构也是当然的行政诉讼被告。

3. 以作出决定的街道办事处作为被告

是否可以将作出行政处罚决定的街道办事处作为被告，各地情况不尽相同。有些地方下放了生态环境方面的处罚权限，有些地方还没有。在下放了处罚权限的地方，老街道办事处作出了行政处罚，就以作出行政处罚决定的街道办事处为被告，向法院提起诉讼。

需要说明的是，街道办事处是否有生态环境方面的行政处罚权以各地政府的规定为准。如果地方政府还没有下放该行政处罚权，街道办事处作出生态环境行政处罚就属于超越职权行为。仅凭这一点起诉到法院，街道办事处的行政处罚决定就会被撤销。

4. 以作出行政处罚决定的机关和复议机关为共同被告

经复议的案件，按照《行政复议法》的规定，要将作出行政复议决定的行政机关列为共同被告。没有列为共同被告的，法院既可以让原告进行补正，也可以通知复议机关作为被告参与诉讼。

有一部分企业,在起诉生态环境局的同时将作为复议机关的政府也列为行政诉讼的共同被告,但是又担心政府会给法院施加压力而影响审理结果,内心并不愿意起诉政府。但环境行政诉讼在程序上没有复议前置的规定,行政管理相对人既可以先提起行政复议再起诉,也可以不经行政复议直接向法院起诉。

(四)复议还是诉讼

环境行政诉讼不以行政复议为前提,行政管理相对人不服环境行政处罚的,既可以先行政复议后诉讼,也可以不经行政复议直接向法院提起行政诉讼。行政管理相对人应该如何选择,要具体问题具体分析。一方面,先提起行政复议的案件,一旦行政复议没有取得实际效果,再进行行政诉讼的话会增加成本。另一方面,行政复议也是一次撤销行政处罚的机会,多一次机会就多一分希望。行政管理相对人在选择路径时,代理律师可以提出自己的建议,但关键是要征求委托人的意见。

有些行政管理相对人担心向人民政府提起行政复议后,人民政府不支持行政复议请求,进而向行政机关起诉时要将作为复议机关的人民政府一并告上法庭,对此存在顾虑,那么这种情形下,就可以选择不申请行政复议而直接向法院起诉。还有一些行政管理相对人,出于机会上的利益考量,愿意先申请行政复议,再向法院起诉。这些都是正当的诉求,代理人应当充分理解并尊重当事人的意愿。

如果选择行政复议,是向人民政府申请还是向上一级行政主管机关申请,行政管理相对人又将面临一次选择。分析利弊,上一级行政主管机关的承办人员在专业度方面会优于同级人民政府;但选择同级人民政府作为复议机关,较为节约时间。当然,作为代理律师,可以给出不同选择的理由,供当事人参考。

目前,一些地方实行行政复议改革,取消了将上一级行政主管机关作为复议机关的规定,将行政复议案件均交由同级人民政府管辖。如在广东省,之前可以向广东省生态环境厅申请行政复议,但现在,广东省生态环境厅收到行政复议申请后,会转交有管辖权的地方人民政府,由地方人民政府受理行政复议案件。因此,在广东省,行政复议案件只能由同级人民政府管辖。

需要注意的是,2021 年新《行政处罚法》实施后,一些地方将执法权集中下放到街道办事处一级，其中就包含了一部分的生态环境处罚权，对街道办事处的行政处罚不服的，只能向区级人民政府申请行政复议。

《行政复议法》已经进行了修改，明确规定县级以上各级人民政府以及其他依照该法履行行政复议职责的行政机关是行政复议机关。具体到环境行政案件的复议，只能依法向县级以上各级人民政府申请复议。

（五）撰写起诉状

撰写行政起诉状，应当先厘清案情。但是，一些没有经过听证或复议程序的案件，或者虽然经历过听证和复议程序，但由于原告一方不知道收集相关资料因而没有行政处罚的案卷资料的案件，仅凭行政处罚事先告知书、行政处罚决定书，难以判断该行政处罚在事实认定、法律适用及程序上存在的问题。这种情况下，就要根据行政处罚决定书中查明的违法事实，让当事人提供资料，例如，环境影响评价文件及批复、管理台账、排污许可证副本等。必要时，可以到污水总排放口、采样点、危险废物的贮存地点等与违法事实认定有关的地点实地考察。如果有监控，可以调出执法人员现场检查时的录像，了解现场检查的情况。

如果在起诉前，当事人取得了行政机关作出行政处罚的案卷资料，在对这些资料认真研究后，可以从事实认定是否正确、证据是否充分、法律适用是否正确、程序是否合法、量罚是否适当等方面撰写起诉状。如果获得的资料有限，可以先依据原告一方的陈述及现场情况，撰写一份简单的起诉状，先行立案。需要强调的是，起诉状的事实与理由可以简明，但诉讼请求一定要明确、具体。

被告收到起诉状后，会在规定的时间内答辩并提交作出行政处罚的事实及依据。行政管理相对人获得上述资料后，可以在开庭时，对起诉的事实及理由进行补充。

二、举证

行政诉讼中，被告要对所作出的具体行政行为的合法性承担举证责任。原告可以举证，也可以不举证。原告举证不能，也不承担不利的法律后果。这就是行政诉讼举证责任倒置原则。

实务中，存在一些法官以民事案件的审判思维审理行政案件，让原告承担举证责任的情况;还有一些法院的法官为了查明事实,主动调取证据。上述行为都是错误的。行政诉讼对法官依职权调取证据有着严格的规定,法官不得为证明行政行为的合法性而调取行政机关在作出行政行为时不存在的证据。

但是,举证责任倒置,并不意味着原告不需要承担任何举证责任。原告要对知道或应该知道的具体行政行为的存在承担举证。因此,除了原、被告的主体资格方面的资料外,原告还需提供行政处罚决定书作为证据。经过行政复议的,还应一并提交行政复议决定书。如果因不可抗力等原因错过起诉期限,原告还需提交不可抗力或客观原因不能起诉的证据资料。

虽然原告没有过多的举证责任,但如果原告一方可以拿出有利于自己的证据资料,也可以进行举证。例如,对于超标类案件,如果原告能举证证明采样人员所采的水样不在总排放口,就可以证明采样不符合相关的技术规范,由此可以得出监测报告不具有合法性的推论。又如,对于未批先建的案件,超过 2 年即不再处罚,如果有证据证明该建设项目建成时间已经超过了 2 年,这些资料就可以作为证据提交。

作为被告一方,不但应承担行政行为合法性的证明责任,还要在举证期限内提供证据。否则,就要承担举证不能的不利后果。

实务中,有些被告在举证期限届满之后再提交证据,或当庭提供证据,甚至在开庭之后补交证据。出现这些情况的原因,可能是被告看到了原告起诉的理由、法庭辩论中双方争议的焦点等,认为其证据仍需进一步完善后再提交。但是证据,特别是那些程序性证据,如果没有在举证期限内提供,补充的证据不能作为认定本案事实的证据使用。《行政诉讼法》第 67 条第 1 款规定:"人民法院应当在立案之日起五日内,将起诉状副本发送被告。被告应当在收到起诉状副本之日起十五日内向人民法院提交作出行政行为的证据和所依据的规范性文件,并提出答辩状。人民法院应当在收到答辩状之日起五日内,将答辩状副本发送原告。"最高人民法院《关于适用〈中华人民共和国行政诉讼法〉的解释》第 34 条规定:"根据行政诉讼法第三十六条第一款的规定,被告申请延期提供证据的,应当在收到起诉状副本之日起十五日内以书面方式向人民法院提出。人民法院准许延期提供的,被告应当在正当事由消除后十五日内提供证据。逾期提供的,视为被诉行政行为没有相应的证据。"

由此可见，相关法律及司法解释对被告的举证时限作出明确规定。一些程序性的证据资料，如负责人集体审议笔录、法制审核意见等，如果没有法定理由，允许被告在举证期限届满后也可以提交或补充，被告可能会为了追求胜诉目的而对一些当时没有履行的法定程序，通过再制作相关文书形式补充程序上的漏洞。被告的这种做法，不但违反了行政处罚必须做到事实清楚，证据确实、充分的规定，对原告一方也是不公平的。

被告一方可能会辩称，原告在起诉书中没有提及行政行为的程序存在问题，因此就没有提交程序方面的证据。这种辩解不能成立。因为被告对行政行为的合法性具有证明责任，而行政行为合法性不但包括事实认定清楚、适用法律正确，还包括程序合法。即便原告没有提及被告行政行为的程序存在问题，被告也要举证证明其所作出的行政行为符合法定程序。

三、检索报告

（一）类案的指导意义

为统一法律适用，提升司法公信力，2020 年 7 月 15 日，最高人民法院发布《关于统一法律适用加强类案检索的指导意见（试行）》规定："人民法院办理案件具有下列情形之一，应当进行类案检索：（一）拟提交专业（主审）法官会议或者审判委员会讨论的；（二）缺乏明确裁判规则或者尚未形成统一裁判规则的；（三）院长、庭长根据审判监督管理权限要求进行类案检索的；（四）其他需要进行类案检索的。"

该指导意见虽然是对法院或主审法院提出的要求，但作为案件的代理人，也可以按照规定进行类案检索，并提交给主审法院，供其在作出裁判时参考。

笔者在承办重大、复杂的案件时，都要进行类案检索，其意义在于：一是可以了解和借鉴类案的裁判观点，避免走弯路；二是增强代理意见的说服力，使法官更容易接受我们的代理观点；三是为法官提供裁判依据，从另一个侧面防止同案不同判情况的发生。

（二）类案检索

进行类案检索，可以以最高人民法院发布的指导案例、典型案例，最高人民法院裁决的案例,本省(市、自治区)高级人民法院裁决的案例,本市中级人民法院裁决的案例为范围进行检索。只有在检索到的案例较少时,才可将区级人民法院及非本省(自治区、直辖市)人民法院的案例纳入检索的范围。

在进行检索时,可以按双方争议的焦点设置关键词进行检索,也可以采用法条进行检索。检索的区间以近3年为宜,与最高人民法院关于类案检索要求的期限一致。如果近3年的相关案例比较少,也可以将全部的判决文书找出来,再逐一筛选。

四、专家证人

(一)被告一方的专家证人

环境案件不但涉及大量法律法规,还涉及众多的环境标准,甚至包括一些技术问题,如生产工艺、物料平衡等。这些问题不但律师难以厘清,法官同样难以把握,因此需要相关领域专家就特定问题提供专家意见。在笔者代理的案件中,曾遇到过生态环境局聘请专家就企业是否需要编制环境影响评价文件出具意见的情况。此外,在诉讼过程中,作为被告的生态环境局也曾就在线监测系统比对结论的有效性等问题,聘请专家出具过专家意见。

聘请专家证人,或者请专家出具专家论证意见,是生态环境部门的权利。但在提交证据时,需要附上可以证明专家专业能力方面的证据。否则,无法证明出具意见的专家是否真正具备专业的能力。

(二)原告一方的专家证人

作为行政管理相对人一方,则可以根据需要聘请专家出具专家论证意见,或者聘请专家作为证人出庭。原告一方在聘请专家证人出庭时,为避免可能会受到的行政干预等不利影响,可以考虑聘请外地相关专家作为专家证人出庭。

(三)法院的咨询专家

目前,很多地方实行生态环境类的行政、刑事和民事案件的"三审合一",其解决的是审判专业化问题。生态环境行政案件与普通的行政案件相比,对法官的专业化水平要求比较高。但是,法官懂法律,却不一定懂技术。要求法官掌握每一个环保技术问题也不现实,此时,就需要专业知识人员提供咨询,解决所遇到的技术问题。

因此,遇到专门性的问题时,笔者建议由法院出面聘请某一领域的专家作为咨询专家出庭,就某些专业问题回答法官和双方当事人的提问。由法院出面聘请出庭的专家,站在客观中立的角度回答问题,一方面可以打消专家的顾虑,另一方面也可以强化法官的内心确信,为公正审理案件创造良好的条件。至于专家出庭的费用,既可以判令由败诉方承担,也可以根据情况,由原告、被告双方分担。

五、提交书面代理意见

根据笔者团队的办案经验,在代理环境处罚案件时,无论是在处罚前的听证、处罚后的行政复议还是行政诉讼阶段,提交书面代理意见都可以充分地表达代理观点,有助于生态环境部门、复议机关及法院知道双方争议的焦点,并综合全案情况,作出正确的判断。

(一)庭前代理意见

笔者的经验是,在开庭前根据对案情的研究结论,草拟好代理意见。一方面可以为法庭辩论做准备,另一方面可以充分表达观点。当然,庭前准备的代理意见只限于用作法庭辩论,不宜直接交给法官。因为,在法庭辩论过程中,对方会对我方的观点提出反驳意见,法官会组织双方进行多轮辩论,还会对某些问题进行重点调查。这就要求我们在向法官提交代理意见时,不但要表达我方观点,还要对对方的观点有所回应。对于法官重点调查的问题,更要作出解释或回应。

(二)庭后代理意见

庭后提交代理词的篇幅不宜过长,应简明扼要。目前,法官承办的案件数量繁多,未必有时间仔细地阅读冗长的代理意见。因此,提交的代理意见应做到观点明确、有理有据。此外,在代理意见之后,可以附上法律依据、证据编号等附件。

对于重大复杂的案件,如果能就某些争议焦点问题制作检索报告,既可以制作一份类案检索报告作为代理意见的附件,也可以单独制作检索报告提交给法官,作为判决的参考。在制作检索报告时,根据需要,也可检索理论文章、科研成果等,来支持自己的代理观点。如果不能单独提交类案检索报告,可以把类案的判决书作为附件提交给法官。

第三节 行 政 二 审

一、上诉与答辩

(一)原告上诉

上诉前,最主要工作就是撰写上诉状。上诉状的撰写与起诉状不同,起诉状主要是针对生态环境行政机关作出的行政处罚,可以从行政机关是否具有法定职权、事实认定、法律适用、程序及量罚是否适当等角度撰写起诉状。上诉状针对的是原审法院判决存在的问题,侧重于原审法院的审判程序是否合法和对案件事实的查明,撰写的角度包括:生态环境机关是否具有法定职权、事实认定的证据是否充分、适用法律是否正确、处罚程序是否合法、量罚是否合理等。虽然两者具有关联,但表达方式有所不同,不能混淆。

并非所有案件都涉及原审法院违反法定程序方面的问题,没有问题的不能写。原审法院违反程序的做法例如:原审法院为了证明行政行为的合法性,依职权调取了被上诉人在做出具体行政行为时没有收集的证据。这种帮助被诉行政机关调查案件事实的做法当然违反了行政诉讼的规定,应当在上诉状中指出来。

经过行政复议的案件,其上诉状中要把复议机关列为共同被上诉人。在上诉状中,可以简要地说明复议机关的复议决定存在的问题,一并要求撤销复议机关的复议决定。

(二)被告上诉

作为被告的生态环境行政机关,在不服原审法院判决提出上诉时,其上诉状则具有不同的特点。上诉理由同样针对的是原审判决,但要从为自己辩解的角度撰写上诉状。

二、阅卷与准备

（一）阅卷

上诉之后对原审卷宗进行查阅十分必要，特别是对于没有参加原审法院审理的代理人来说。一是可以从中看到没有收集过的资料，如被上诉人提交的代理意见，从中可以了解对方的全部观点。二是可以通过庭审笔录，了解开庭时的情况。三是可以看到被上诉人一方提交的全部证据资料，特别是一审没有律师参与的案件，当事人因不具备专业敏感性或疏忽大意，不一定会把法院邮寄过来的资料保存完好。

对于参加了原审法院审理的代理人，不应因怕麻烦或自认为资料齐全而忽略阅卷。阅卷可能带来意外的收获。

有些法院有电子卷宗，联系工作人员后可以复制后自行阅卷。对于只有纸质卷宗没有电子卷宗的案件，如果代理人没有参加过原审阶段，就要把全部卷宗复印回来；如果参加了原审法院的审理，又有法院寄来的对方的资料，则可以有选择性地复印有价值的资料。

复印卷宗是为了研究案情，所谓的阅卷，指的就是研读卷宗资料的环节。在这一环节，建议在研读案卷的同时制作阅卷笔录，把认为重要的信息记录下来，方便在接下来的工作中使用。

（二）准备

在对全部的案卷资料认真研究的基础上，可以为接下来的开庭做准备了。根据笔者的办案经验，开庭前要做以下准备：一是在认真研究一审判决书的基础上，对一审判决书中法官查明事实部分存在的异议，写成书面文字，以备在二审开庭时使用。二是起草一份对上诉状中事实与理由部分的补充。三是草拟代理词。这份事先草拟好的代理词不一定是最终递交给法官的版本，最终的版本要等开庭之后，根据开庭情况对草拟的代理词进行修改后才能定稿。

三、补充与回应

（一）补充上诉理由

因为接到判决书后，上诉时间有限，当事人可能会遗漏上诉理由。随着对案件的深入研究，可能会对原上诉状中的事实和理由有所补充。

在撰写补充理由时，要结合上诉状，不能与上诉状中的内容重复。要结合阅卷的情况，对于新发现且在上诉状中没有提及的问题进行补充。

（二）答辩与回应

作为被上诉人，无论是生态环境机关还是行政管理相对人一方，相关法律及司法解释没有规定必须提交书面答辩状。因此，既可以提前提交书面答辩状，也可以当庭口头答辩。

二审的大多数情况下采取的是法庭调查的方式，即不会再像一审一样完整审理一次案件。上诉人对上诉的事实与理由进行补充、被上诉人答辩之后，主审法院再就其关心的问题进行一番询问，此时可能不再组织双方辩论就结束二审。因此，要重视对上诉理由的补充及回应。

对于上诉人当庭补充的事实与理由，在完成对上诉理由的答辩之后，可以针对上诉人补充的部分进行回应。当庭回应很考验代理律师对案情的了解及法律专业的功底。代理环境案件的律师，对专业度的要求比较高，其不但要懂法律，还要懂得一些环保技术标准，甚至是生产工艺。否则，很难说是一名合格的环境律师。

四、其他需要注意的问题

（一）提交书面代理意见

对于案情比较简单的案件，在庭审结束之后，可以提交事先准备好的书面代理意见。但对于大多数案件而言，不建议当庭提交书面代理意见。在笔者看来，在庭审后，至少应当在原草拟好的代理词中补充：一是对对方观点的反驳意见；二是对法官关心问题的回应；三是一些遗漏的观点。以上三个方面，在开庭之前可能没有预判或考虑到，需要在庭后进行针对性的补充。即使没有内容补充，仅是根据开庭情况对原代理意见中观点的顺序进行调整，也是有价值的。

书面代理意见不宜过长，依笔者经验，以四号字、不超过5页纸为限。建议撰写代理词采用“观点+证据+依据”的方式，基本原则是简明扼要，有理有据，突出重点。

（二）专家论证

对于涉及重大利益，且双方争议较大，当事人又有支付能力的案件，可以邀请相关领域的专家进行论证，并出具专家论证意见，供二审法院在对本案作出判决时参考。

当然，不是有钱就可以请到专家。特别是行政管理相对人一方，相关专家大多数都是各级生态环境机关专家库的成员。这就导致大多数专家为了避嫌或职务限制而不便担任与生态环境机关对立一方的专家。因此，行政管理相对人一方如果要聘请专家，可以尝试邀请外地的专家。

（三）胶装代理词

这是笔者团队常用的做法。前文提到，代理意见不应过长，但是在代理意见后面，可以附上证据、法律、标准，甚至是典型案例和检索报告。这样将相关资料胶装在一起，如果法官想深入了解代理意见中的观点，就可以查看后面的附件。

第四节　行政再审

一、程序启动

环境行政案件与普通的行政案件一样，启动再审程序时要注意时间节点即应在收到二审行政判决书之日起6个月之内提出再审申请。若超过此期限，法院将不予受理。

对于再审案件，法院受理之后会有一个漫长的审查过程。如果再审法院认为判决确有问题，或者认为有必要，会决定再次开庭，或者通知双方到庭听取意见。因此，再审申请书很重要，一定要把申请再审的理由写清楚。

如果承办法官决定不再开庭，或者不听取双方意见，清晰明了的再审申请书也有利于其快速了解案件存在哪些问题及双方争议的焦点是什么。

二、再次阅卷

与二审一样，在决定申请再审之后，应当先去二审法院阅卷。此次阅卷主要查看以下内容：一是二审的庭审笔录，了解庭审情况；二是对方提交的代理意见，看二审法官是否采纳了对方律师的代理观点；三是核对双方提交的证据，看案卷中是否存在之前没有收集过的证据资料，或者我方的证据资料是否均有存卷。

经过再次阅卷后，无须等法院是否决定开庭，就应立即撰写再审的代理意见，并尽快提交承办法官。这样，也有利于承办法官了解己方的观点及申请再审的理由。

三、其他需要注意的问题

（一）与当事人充分沟通

对于再审案件，作为代理人要与当事人进行充分沟通，一方面，让当事人明白再审案件的特点、如时间较长，可能是书面审理等；另一方面，也要客观地评估案件结果，给当事人一个合理的预期，不能乱承诺。否则一旦败诉，当事人可能会把败诉的原因归结于代理人，对代理人产生负面情绪，影响律师的职业形象。

（二）再次提交典型案例检索报告

基于在之前的一审或二审中提交过典型案例的检索报告，再审的检索报告，可以在之前的检索报告提交之后新出现的案例中进行检索，以寻找新的类案资料。此外，可以更换关键词再重新检索，也许会有新的发现。

提交检索报告，可以增强说服力，印证代理观点。这是一项经过实践验证的办案经验，要予以重视。

第五节　实 务 案 例

一、A 公司诉 B 环境保护局废水超标案

(一)基本案情

A 公司成立于 2013 年 7 月 22 日,经营范围为研发、生产、销售研磨材料、砂纸、砂布、砂带。A 公司的排污许可证中,排污种类只有废气,没有废水。其废水经处理后循环回用,不外排。

2018 年 6 月 12 日,执法人员对 A 公司清洁池和清洁池附近的下水道内的污水进行采样,并委托监测站监测,监测显示该公司清洁池废水 pH 值 10.2(标准为 6 ~9),化学需氧量监测浓度为 1.46×10^{3}mg/L(标准限值为 110mg/L),色度稀释倍数为 200(标准限值为 60)。故 B 环保局以违反《水污染防治法》第 10 条的规定,依据《水污染防治法》第 83 条第 2 项的规定,对该公司罚款 27.5 万元。

A 公司收到处罚决定书后,就委托笔者担任代理人,向某市人民政府申请行政复议,要求撤销处罚决定。某市人民政府作出维持处罚决定后,笔者又代理 B 公司向某市某区人民法院提起了行政诉讼。一审诉讼请求被驳回后,又向某市中级人民法院提出了上诉。

(二)本案争议焦点

1. 事实认定是否清楚? 证据是否确实、充分?
2. 适用法律是否正确?
3. 程序是否合法?
4. 量罚是否合理?

(三)适用法条

《水污染防治法》

第 10 条　排放水污染物,不得超过国家或者地方规定的水污染物排放标准和重点水污染物排放总量控制指标。

第 83 条 违反本法规定，有下列行为之一的，由县级以上人民政府环境保护主管部门责令改正或者责令限制生产、停产整治，并处十万元以上一百万元以下的罚款；情节严重的，报经有批准权的人民政府批准，责令停业、关闭：

……

（二）超过水污染物排放标准或者超过重点水污染物排放总量控制指标排放水污染物；

……

（四）代理思路

基于案件的事实、复议及一审情况，结合相关证据和法律规定，笔者从事实认定、法律适用、处罚程序及处罚是否适当等方面提出了代理意见。

1. 事实认定方面

事实认定清楚，证据确实、充分是行政处罚的基本要求。本案中，B 环保局认定 A 公司存在的违法事实，一是清洁池中的废水超标，二是这些超标的废水排放到了外环境中。基于此，就要审查 B 环保局在认定废水超标和排放到外环境两个方面的证据是否充分。

（1）关于清洁池中废水是否超标问题

水污染物是否超标，要依据监测结果来判断。而监测结果是否合法有效，取决于以下因素：一是采样人员是否具备采样资格；二是采样容器是否符合相关要求；三是采样点位选择是否符合规定；四是采样过程是否符合技术规范；五是监测机构是否具备相关资质；六是仪器设备是否进行了检定或校准；七是签发人员是否经过了授权；八是数据之间的逻辑关系是否自洽。下面结合其中三个重要因素作具体说明。

第一，关于采样人员的采样资格。经审查 B 环保局提交的证据发现，采样人员没有采样资格。采样人员是 B 环保局的行政执法人员，其仅有执法证，并没有取得“某省环境监测人员上岗证”。而作为专业性极强的采样及监督性监测工作，系环境行政机关所属的环境监测站的法定职能，环境行政执法人员，在没有进行专业培训并取得环境监测人员上岗证前，是不得且没有能力从事环境监测方面的工作的。

原国家环境保护总局发布的《环境监测管理办法》《环境监测质量管理

规定》及2014年7月9日原环境保护部《关于环境监察人员采样资格问题的复函》(环函〔2014〕75号),就该问题规定得十分清楚前述复函中指出:"……环境监察人员应当在具备采样资格的情况下从事采样活动;现场检查时,环境监察机构可请有相应资质的环境监测人员进行现场采样;或者通过环境监测机构的专业培训,取得相应的采样资格后,环境监察人员可以进行现场采样。"B环保局辩称执法人员有采样资格,但没有提交相关证据,其主张缺乏证据证明。

第二,采样过程是否符合相关技术规范。《水质 样品的保存和管理技术规定》(HJ 493—2009)的表1"物理、化学及生化分析指标的保存技术"中,对样品容器的选择、清洗,样品的现场处理等环节作出了具体的规定。本案中,采样之前,执法人员没有按规定或者没有证据证明其按规定对采样容器进行了清洗,这样会因为容器不干净而污染样品,使监测结果不真实。采样中,执法人员没有按规定及时在水样中加入保存剂,这样会导致水样发生变化,从而影响监测结果。采样后,执法人员没有制作原始采样记录并让上诉人签名确认,没有对样品进行封存。

B环保局辩称有现场勘查记录、照片等证据可以证明采样过程是合法的。但是,现场勘查记录并没有记载采样过程,照片无法再现采样的全部经过,根本无法证实采样过程符合相关的技术规范。而监测站的监测报告仅对来样负责,采样不合法,就不能确保样品在交接过程中不被污染以及监测结果的有效性。

第三,采样点位的选择。《地表水和污水监测技术规范》(HJ/T 91—2002)第5.1.1.1条规定:"第一类污染物采样点位一律设在车间或车间处理设施的排放口或专门处理此类污染物设施的排口。"第5.1.1.2条规定:"第二类污染物采样点位一律设在排污单位的外排口。"《固定污染源监测质量保证与质量控制技术规范(试行)》(HJ/T 373—2007)第4.4条"样品采集"下第4.4.3条"采样点位"规定:"采样口为多个企业共用时,采样点应设在其他企业排放污水未汇集处。"

根据上述规范可知,涉案超标的水污染物均为第二类水污染物,而对于第二类水污染物,采样点位应当设在排污单位的外排口。没有外排口的,采样点位应设在该污水进入外环境前的排放口。

本案中,从现场拍摄的照片可以确定,涉案的水污染物的外排口不在清洁池中,也不在雨水管网内,而在与清洁池相连接的 PVC 管的出水口。清洁池是贮存污水的地方,只有清洁池中的废水排放到外环境,才对外环境有污染,构成违法,而雨水管网是各生产企业污水汇集的地方,这两个地点均不能作为采样点位。因此,被上诉人的执法人员所选择的两个采样点位,即清洁池内和雨水管网中,都不符合采样技术规范,都是错误的点位选择。

(2)关于污染物是否排放的问题

首先,从现场照片看,涉案清洁池很小,能容纳的水量也十分有限。其次,当清洁池的出水口被堵上时,池中的水不会排放到外环境中。而在阳光等自然力的作用下,清洁池中的水会自然蒸发。也就是说,清洁池中的水即便超标,也并不当然地自动排放到外环境中。最后,即便清洁池中的水污染物超标,在没有外排到外环境前,也不代表这种超标的污水一定会对外环境造成污染。综上,现有证据不能证明,清洁池中的超标污水排放到了外环境。

总之,在环境行政执法中,监测报告是认定行政管理相对人污染物超标的关键证据。本案中,由于监测报告仅对来样负责,而样品不是监测站直接采样,样品不合法,采样点位选择与所认定的违法事实没有关联性,认定上诉人超标排放水污染物的证据也严重不足。

2. 法律适用方面

(1)适用的法律与本案的事实不相符

基于本案的行为是在清洁池中清洗拖把而非直接向外环境排放水污染物,行为模式与《水污染防治法》第 10 条的规定不符合。因此,在事实的认定方面,不能适用《水污染防治法》第 10 条的规定。此外,《水污染防治法》第 10 条处于该法的总则中,该条款是一项原则性的规定,具体违法事实的认定,应当适用具体章节中相对应的条款。只有这样,才能做到认定事实准确。

(2)适用《水污染防治法》第 83 条作出处罚错误

《水污染防治法》第 33 条规定:“禁止向水体排放油类、酸液、碱液或者剧毒废液。禁止在水体清洗装贮过油类或者有毒污染物的车辆和容器。”对照上述规定,在清洁池中清洗拖把的行为与《水污染防治法》第 33 条第 2 款所规定的行为类似。但不同的是,行为人清洗的是拖把,不是上述规定所禁止的车辆和容器。而且,特征污染物是色度、pH 值和 COD,不是有毒污染物。因此，在《水污染防治法》中，本案行为没有相对应的法律责任。既然如此，被上诉人适用《水污染防治法》第 83 条对原告作出处罚，属于适用法律错误。

总之，对照被上诉人所查明的事实，上诉人在清洁池中清洗拖把的行为不是《水污染防治法》所禁止的，被上诉人适用《水污染防治法》第 83 条对上诉人作出处罚，是错误的。

3. 程序方面

（1）先集体讨论后告知听证的程序严重违法

《环境行政处罚办法》第 52 条[1]规定："案情复杂或者对重大违法行为给予较重的行政处罚，环境保护主管部门负责人应当集体审议决定。集体审议过程应当予以记录。"

2016 年 5 月 24 日，原环境保护部办公厅发布环办环监〔2016〕55 号《关于印发〈环境行政执法文书制作指南〉的通知》，其中的附件 16 是案件集体讨论笔录。行政管理相对人的陈述（听证）情况，是该集体讨论笔录的一部分，如果在告知听证之前就进行集体讨论，是无法将行政管理相对人的陈述（听证）意见写在其中的，从而导致陈述听证流于形式，损害行政管理相对人的合法权益。

此外，2018 年 11 月 27 日，生态环境部在部长信箱回复《关于大气法第 72 条的适用情况的回复》中明确表示，根据《环境行政处罚办法》第 52 条规定："案情复杂或者对重大违法行为给予较重的行政处罚，环境保护主管部门负责人应当集体审议决定。"环境行政处罚一般程序中，重大案件集体审议应当在听证告知后、作出处罚决定之前进行。

本案中，B 环保局于 2018 年 9 月 3 日集体讨论并决定对 A 公司处以 27.5 万元的行政处罚，于 2018 年 9 月 10 日向 A 公司送达了行政处罚预先告知书，A 公司于 2018 年 9 月 14 日向 B 环保局递交环境行政处罚陈述申辩书，B 环保局于 2018 年 9 月 28 日制作行政处罚决定书，并于 2018 年 10 月 12 日送达 A 公司。显然是先集体审议，后告知 A 听证。二审法院也是基于此，支持了 A 公司的诉讼请求。

---

〔1〕 此办法已失效，相关规定参见《生态环境行政处罚办法》第 52 条。

(2)处罚超过法定时限

《环境行政处罚办法》第 55 条[1]规定:"环境保护行政处罚案件应当自立案之日起的3个月内作出处理决定。案件办理过程中听证、公告、监测、鉴定、送达等时间不计入期限。"本案被上诉人的立案时间是 2018 年 6 月 14 日,从立案之日起计算,到 2018 年 10 月 12 日作出上述处罚决定,是 3 个月 29 天,超期 29 天。司法实践中,不乏因立案或处罚超期而被判决撤销行政处罚决定的典型案例。

被上诉人辩称,2018 年 6 月 12 日至 2018 年 7 月 18 日这段时间为监测时间,应该扣除。这种算法是错误的,因为监测结果于 2018 年 6 月 13 日送达被上诉人,且这一结果与后来的监测报告也是一致的,被上诉人依据这一结果进行了立案查处,因此,就不应该再扣除监测报告的送达时间。况且,根据《水质　样品的保存和管理技术规定》(HJ 493—2009)表 1"物理、化学及生化分析指标的保存技术"的规定,pH、色度的可保存时间为 12 小时,化学需氧量为 2 天。也就是说,从样品的保存期限来看,监测时间从采样之日起,最多不能超过 2 天。因此,被上诉人所谓的监测时间为 2018 年 6 月 12 日至 7 月 18 日,是不能成立的。

4. 处罚的适当性方面

(1)处罚有违过罚相当原则

2019 年 5 月 21 日,生态环境部发布《关于进一步规范适用环境行政处罚自由裁量权的指导意见》中对过罚相当原则作出界定:"行使行政处罚自由裁量权,必须以事实为依据,处罚种类和幅度应当与当事人违法过错程度相适应,与环境违法行为的性质、情节以及社会危害程度相当。"

《环境行政处罚办法》第 6 条[2]规定:"行使行政处罚自由裁量权必须符合立法目的,并综合考虑以下情节:(一)违法行为所造成的环境污染、生态破坏程度及社会影响;(二)当事人的过错程度;(三)违法行为的具体方式或者手段;(四)违法行为危害的具体对象;(五)当事人是初犯还是再犯;(六)当事人改正违法行为的态度和所采取的改正措施及效果。"

本案中,查看 B 环保局的裁量标准发现,裁量幅度在 25 万 ~ 30 万元罚

---

[1] 相关规定参见《生态环境行政处罚办法》第 57 条。

[2] 相关规定参见《生态环境行政处罚办法》第 41 条。

款之间,所对应的违法情节是:“一般污染物单因子超标 10 倍以上(pH < 3 或 pH > 12);或有两个因子及以上超标且有超标 5 倍以上的;有毒物质超标 1 倍以上 3 倍以下的;重点管控有毒物质超标 1 倍以下。”也就是说,被上诉人仅将超标倍数一项指标作为罚款考量的因素,并没有遵守《环境行政处罚办法》第 6 条的规定,是不合法的。

(2)罚款 27.5 万元违反过罚相当原则

即便上诉人将清洁池中的污水排放到了外环境中,作出 27.5 万元的处罚,也是不适当的。理由如下:首先,在清洁池中清洗拖把,是一种偶发性行为,不同于持续性排放污染物的行为,如果不加区分一样对待,即对偶发性的排污行为按持续性的排污行为实施同样处罚,显失公平。其次,对生态环境造成污染,除了要求污染物的超标达到一定倍数以外,对排放量也有要求。超标倍数相同,排放量越大,对外环境污染越严重;同理,排放量很少,超标倍数很高,对外环境的污染也十分有限。本案中,被上诉人只考虑污染物的超标倍数,没有考虑上诉人清洁池可容纳的水量很少及其他情节,作出 27.5 万元的处罚,是任何一家企业都难以接受的。最后,《水污染防治法》并未对类似直接在水体中清洗拖把的偶发性、对外环境影响较小的行为进行规制。如果本案的处罚成立,相当于处罚间接行为,这种处罚既不符合正常逻辑,也不符合《水污染防治法》的立法本意。

5. 复议机关和原审法院超越职权

(1)复议机关

我国《行政复议法》(2017 年修正)第 1 条[1]规定:“为了防止和纠正违法的或者不当的具体行政行为,保护公民、法人和其他组织的合法权益,保障和监督行政机关依法行使职权,根据宪法,制定本法。”

由此可见,行政复议的立法目的是防止和纠正违法的或者不当的具体行政行为,并非且不能越俎代庖,帮助行政机关调查违法事实是否存在。本案中,复议机关所作出的〔2018〕× × × 号行政复议决定书中,复议机关在“本机关查明‘该废水经 PVC 管排到雨水管网后向外排放……’的部分”的内容,是对 A 公司是否向外环境排放水污染物事实的认定。而 B 环保局作出的行政处罚决定书中却没有此内容,这显然是复议机关代替原处罚行政

〔1〕 相关规定参见 2023 年修订的《行政复议法》第 1 条。

机关作出的事实认定。由此也证明,B 环保局对 A 公司是否排放了污水这一违法事实,并没有依法查明。

(2)原审法院

原审判决书中写道:“另查,原告清洁池废水经雨水管网排入佛山市三水区西南涌支涌。”原审法院和复议机关一样,混淆了审判权和行政权的区别,既当“裁判员”又当“运动员”,这种做法违背了《人民法院组织法》所赋予的审判监督职责。

(五)案件结果

某市中级人民法院认为,B 环保局在集体讨论决定对 A 公司进行处罚后,再告知其有陈述申辩和听证权利,没有保障当事人的程序权利,存在程序违法。最终撤销了 B 区环保局作出的行政处罚决定、市人民政府的复议决定、一审法院作出的一审判决,B 环保局重新作出了行政处罚。

让人没有想到的是,B 环保局接到某市中级人民法院的判决书后,更正了判决书上所指出的程序问题,以原来的处罚金额 27.5 万元重新对 A 公司作出行政处罚。为了避免某市中级人民法院生效的判决成为证据,在笔者的建议下,A 公司收到 B 环保局的处罚决定书之后,向某省高级人民法院申请再审。同时,对于新的行政处罚决定,A 公司没有选择向同级人民政府申请行政复议,而是向省级主管部门提出了复议申请。

复议机关认为,被申请人的监测报告未对水污染物排放情况作出是否超标的评价,涉案行政处罚告知书和行政处罚决定书中只列举申请人清洁池废水的监测数据和标准限值,未载明认定申请人排放水污染物适用的具体水污染排放标准,也未体现向外环境排放水污染物的事实,不能认定申请人有超标排放水污染物的事实。因此,涉案行政处罚决定认定申请人超标排放水污染物的违法行为,属于事实认定不清,证据不足。据此,撤销作出的行政处罚决定。收到复议决定书后,A 公司撤回了向某省高级人民法院提出的再审申请。此案以这种方式画上了句号。

(六)类案经验总结

本案经过了复议、一审、二审、申请再审,以及再处罚和再复议,历时 2 年多。无论是作为被处罚单位的 A 公司还是委托代理人,都等待得十分煎熬。

透析整个过程，得出诸多启示。

企业要学会用法律手段维护自己的合法权益。当前，有很多企业在面对巨额的罚款时有“两怕”：既怕官司打输，不但罚款没有减少，还赔了律师费；又怕官司打赢，得罪相关部门，往后再办理相关事务被“为难”。存在这种心理的企业，大多可能是存在或多或少的不合规行为，怕生态环境部门再次检查出其他违法行为。这种把免于处罚的希望寄托在监管部门不会再次检查的基础上的想法，是靠不住的。企业要想做大做强，一定要守法经营。另外，现在的行政执法实行的是“查处分离”、“双随机、一公开”。监管部门即便败诉，也不会为难企业，增加对企业检查的频次。再者，如果每一家企业对监管部门的错误处罚都不敢说“不”，可能会助长个别行政执法人员行政执法不规范的气焰，甚至是选择性执法，最终受害的还是企业。本案中，也正是 A 公司的坚持，才赢得了自己想要的结果。如果 A 公司在第一次复议或一审败诉之后放弃了维权，不但要缴罚款，还要在企业的环保信用上留下污点，这种影响要远远超过罚款的本身。而且，企业学会用法律手段维护自己的合法权益，还会倒逼行政执法水平的提高，对于营商环境的优化是有利而无害的。

二、L 公司未批先建、暗管偷排案

（一）基本案情

L 公司是一家气瓶维修检测公司，主要从事有缝瓶检验、无缝瓶检验等业务。主要工艺为补漆、液化气低渣燃清洗。2020 年 7 月 30 日，执法人员现场检查发现，L 公司擅自增加气瓶清洗工艺，清洗工艺设有三级沉淀池，现场检查发现沉淀池有废水通过末端 PVC 道排入下水道。

根据《××市建设项目环境影响评价审批和备案管理名录》（2018 年发布）的规定，L 公司从事有缝瓶检验、无缝瓶检验，并设有清洗工艺，属于该名录项目类别第二十三类第 68 项“通用设备制造及维修”的“有工业废水、废气产生需要配套污染防治设施的”，属应编制环境影响报告表审批类建设项目。

经采样监测发现，L 公司原水口水样 pH 值为 11.05（标准为 6～9）、氨氮为 0.48mg/L（标准为 10mg/L）、化学需氧量为 86mg/L（标准为 90mg/

L)、总磷为0.09mg/L(标准为0.5mg/L)。外排口1水样pH值为9.79(标准为6～9)、氨氮为0.42mg/L(标准为10mg/L)、化学需氧量为57mg/L(标准为90mg/L)、总磷为0.04mg/L(标准为0.5mg/L)。外排口1 pH值超标。

某市生态环境局对L公司未经审批擅自增加工艺行为,处以罚款7万元;对违法排放废水行为,处以罚款15万元。合计22万元。L公司不服,直接向法院提起了行政诉讼,要求撤销该处罚决定。

(二)本案争议焦点

1. L公司所增设的工艺是否需要审批?
2. L公司是否存在暗管偷排违法行为?
3. 对L公司的处罚是否适当?

(三)适用法律

1.《××××建设项目环境保护条例》

第8条第1、2款 建设单位应当按照国家和××省的规定对建设项目进行环境影响评价,并报生态环境主管部门审批或者备案。建设项目环境影响评价文件未依法经审批部门审查或者审查后未予批准的,建设单位不得开工建设。

市、区生态环境主管部门按照审批权限,对可能造成重大环境影响的建设项目,以及涉及饮用水水源保护区、自然保护区等环境敏感区或者需要配套建设污染防治设施的可能造成轻度环境影响的建设项目,依法实施审批。

第36条 违反本条例第八条规定,建设项目环境影响报告书、报告表未报生态环境主管部门审查或者经审查后未予批准,擅自开工建设的,由生态环境主管部门责令停止建设,根据违法情节和危害后果,按照以下标准处以罚款,并可以责令恢复原状:

(一)属于应当编制环境影响报告表的建设项目,处五万元以上二十万元以下罚款;

……

2.《××××环境保护条例》

第40条第2款 禁止通过埋设暗管或者其他隐蔽排放的方式,直接排放污染物;禁止从污染物处理设施的中间工序引出污染物并直接排放。

第67条第2项　违反本条例规定，有下列行为之一的，由生态环境主管部门责令改正，并按照下列规定予以处罚：

……

（二）违反本条例第40条第2款、第4款规定，排污者通过埋设暗管或者其他隐蔽排放的方式直接排放污染物的，或者从污染物处理设施的中间工序引出污染物并直接排放的，或者未经生态环境主管部门批准，擅自拆除、闲置环境保护设施的，处15万元以上100万元以下罚款；情节严重的，并吊销排污许可证；

……

（四）代理思路

本案涉及“未批先建”和“暗管偷排”两个违法行为，笔者就围绕着这两个违法行为，从是否构成两项违法行为的角度，提出代理观点。

1. 增设工艺是否需要环境影响评价审批？

环境影响评价作为源头预防措施，除了新、改、扩建项目外，在建设项目的环境影响评价报告书或报告表批准后，建设项目5年内没有动工，或者规模、地址、工艺、所采取的污染防治措施等发生重大变动的，须重新编制环境影响评价文件并报原审批部门批准。

但是，建设项目的新、改、扩建审批和发生重大变动后的审批不同，不能把两者混为一谈。区别有以下三点：一是审批的依据不同。新、改、扩建项目的环境影响评价文件审批的依据是国家或地方发布的建设项目环境影响评价名录；发生重大变动后的审批依据，则是生态环境部发布的建设项目重大变动清单。二是审批的时间节点不同。新建项目，应在建设项目开工之前审批。改、扩建项目，指的是在原建设项目验收之后，在原建设项目基础之上进行改建或扩建的部分，环境影响评价的审批在原建设项目验收之后，改、扩建项目动工之前。而重大变动，指的是发生在建设项目审批之后验收之前，建设项目的规模、地址、工艺、所采取的污染防治措施等发生重大变动的。依据《环境影响评价法》第22条的规定，审批部门应当自收到环境影响报告书之日起60日内，收到环境影响报告表之日起30日内，分别作出审批决定并书面通知建设单位。建设项目发生重大变动需要报审批部门重新审批的，仍应遵守上述规定。当然，有些地方通过改革来压缩审批时限，以提高行政审批效率。三是审批的机关不同。新、改、扩建的建设项目，是根据环境影响评价名录，实行属地管辖；而建设项目发生重大变动的，则是由原审批机关进行环境影响评价审批。

何为建设项目？《环境影响评价法》及《建设项目环境保护管理条例》上并没有作出规定，实务中也存在争议。观点一认为，按照《工程造价术语标准》(GB/T 50875—2013)的定义，建设项目是指按一个总体规划或设计进行建设的，由一个或若干个互有内在联系的单项工程组成的工程总和。建设项目又称工程建设项目，具体是指按照一个建设单位的总体设计要求，在一个或几个场地进行建设的所有工程项目之和，其建成后具有完整的系统，可以独立形成生产能力或者使用价值。通常以一家企业、一个单位或一个独立工程为一个建设项目。观点二认为，增加生产线、设备或者改变了工艺等就是形成了一个建设项目，就要依据规定，进行环境影响评价，并报生态环境部门审批。观点三认为，建设项目的环境影响评价文件被批准后，企业根据已变化的生产经营情况，增加设备或者对相关工艺进行调整是常见现象，如果动辄需要编制环境影响评价文件并报监管部门审批，不仅会耽误生产，还会增加企业负担，也与当前政府的“放管服”改革精神不符。正确的做法是将这些变动纳入建设项目的环境影响评价，并与企业的排污许可制度衔接，归入排污许可管理。

观点一完全是从工程角度定义建设项目，与《环境影响评价法》上所说的建设项目还不太一致。《环境影响评价法》上的建设项目不太在意项目的总体性，关注点是污染物的产生与控制措施。环境影响评价文件的级别也是依据对环境产生影响的大小而定。观点二过于机械化，将企业的设备和工艺上发生的任何变化都视为建设项目，不但与普通人对建设项目的理解存在偏差，也与《环境影响评价法》的立法本意相悖。观点三虽然有一定的合理性，但不加限制地把责任推给排污许可制度，可能会架空《环境影响评价法》的规定。

笔者认为，要确定一个企业所实施的行为是不是改、扩建的建设项目及是否需要编制环境影响评价文件并报批，既不能脱离建设项目作为工程的总体性，即主体部分加上配套部分，也要结合国家和地方的环境影响评价名录，综合判断是否属于一个改、扩建项目，是否需要进行环境影响评价。

本案中，L 公司在项目建设前就编制了环境影响报告表，并取得了原主管部门的审批。此次所增加的不是清洗工艺，而是给气瓶降温的喷淋装置。之所以要加装这个用作降温的喷淋装置，是为了防止液化气瓶上所贴的二维码在打磨气瓶时被损坏，即在打磨前，给二维码上贴上一个保护膜。如果气瓶的温度过高，会使这层保护膜融化，就要给气瓶先行降温。给气瓶上贴二维码是政府的新要求，L 公司所增加的降温工艺，也是基于政策的变化而产生的。

根据工艺流程，这些带有二维码的液化气瓶被送到 L 公司后，工作人员先放掉瓶内残留的液化气，再进行焚烧，将没有放出的残留气体全部燃烧。刚被烧过的气瓶温度较高，如果自然降温需要的时间较长，为提高工作效率，L 公司就利用水循环的方式，通过加装喷淋装置达到降温目的。之后再贴上二维码的保护膜，进行打磨、喷粉、测试。

被告认为，L 公司所增设的工艺是为了清洗气瓶，是清洗工艺，不是降温工艺。这个工艺的认定并不重要，重要的是 L 公司所增设的这个工艺是否需要编制环境影响评价文件，并报生态环境部门审批。在这个问题上，原、被告各执一词。

被告根据《××市建设项目环境影响评价审批和备案管理名录》的规定，认为 L 公司擅自增设工艺，且有废水排放，并增加了新的污染因子，故需要编制环境影响评价文件并须报其审批。

原告认为，L 公司的建设项目已经通过了被告的审批，此次只是在原建设项目基础之上增设了降温工艺，并不属于一个建设项目，且没有废水排放，无须再编制环境影响评价文件，并重复审批。

对于 L 公司有没有废水排放方面的问题，需要从新增设的这套系统的工作原理入手分析。

为了节约用水，原告利用水循环降温原理设计了这套喷淋系统。除喷水部分外，还有进水管、出水管和三级沉淀池相连。在使用前，在沉淀池内加满自来水，通过管道流向喷淋系统，喷洒下的水汇集后再流回沉淀池，经三级沉淀，循环使用。因高温会使水量减少，就需要在缺水时及时向沉淀池内补充水量。为防止因补水过量而导致沉淀池内的水溢出，在设计这套系统时就在沉淀池的上方设置了一条溢流管。一旦有水通过溢流管流出，就及时关掉进水阀。

在被告看来，这条溢流管就是排污管，就是用来排放污水的，因此，该增设的工艺有废水排放。

而原告却认为,首先,设计该溢流管的初衷,就是为了防止加入沉淀池内的水过多而溢出的,不是用来排放污水的。沉淀池内的水是循环使用的,没有必要排出去,而且外排是浪费,对企业来说也是损失。其次,这条溢流管的位置设在沉淀池顶端,这种设计也不利于污水的排出,依据常理也不能认定是排污管道。再次,虽然这种溢流管在补水过量时,可能会有少量的污水通过该溢流管流出,对外环境可能有影响,但是即便一定要认定存在违法行为,其情节也极为轻微,批评指正即可,也没有必要处罚。最后,目前企业将手动补水改为自动补水,一旦水量达到沉淀池内的一定高度,就自动停止补水,就不存在水量过满而溢出的现象。而且,之前的溢流管也没有存在的必要,已经被拆除。从自动补水和溢流管的拆除也可以反证,原告所增加的工艺不需要外排污水。

2. L 公司是否存在暗管偷排违法行为

(1)对"暗管"的正确理解

"暗管"一词源于 2014 年修订的《环境保护法》,随后 2017 年修订的《水污染防治法》中,也使用了"暗管"一词。但是,对于何为"暗管",存在不同理解。

2014 年 12 月 24 日,公安部等 5 部门联合印发《行政主管部门移送适用行政拘留环境违法案件暂行办法》(公治〔2014〕853 号),其中第 5 条第 2 款规定:"暗管是指通过隐蔽的方式达到规避监管目的而设置的排污管道,包括埋入地下的水泥管、瓷管、塑料管等,以及地上的临时排污管道;……"这是目前唯一能找到的官方对"暗管"的解释。

从公安部 5 部门对"暗管"的定义中可以看出,"暗管"应该同时具有以下三个特征:一是隐蔽性。之所以要求"暗管"一定要具有隐蔽性,是因为暗管不容易被发现,可以长时间、大量将不经过处理的废水排放到外环境。只有违法行为达到这种程度,加重对暗管排污的处罚,才具有合理性。二是逃避监管的主观故意性。在主观上,是为了故意逃避监管而埋设的排污管道。三是排放水污染物的功能性。即该暗管的功能就是用来排放水污染物的,不作其他用途。这三个特征须同时具备,才构成暗管排污违法行为。也就是说,即使客观上排放了水污染物,但企业在主观上没有埋设暗管逃避监管的故意,也不能认定具有暗管排污的违法行为。

从司法和执法界权威专家的观点看，最高人民法院研究室副主任、审判员喻海松认为，暗管本质属性是隐蔽排污。[1] 生态环境部法规与标准司副司长王炜认为，从现行的生态环境法律法规看，除了部分特定的违法行为，如拒绝、阻挠现场检查，擅自倾倒堆放固体废物、私设暗管排放污染物等，可以从理论上推导出违法行为具有主观过错以外，绝大多数违法行为，没有明确规定要以行为人的主观过错为构成要件。[2]

从司法实践来看，在最高人民法院于2017年6月22日发布的环境资源行政典型案例陈某某诉成都市成华区环境保护局环保行政处罚案[3]中，点评专家中山大学的李挚萍教授指出："私设暗管或者采取其他规避监管的方式排放污染物是一种主观恶性更大的违法行为，其不仅可能导致更严重环境损害后果，而且对监管造成了严重的阻碍及干扰，大大增加了执法的难度和成本。"而在岳阳县环保局与岳阳县某某畜牧有限公司非诉执行案[4]中，被告辩称，只要未经法定排放口（是指经过验收和公示，并在排污许可证上标明的排污口）的管道，都是暗管。这种观点类似于刑法上的"客观归罪"，其错误就在于只看结果，而忽视了暗管排污的主观要件及暗管的隐蔽性特征。而法院认为："被执行人设置的两个缺口位置固定显眼，不具有隐蔽性和'暗管'的功能，在主观上没有规避环保部门监管的故意。"故裁定不予执行相关处罚决定。

排污许可，也是我国环境保护的一项重要制度。根据污染的产生情况，我国对污染物的排放实行重点管理、简化管理和登记管理。对于登记管理污染物排放的单位，是不要求配套污染防治设施及设置排污口的。这些单位所产生的污染物，均通过与第三方机构签订委托处理合同的方式外运处理。这些不需要办理排污许可的单位根本没有所谓的法定排污口，依被告的观点，只要有废水排放到外环境，就可认定为暗管排污，并处以与需要办理排污许可证的单位一样的处罚。如果这种观点成立的话，《××××环境保护条例》第36条第2款及对应的第68条第1款第3项对无须办理排污许

---

〔1〕 参见喻海松：《环境资源犯罪实务精释》，法律出版社2017年版，第72页。

〔2〕 参见王炜：《关于生态环境部门实施新〈行政处罚法〉的20个问题》，载微信公众号"法治政府研究院"2021年7月16日，https://mp.weixin.qq.com/s/RcXJHzaqka8zW4j_21pIGA。

〔3〕 参见四川省成都市中级人民法院行政判决书，（2014）成行终字第345号。

〔4〕 参见湖南省岳阳县人民法院行政裁定书，（2018）湘0621行审2号。

可的单位和个人超标排污行为的处罚,就没有存在的必要。这不符合立法本意。而且,如此处罚不但在量罚方面失衡,也与我国排污许可制度中的分级管理目的不符,是不成立的。

(2)原告沉淀池顶部的 PVC 管是溢流管

首先,从冷却的工艺原理上看,原告沉淀池内的水是循环使用,不外排。原告所增设的工艺是给焚烧后的气瓶降温,以便为二维码贴上保护膜,防止二维码在下一道打磨工序中被损坏。水循环可以达到降温的目的,没有必要将水排放到外环境中。否则,会大大增加生产成本,属于无谓的浪费。

其次,从该 PVC 管的工作原理上看,其是为了防止沉淀池补水过多而溢出池子。换句话说,也只有在补水过量时,池子里的水才有可能会溢出,没有补水或者补水没有过量,是不会有水从该 PVC 管中流出的。也正是这个原因,该 PVC 管才被称为溢流管。

最后,从该 PVC 管的位置上看,该 PVC 管设在沉淀池的顶部,不是在中部,更不是在底部,如果是以排放污染物为目的,从设计上讲,应该把 PVC 管设在沉淀池的底部。

因此,原告既不是为了偷排废水而设置的 PVC 管,也没有将沉淀池中的水外排的主观动机。

(3)被告没有证据证明原告通过暗管排放了废水

首先,被告的现场检查(勘验)笔录中显示,原告的沉淀池中有废水正在排放。但从被告提供的采样视频可以看出,在被告采样的整个过程中,一直没有看到有废水从 PVC 管中排出。若非如此,被告也不会在原水池和下水道里采样了。事实上,从被告的采样视频中,可以明显地看出沉淀池中的水只有半池,根据 PVC 管处于沉淀池顶部位置的事实判断,不可能有水从该 PVC 管中排出。

其次,原告提供全部用水的水费单,可以证明原告的用水自 2020 年 5 月份以来没有增加,反而是减少的。这印证了原告没有把沉淀池中的水外排这一事实。

最后,原告的 PVC 管理论上具有防溢出的功能,但这并不代表原告通过该管排放了废水。相反,为了节约用水,原告往沉淀池中补水时,会十分小心,以防沉淀池中的水溢出。被告将可能性当成必然性或者已然性,认定原告已经或正在排放废水，证据不足。

总之，从本案的客观证据分析，原告在被告现场检查和采样时，沉淀池中不可能有水排出，被告以谭某某签名的笔录为据，否认没有水外排这一客观事实，不能成立。

3. 对 L 公司的处罚是否适当

(1)关于未批先建的处罚

《环境影响评价法》第 31 条第 1 款规定："建设单位未依法报批建设项目环境影响报告书、报告表，或者未依照本法第二十四条的规定重新报批或者报请重新审核环境影响报告书、报告表，擅自开工建设的，由县级以上生态环境主管部门责令停止建设，根据违法情节和危害后果，处建设项目总投资额百分之一以上百分之五以下的罚款，并可以责令恢复原状；对建设单位直接负责的主管人员和其他直接责任人员，依法给予行政处分。"

由此可见，构成该违法行为，处建设项目总投资额 1%～5% 的罚款。也就是说，项目投资越大，罚款的金额越高。本案中，被告对原告处以罚款 5 万元过多。据原告称，其新增工艺一共投资了 5000 元。即便是原告构成未批先建违法行为，依据上述规定，最高的罚款金额也只有 250 元。本案中，被告作出的罚款金额是 5 万元，明显不当。

(2)埋设暗管排放水污染物的处罚

首先，被告对原告罚款 15 万元，是以存在埋设暗管排放水污染物的违法行为由对原告作出的处罚。但是因为本案的 PVC 管不能认定为暗管，所以不能依据暗管的规定对原告作出处罚。

其次，《××××环境保护条例》第 68 条第 1 款第 3 项规定："违反本条例规定，有下列行为之一的，由生态环境主管部门按照下列规定予以处罚：……(三)违反本条例第三十六条第二款规定，不需要领取排污许可证的排污者，排放污染物超过国家或者地方规定的污染物排放标准的，责令限期改正，可以处一万元以上二万元以下罚款。……"

依据上述规定，即便是原告存在超标排放水污染物的行为，处罚的金额也不超过 2 万元，被告对原告罚款 15 万元，明显太重。依据被告提供的裁量标准，应该对原告免除处罚，《××市环境行政处罚裁量权实施标准(第六版)》总则第 5 项规定："有下列情形之一的，依法可以不予处罚：……(2)违法行为持续时间短、污染小(如排放污染物浓度超标倍数小于 0.2 倍或者

5≤pH<6 或者 9<pH≤10 的），且及时完成整改的，没有造成危害后果的；……”本案中，被告检测的下水道中（被告称的外排口 1）的三种水污染物均不超标，只有 pH 值是 9.79，比标准值高了 0.79，且原告马上拆除了该 PVC 管，依据上述裁量标准，应当对原告免除处罚。

（五）案件结果

一审法院认为，“被告认定原告存在‘未经审批擅自增设工艺’予以处罚”，存在事实认定不清，证据不足，适用法律、法规不当的问题；原告设置的 PVC 管道固定且明显，不具有隐蔽性和“暗管”的功能，被告认定原告存在《××××环境保护条例》第 40 条第 2 款“通过埋设暗管或者其他隐蔽排放的方式，直接排放污染物”的行为并依据《××××环境保护条例》第 67 条第 2 项的规定处以 15 万元罚款，事实认定依据不足，适用法律不当。一审法院判决撤销被告作出的行政处罚决定。

被告不服，向市中级人民法院提出了上诉。经审理，市中级人民法院撤销了原审法院作出的一审判决。原告不服，向省高级人民法院申请再审，省高级人民法院最终裁定驳回了原告的再审申请。

本案的最后结果虽然不尽如人意，但代理律师团队的代理思路和观点具有一定的借鉴价值，可以作为类案中的参考。

（六）类案经验总结

这是又一起涉及暗管偷排的行政处罚案例。前文笔者讲过关于暗管偷排的认定，即重点在于“暗管”和“偷排”两个核心要件。但本案的不同点在于，涉案的溢流管是否属于暗管，双方存在不同的观点。对于是否认定为暗管，笔者认为应坚持暗管具有隐蔽性、排放污染物的功能性及逃避监管的主观目的性特征。否则，不能认定为暗管。

至于“未批先建”违法行为的认定，首先要看行为是新、改、扩建项目，还是项目建设过程中的变动。如果是新、改、扩建项目，应当以环境影响评价名录为依据，判定是否需要编制环境影响评价报告书或报告表，并报生态环境主管部门批准。如果是项目建设过程中的变动，应当以重大变动清单为依据，判定是否构成“重大变动”。对于构成“重大变动”的建设项目，建设单位应当重新报批建设项目环境影响报告书、环境影响报告表。

截至 2024 年 12 月 31 日，生态环境部已经发布多个行业重大变动清单。对于已经发布行业重大变动清单的，如果在建设过程中建设项目的性质、规模、地点、生产工艺、环境保护措施等发生重大变动，建设单位应依据该行业的重大变动清单和《建设项目环境保护管理条例》第 12 条第 1 款[1]的规定，重新报批建设项目环境影响报告书、环境影响报告表。

2020 年 12 月 13 日，生态环境部办公厅印发了《污染影响类建设项目重大变动清单（试行）》，对于没有发布行业重大变动清单的污染类建设项目，应当按照《污染影响类建设项目重大变动清单（试行）》，判定是否构成重大变动。

《污染影响类建设项目重大变动清单（试行）》所指的重大变动具体包括以下内容。

第一，性质的重大变动，是指建设项目开发、使用功能发生变化的。

第二，规模的重大变动，包括以下三种情形：

①生产、处置或储存能力增大 30% 及以上的。

②生产、处置或储存能力增大，导致废水第一类污染物排放量增加的。

③位于环境质量不达标区的建设项目生产、处置或储存能力增大，导致相应污染物排放量增加的（细颗粒物不达标区，相应污染物为二氧化硫、氮氧化物、可吸入颗粒物、挥发性有机物；臭氧不达标区，相应污染物为氮氧化物、挥发性有机物；其他大气、水污染物因子不达标区，相应污染物为超标污染因子）；位于达标区的建设项目生产、处置或储存能力增大，导致污染物排放量增加 10% 及以上的。

第三，地点的重大变动，是指：重新选址；在原厂址附近调整（包括总平面布置变化）导致环境防护距离范围变化且新增敏感点的。

第四，生产工艺的重大变动，包括以下两种情形：

①新增产品品种或生产工艺（含主要生产装置、设备及配套设施）、主要原辅材料、燃料变化，导致以下情形之一：新增排放污染物种类的（毒性、挥发性降低的除外）；位于环境质量不达标区的建设项目相应污染物排放量增

---

[1] 《建设项目环境保护管理条例》第 12 条第 1 款规定："建设项目环境影响报告书、环境影响报告表经批准后，建设项目的性质、规模、地点、采用的生产工艺或者防治污染、防止生态破坏的措施发生重大变动的，建设单位应当重新报批建设项目环境影响报告书、环境影响报告表。"

加的;废水第一类污染物排放量增加的;其他污染物排放量增加 10% 及以上的。

②物料运输、装卸、贮存方式变化,导致大气污染物无组织排放量增加 10% 及以上的。

第五,环境保护措施发生重大变动,包括以下情形:

①废气、废水污染防治措施变化,导致生产工艺重大变动的第 1 类情形中所列情形之一(废气无组织排放改为有组织排放、污染防治措施强化或改进的除外)或大气污染物无组织排放量增加 10% 及以上的。

②新增废水直接排放口;废水由间接排放改为直接排放;废水直接排放口位置变化,导致不利环境影响加重的。

③新增废气主要排放口(废气无组织排放改为有组织排放的除外);主要排放口排气筒高度降低 10% 及以上的。

④噪声、土壤或地下水污染防治措施变化,导致不利环境影响加重的。

⑤固体废物利用处置方式由委托外单位利用处置改为自行利用处置的(自行利用处置设施单独开展环境影响评价的除外);固体废物自行处置方式变化,导致不利环境影响加重的。

⑥事故废水暂存能力或拦截设施变化,导致环境风险防范能力弱化或降低的。

总之,涉及是否构成未批先建违法行为的行政处罚案件,应根据具体项目的不同情况,依据环境影响评价名录或重大变动清单来判断。

三、H 公司未按照规定运营防治污染设施或者实施污染治理案

(一)基本案情

H 公司系为某垃圾渗滤液处理公司提供在线监控设施运营服务的公司,双方签订了委托运营服务合同,服务期限自 2021 年 1 月 11 日起至 2022 年 1 月 10 日止。

2021 年 7 月 30 日,某市生态环境局执法人员现场检查发现,该垃圾渗滤液处理公司正在生产,废水在线监控设施处于正在运行状态。某市生态环境局委托第三方公司在废水总排放口进行采样,与 H 公司运营的在线监测设备进行比对监测。检测报告显示,总氮指标不合格,该在线监控系统不

能准确反映实际水污染物排放浓度，处于不正常运行状态。

某市生态环境局依据《××省环境保护条例》的相关规定，以受委托单位对在线监测设施运维时间超过7天，未按照法律、法规和相关技术规范的要求运营防治污染设施为由，对H公司处以6万元的罚款。H公司不服，向法院提起行政诉讼，要求撤销某市生态环境局作出的处罚决定。

（二）本案争议焦点

1. 在线监测设施是否属于防治污染设施？

2. 总氮指标不合格是否可以认定为防治污染设施不正常运行违法行为？

3. 总排放口没有废水排放，对比监测是否有效？

4. 专家意见是否可以采信？

5. 法律适用是否正确？

（三）适用法律

《××省环境保护条例》

第23条第5款　企业事业单位和其他生产经营者可以委托具有相应能力的单位运营其防治污染设施或者实施污染治理，并与受委托单位签订协议，明确双方权利、义务及环境保护责任。受委托单位应当遵守环境保护法律、法规和相关技术规范的要求。

第67条第3款　违反本条例第二十三条第五款规定，受委托单位未按照法律、法规和相关技术规范的要求运营防治污染设施或者实施污染治理，或者在运营防治污染设施或者实施污染治理中弄虚作假的，由县级以上人民政府环境保护主管部门责令改正，处五万元以上十万元以下罚款；受委托单位在运营防治污染设施或者实施污染治理中弄虚作假，对造成的环境污染和生态破坏负有责任的，还应当与造成环境污染和生态破坏的其他责任者承担连带责任。

第26条第2款　自动监控设施的管理运营单位应当保障自动监控设施的正常运行，保证自动监控数据的真实、可靠和有效，不得弄虚作假，隐瞒、伪造、篡改自动监控数据，并按规定保存原始监控记录。自动监控数据经生态环境主管部门审查确认真实有效的，作为环境保护监督管理的依据。

第70条 违反本条例第二十六条第二款规定,自动监控设施的管理运营单位弄虚作假,隐瞒、伪造、篡改自动监控数据的,由县级以上生态环境主管部门责令限期改正,处5万元以上20万元以下罚款;逾期不改正的,责令停产整治;对造成的环境污染和生态破坏负有责任的,还应当与造成环境污染和生态破坏的其他责任者承担连带责任。

(四)代理思路

第三方运维机构接受排污单位委托,为排污单位提供专业服务过程中存在不按规范操作行为,是否可以认定为不正常运行污染防治设施行为?笔者围绕这一关键性问题,提出如下代理意见。

1. 在线监测设施是否属于防治污染设施

依据环境保护方面的法律规定,重点排污单位应当安装自动监控设施,并保证其正常运行,且与生态环境部门联网。《污染源自动监控设施现场监督检查办法》第2条规定:"本办法所称污染源自动监控设施,是指在污染源现场安装的用于监控、监测污染物排放的在线自动监测仪、流量(速)计、污染治理设施运行记录仪和数据采集传输仪器、仪表、传感器等设施,是污染防治设施的组成部分。"

由以上规定可知,在线监测设施属于污染防治设施。H公司称其运行的在线监控系统不属于污染防治设施,没有法律依据。

2. 总氮指标不合格是否可以认定为防治污染设施不正常运行违法行为,即法律的适用是否存在问题

在污水处理方面,一些公司响应政府号召,不但将在线监控设施交由第三方运营,同时也将公司的污水处理设施交由不同的第三方运营。一方负责污水的实际处理,另一方通过在线监控设施实时监督,从而实现污水的达标排放。

从法律适用方面,对比《××省环境保护条例》第23条第5款和第67条第3款、第26条第2款和第70条所规定的情形,是一般和特殊的关系,有特殊规定的适用特殊规定,没有特殊规定的,才适用一般规定。第26条第2款和第70条的规定更适合本案的情况。但是,在法律责任方面,只有"自动监控设施的管理运营单位弄虚作假,隐瞒、伪造、篡改自动监控数据的",才会被课以行政处罚。因此,检测报告中的总氮不合格的结果,并不一定是自动

监控设施的管理运营单位弄虚作假，隐瞒、伪造、篡改自动监控数据造成的，故H公司不一定存在涉案的违法行为。

3. 总排放口没有废水排放，对比监测是否有效

从被告提交的证据可知，采样人员在总排放口采样时，总排放口没有废水排放，流量计的读数也为零。

《水污染源在线监测系统（COD_{Cr}、NH_3-N 等）数据有效性判别技术规范》（HJ 356—2019）中，第6.2条无效数据判别下第6.2.1条规定："当流量为零时，在线监测系统输出的监测值为无效数据。"

原告认为，既然在线监测系统输出的监测值为无效数据，用无效的数据作对比，结果也是无效的。

被告认为，在线监测系统输出的监测值为无效数据，并不代表比对结果无效。只要在线监控系统在运行，即可进行比对监测。因为比对结果不是用来判断排污单位所排放的污染是否达标，而是用来确定在线监测系统的运行是否正确。

4. 专家咨询意见是否可以采信

笔者认为，专家咨询意见不能作为认定事实的依据，主要理由如下：

首先，从证据种类上看，专家咨询意见不属于证据的法定种类。《行政诉讼法》第33条第1款规定："证据包括：（一）书证；（二）物证；（三）视听资料；（四）电子数据；（五）证人证言；（六）当事人的陈述；（七）鉴定意见；（八）勘验笔录、现场笔录。"由此可见，行政诉讼的法定证据种类只有以上8种，除此之外，均不属于合法的证据种类，不能作为认定案件事实的证据使用。本案中，被告提交的《××市某某某检测仪器有限公司涉嫌未按照法律、法规和相关技术规范的要求运营防治污染设施或者实施污染治理案专家咨询意见》（以下简称《专家咨询意见》），既不属于书证也不属于鉴定意见，更不能归类于证人证言。

关于《专家咨询意见》的性质，可以参考最高人民法院《关于适用〈中华人民共和国民事诉讼法〉的解释》（以下简称《民诉法解释》）第122条第1、2款的规定："当事人可以依照民事诉讼法第八十二条的规定，在举证期限届满前申请一至二名具有专门知识的人出庭，代表当事人对鉴定意见进行质证，或者对案件事实所涉及的专业问题提出意见。具有专门知识的人在法庭上就专业问题提出的意见，视为当事人的陈述。"上述规定明确了当事人

可以聘请专家出庭,代表当事人对鉴定意见提出质证。本案中,第三方公司出具的比对监测报告不是鉴定意见,且专家也没有出庭质证,仅出具书面的《专家咨询意见》,不符合《民诉法解释》关于《专家咨询意见》的要求。因此可以推知,被告提供的《专家咨询意见》不属于《行政诉讼法》的法定证据种类,不能作为认定本案事实的证据使用。

其次,《专家咨询意见》称“某某环境技术服务有限公司具有实验室相关资质,工作人员持证上岗,检测工作均按照国家相关的监测技术规范开展”,与事实不符。第一,关于实验室相关资质和工作人员资质。被告至今未提供完整的资质证明材料,例如,检测机构资质认定计量认证证书附表、检测仪器的检定证书、校准证书、检测人员的上岗合格证、授权签字人的授权证明、检测过程及结果符合相关法律规定的证明等,按照《行政诉讼法》的相关规定,只能认定第三方公司及相关人员没有资质。退一步讲,即使第三方公司具备相关资质,人员也持证上岗,如果在工作中不遵守相关技术规范,采样不符合技术标准,所得出的比对结果仍不具有合法性。如果专家的逻辑正确,即取得资格就一定不会犯错,那么医院不会发生医疗事故、现实中也不存在酒驾的情况了。这种反常识的结论,显然是存在谬误的。第二,《专家咨询意见》称:“检测工作均按照国家相关的监测技术规范开展。”本案中,从被告所提交的证据中,并不能得出采样人员的采样遵守了相关技术规范的结论:采样前,要用水样对采样容器和样品容器清洗2~3次;过程中,要在水样中加入保存剂,并使 $pH \leq 2$;采样之后,要共同封样,确保样品在转送过程中不被污染、替换。并且,原始采样记录还要当事人签名确认,以证明水样的来源和涉案的采样点位。在上述证据严重缺失的情况下,怎么能证明检测工作符合技术规定?

再次,从利害关系上看,出具《专家咨询意见》的3位专家中,2位是某市生态环境监测中心站(以下简称市中心站)高级工程师,1位为某市生态环境监测站某分站(以下简称某分站)高级工程师。据了解,市中心站本是某省生态环境厅的直属机构,但因内部原因,至今仍受某市生态环境局监管,是某市生态环境局的直属机构;某分站则是某市生态环境局的直属机构,某市生态环境监测站的外派机构。综上所述,被告是某市生态环境局的派出机构,而3名专家均来自被告的直属机构,专家的这种身份属性,决定了其与被告存在利害关系难以保证中立与客观。

此外，从专家资质上看，被告提交的《专家咨询意见》中仅罗列了 3 位专家的单位名称和职务，未提供专家具备出具专业意见的资质的相关证书或证明，无法确认专家是否具备出具专业咨询意见的能力和资质。

最后，从举证时限上看，既然《专家咨询意见》作为证据提交，就要严格遵守证据规则。在行政诉讼中，被告举证是有时限限制的。逾期不举证，即视为没有证据。本案中，被告在 2022 年 5 月 5 日提交的《专家咨询意见》，早就超过了 15 日的举证时限，不能认定为本案事实的证据。

总之，被告在举证期限届满后提供的《专家咨询意见》的真实性、合法性、客观性存疑，不能作为认定事实的依据。

（五）案件结果

经法院主持调解，某市生态环境局（被告）同意撤销涉案的行政处罚决定，并将 H 公司（原告）已经缴纳的罚款 6 万元退还给原告。

（六）类案经验总结

本案之所以取得良好的效果，主要是因为代理律师团队抓住了比对监测中存在的不规范行为，并以此作为突破口，迫使被告作出让步同意调解。所以，只有找到问题、找准问题，才能获得谈判的筹码。面对行政机关的强势监管，行政管理相对人的内心多少会有所顾虑，而和解就是一种既不伤和气，又能解决问题的好办法。

随着生态环境第三方服务机构专业化服务能力的增强，无论是排污单位的污水处理设施还是在线监测设施，委托社会第三方服务机构负责运维，既能保证良好的运行效果，又可以把因技术不专业而引发的法律风险转移给第三方，是一种值得推荐的做法。

作为提供第三方专业服务的机构，也要预防被行政处罚的风险，在运维过程中就应当严格遵守相关的技术规范，笔者所遇到的涉及第三方机构的环境行政处罚案件，均与不规范操作有关。因此，操作上的合规，是防范风险的最有效方法。当然，技术规范不是法律规范，违反技术规范也不等同于违反法律规范。因为技术规范在不断进步和完善，有些技术规范仅是推荐性的，并没有要求强制实施。对于此类案件时，一定要区分强制性技术规范和推荐性技术规范，结合相关的法律法规及规章的规定，进行综合判断。

另外,作为代理律师,也要懂得和了解涉案的技术规范,必要时可以向技术专家请教,不然就很难找到案件的突破口,更不可能取得好的代理效果。

四、Q公司超标排放水污染物案

(一)基本案情

Q公司系一家从事洗涤业务的公司,主营业务是医院布草的洗涤。其生产废水执行《医疗机构水污染物排放标准》(GB 18466—2005)表2预处理标准。Q公司为在招投标中获得高分,也办理了排污许可证。

2021年12月30日,Q公司收到某市生态环境局送达的行政处罚决定书,某市生态环境局经采样监测,以Q公司排放口所排放的废水中,化学需氧量341mg/L、五日生化需氧量141mg/L及悬浮物75mg/L浓度均超过《医疗机构水污染物排放标准》(GB 18466—2005)表2预处理标准,违反《水污染防治法》第10条为由,依据《水污染防治法》第83条第2项之规定,决定对Q公司罚款15万元。Q公司不服,向法院提起行政诉讼,要求撤销某市生态环境局作出的处罚决定。

(二)本案争议焦点

1. 作为事实认定关键证据的监测报告是否合法?
2. 本案的处罚程序是否违法?

(三)适用法条

《水污染防治法》

第10条 排放水污染物,不得超过国家或者地方规定的水污染物排放标准和重点水污染物排放总量控制指标。

第83条第2项 违反本法规定,有下列行为之一的,由县级以上人民政府环境保护主管部门责令改正或者责令限制生产、停产整治,并处十万元以上一百万元以下的罚款;情节严重的,报经有批准权的人民政府批准,责令停业、关闭:

……

（二）超过水污染物排放标准或者超过重点水污染物排放总量控制指标排放水污染物的；

……

（四）代理思路

实务中，关于瞬时采样的监测结果是否可以作为认定行为违法的依据存在争议。而本案的Q公司所遵循的排放标准，是以日均值超标作为认定超标排放的标准的。因此，应当把这一问题作为案件的突破口。而在程序方面，被告也存在违法之处。据此，笔者提出以下代理意见。

1.《医疗机构水污染物排放标准》表2以日均值来评价水污染物是否超标，而不是瞬时采样结果

《医疗机构水污染物排放标准》（GB 18466—2005）表2中，综合医疗机构和其他医疗机构水污染物排放限值的标准是日均值，在"6 采样与监测"中，根据第6.1.3.5条采样频率的规定："每4小时采样1次，一日至少采样3次，测定结果以日均值计。"也就是说，即便原告的洗涤废水执行《医疗机构水污染物排放标准》（GB 18466—2005）表2对排放限值的规定，也只有日均值超标时才可被认定为超标，并没有规定瞬时采样的结果可以取代日均值。

本案中，被告采用的方式是瞬时采样，没有每4个小时采样1次，更没有一日采样3次，得出的监测结果不是日均值，不能据此认定原告所排放的洗涤废水超过了《医疗机构水污染物排放标准》（GB 18466—2005）表2的排放限值。

被告辩称，《环境行政处罚办法》第37条〔1〕规定："环境保护主管部门在对排污单位进行监督检查时，可以现场即时采样，监测结果可以作为判定污染物排放是否超标的证据。"原国家环保总局公告2007年第16号《关于环保部门现场检查中排污监测方法问题的解释》规定："排放标准中规定的污染物排放方式、排放限值等是判定排污行为是否超标的技术依据，在任何时间、任何情况下，排污单位的排污行为均不得违反排放标准中的有关规定。环保部门在对排污单位进行监督性检查时，可以环保工作人员现场即

〔1〕此办法已失效，相关规定参见《生态环境行政处罚办法》第29条第1款。

时采样或监测的结果作为判定排污行为是否超标以及实施相关环境保护管理措施的依据。”并据此认为，即时采样监测结果可以作为环境行政执法依据。

然而，《生态环境标准管理办法》第2条规定：“本办法适用于生态环境标准的制定、实施、备案和评估。”第5条第1、2款规定：“国家和地方生态环境质量标准、生态环境风险管控标准、污染物排放标准和法律法规规定强制执行的其他生态环境标准，以强制性标准的形式发布。法律法规未规定强制执行的国家和地方生态环境标准，以推荐性标准的形式发布。强制性生态环境标准必须执行。”第25条规定：“污染物排放标准规定的污染物排放方式、排放限值等是判定污染物排放是否超标的技术依据。排放污染物或者其他有害因素，应当符合污染物排放标准规定的各项控制要求。”据此，代理律师团队认为，《医疗机构水污染物排放标准》(GB 18466—2005)是国家的强制性标准，按照《生态环境标准管理办法》的上述规定，必须执行。而且，《生态环境标准管理办法》是关于标准适用的特别规定，在排放标准的适用上，应当适用特别规定。不仅如此，《生态环境标准管理办法》是生态环境部新颁布实施的规章，而《环境行政处罚办法》是旧的规章，当同一部门发布的新旧规章不一致时，根据新法优于旧法的适用原则，也应当适用《生态环境标准管理办法》。至于原国家环保总局的公告，充其量为旧的规范性文件，当然不能与新的规章相抵触。因此，被告以《环境行政处罚办法》第37条的规定为由，否定国家强制性标准的执行，依据不足，不能成立。

2. 被告的行政处罚严重违反法定程序

(1)处罚决定作出前没有经过法制审核

《行政处罚法》第58条规定：“有下列情形之一，在行政机关负责人作出行政处罚的决定之前，应当由从事行政处罚决定法制审核的人员进行法制审核；未经法制审核或者审核未通过的，不得作出决定：(一)涉及重大公共利益的；(二)直接关系当事人或者第三人重大权益，经过听证程序的；(三)案件情况疑难复杂、涉及多个法律关系的；(四)法律、法规规定应当进行法制审核的其他情形。行政机关中初次从事行政处罚决定法制审核的人员，应当通过国家统一法律职业资格考试取得法律职业资格。”

本案中，排污标准的正确适用，对原告事关重大。应原告的申请，被告举行了听证。但是，从被告提交的证据来看，被告并没有提交其在作出行政处罚决定之前已经过法制审核的证据，故可推定其没有经过法制审核。

(2)没有经过集体讨论

《环境行政处罚办法》第 52 条[1]规定："案情复杂或者对重大违法行为给予较重的行政处罚，环境保护主管部门负责人应当集体审议决定。集体审议过程应当予以记录。"

本案中，被告对原告给予罚款 15 万元的处罚，属于较重的行政处罚，依法应当经过集体审议。但是，被告并没有提交其作出行政处罚之前已经过集体审议的证据，故可推定行政处罚决定没有经过集体审议，程序严重违法。

(五)案件结果

法院认为，某市东部生态环境监测中心在采样过程中违反了《医疗机构水污染物排放标准》(GB 18466—2005)》第 6.1.3.5 条的规范。《医疗机构水污染物排放标准》(GB 18466—2005)》第6.1.3.5 条规定采样频率为："每 4 小时采样 1 次，1 日至少采样 3 次，测定结果以日均值计。"本案中，污染源废水原始采样记录表中显示某市东部生态环境监测中心采样的 14 个样品均系 20 时 50 分瞬时采样，明显违反上述规范。原告主张取样程序中采样频次违法，具有事实和法律依据，法院予以采纳。因此，被告采信依据错误采样频次取样的样品制作的监测报告作为主要证据，并以此认定原告实施了超标排放水污染物的违法事实，主要证据不足，应予以撤销。

2022 年 7 月 21 日，某市某区人民法院作出一审判决，撤销了被告作出的涉案行政处罚决定书。判决书送达后，某市生态环境局没有提出上诉，一审判决生效。

(六)类案经验总结

笔者通过在裁判文书网上检索发现，此类案件既有判决作为原告方的行政相对人胜诉的，也有判决原告方败诉的，存在不同法院同案不同判的情况。究其原因，一是瞬时采样确实可以节约执法成本，有利于执法人员高效调查取证；二是原环境保护部及生态环境部曾多次就瞬时采样的监测结果

---

[1] 相关规定参见《生态环境行政处罚办法》第 52 条。

可以作为判定污染物排放超标的依据作出过复函；三是《环境行政处罚办法》第37条[1]也规定，现场即时采样，监测结果可以作为判定污染超标的依据。但判决生态环境主管部门胜诉，就与这种即时采样方法确实没有遵守相关技术标准存在矛盾。本案是在当时的立法背景作出的有利于行政管理相对方的判决，较为难能可贵。但是《生态环境行政处罚办法》于2023年7月1日起施行，其修改了《环境行政处罚办法》第37条的规定，此后这种因采样频次引发的争议，会得到一定程度的缓解。

《生态环境行政处罚办法》第29条[2]改变了旧法中"一刀切"的做法，强调要按照相关技术规范的要求进行现场采样，获取的监测（检测）数据可以作为认定案件事实的证据。因此，遇到此类案件时，首先要查看所适用的标准规定；如果标准中允许即时采样，就可以以即时采样的监测结果作为认定污染物排放是否超标的依据；如果标准中不允许即时采样，就不能以即时采样的监测结果作为污染物排放超标的依据。

通过对污染物排放标准的梳理，以下标准不能采用即时采样的监测结果作为污染物排放标准的依据：《煤炭工业污染物排放标准》（GB 20426—2006）、《皂素工业水污染物排放标准》（GB 20425—2006）、《医疗机构水污染物排放标准》（GB 18466—2005）、《啤酒工业污染物排放标准》（GB 19821—2005）、《味精工业污染物排放标准》（GB 19431—2004）、《兵器工业水污染物排放标准 弹药装药》（GB 14470.3—2002）、《兵器工业水污染物排放标准 火炸药》（GB 14470.1—2002）、《兵器工业水污染物排放标准 火工药剂》（GB 14470.2—2002）、《城镇污水处理厂污染物排放标准》（GB 18918—2002）、《畜禽养殖业污染物排放标准》（GB 18596—2001）、《污水海洋处置工程污染控制标准》（GB 18486—2001）、《污水综合排放标准》（GB 8978—1996）、《肉类加工工业水污染物排放标准》（GB 13457—92）、《海洋石油开发工业含油污水排放标准》（GB 4914—85）等。

---

[1] 《环境行政处罚办法》第37条规定："环境保护主管部门在对排污单位进行监督检查时，可以现场即时采样的监测结果可以作为判定污染物排放是否超标的证据。"

[2] 《生态环境行政处罚办法》第29条规定："生态环境主管部门现场检查时，可以按照相关技术规范要求现场采样，获取的监测（检测）数据可以作为认定案件事实的证据。执法人员应当将采样情况记入现场检查（勘察）笔录，可以采取拍照、录像记录采样情况。生态环境主管部门取得监测（检测）报告或者鉴定意见后，应当将监测（检测）、鉴定结果告知当事人。"

可以看出,上述标准的发布时间均在2006年及之前,并且标准中均没有“各级环保部门在对设施进行监督性检查时,可以现场,即时采样的监测结果,作为判定排污行为是否符合排放标准以及实施相关环境保护管理措施的依据”这样的规定。

当然,随着标准的不断修订,上述标准有可能会被新标准取代。修订后的标准如果规定了“即时采样的监测结果,可以作为污染物排放超标的依据”,就不能再使用本案的抗辩理由。

第七章 非诉环境行政处罚执行

行政执行案件分为经过诉讼的行政执行案件和未经诉讼的行政执行案件即非诉行政执行案件。其中非诉行政执行是指,对于具有执行内容的行政行为(主要包括行政命令、行政处罚、行政征收、行政强制等具体行政行为),具有诉讼主体资格的公民、法人或其他组织在法定期限内既不向法院提起行政诉讼,也不向行政复议机关申请行政复议,又不履行行政机关作出的具体行政行为,行政机关向法院提出执行申请,由法院采取强制执行措施,对该具体行政行为进行执行的制度。

在环境行政执行领域,数量最多、争议最大的是环境行政处罚案件,也正是本书的主题。前文主要讨论了环境行政处罚的听证、复议和诉讼制度,本章主要对非诉环境行政处罚执行制度进行探讨。

非诉环境行政处罚被包含于非诉行政处罚中,是生态环境部门和自然资源部门等行政机关作出的环境领域特定行政处罚类型,其概念、内涵、内容及相关程序性规定与一般的非诉行政处罚完全一致,法律法规并未也无须对其作出专门性规定。因此,本章的论述是基于法律法规及相关司法解释中关于非诉行政处罚执行的相关规范展开的。

在生态文明建设的大背景下,生态环境部门、自然资源部门(以下简称生态环境主管部门)执法标准日趋严格。但实践中,我国的部分环保企业存在技术落后、资金短缺、法治意识淡薄等问题,环保违法行为诸多,这也导致环保执法部门的行政处罚数量激增。与此对应的是,生态环境主管部门作出行政处罚后,企业由于缺乏法律意识,以不愿与行政机关产生冲突、厌诉等理由，在法定期限内并未提出行政诉讼也未申请行政复议，但又存在不认同行政处罚决定或资金困难等原因而未履行行政处罚，生态环境主管部门囿于没有强制执行权，只能向有管辖权的法院申请强制执行，其后果就是法院环保类非诉行政执行案件数量激增。无论是基础的行政决定违法，还是执行过程中法院的执行依据、程序、方式等方面出现问题，都极易侵害行政管理相对人的合法权益。此时就需要对非诉行政处罚执行案件中当事人权益的救济进行探索。

基于此，本章主要对非诉环境行政处罚执行制度进行研究，在此基础上对律师代理非诉行政处罚执行案件的可行性与具体操作进行分析，以为维护行政管理相对人的合法权益提供实务经验参考。环境行政处罚在执行阶段仍有翻盘的机会，因此，代理非诉环境行政处罚执行案件，也是律师为当事人解决环境行政处罚争议的有效途径之一。

第一节　非诉环境行政处罚执行概述

一、非诉环境行政处罚执行制度概述

（一）非诉环境行政处罚执行的概念及内涵

我国《行政强制法》第 13 条规定：“行政强制执行由法律设定。法律没有规定行政机关强制执行的，作出行政决定的行政机关应当申请人民法院强制执行。”该条款对行政强制执行作出了规定。据此，行政机关的直接强制执行权只能由法律设定。第 53 条规定：“当事人在法定期限内不申请行政复议或者提起行政诉讼，又不履行行政决定的，没有行政强制执行权的行政机关可以自期限届满之日起三个月内，依照本章规定申请人民法院强制执行。”该条款对法律没有赋予直接强制执行权的行政机关的非诉行政强制执行作出了规定。

据此，我们可以将非诉环境行政处罚执行定义为：环境行政处罚的当事人在法定期限内不申请行政复议或者提起行政诉讼，又不履行行政决定的，作出行政处罚决定的生态环境主管部门可以自期限届满之日起 3 个月内，依照相关法律规定申请法院强制执行的一项制度。也就是说，一旦行政管理

相对人在法定期限内既不履行决定,也不起诉和复议,那么作出行政处罚的环保行政机关就需要向法院提出强制执行申请。

作为一项重要的司法审查制度,非诉行政执行是行政机关未能实现其职能而申请法院强制执行以实现其行政职能,并由法院裁定执行或不予执行的制度。非诉行政执行制度不仅是督促行政管理相对人履行义务的重要手段和落实行政机关行政行为的必经程序,也是督促行政机关依法行政,维护行政管理相对人合法权益的重要方式。该制度旨在通过法院的审查行为,阻却违法行政行为损害私人权益,直接关系到行政机关和行政管理相对人的利益权衡问题。

(二)非诉行政执行制度的法律依据

《行政诉讼法》第 97 条规定:“公民、法人或者其他组织对行政行为在法定期限内不提起诉讼又不履行的,行政机关可以申请人民法院强制执行,或者依法强制执行。”此条是《行政诉讼法》对于非诉行政处罚执行的基本规定。

此处要注意将该制度与行政诉讼中的强制执行进行区分。《行政诉讼法》第 95 条规定:“公民、法人或者其他组织拒绝履行判决、裁定、调解书的,行政机关或者第三人可以向第一审人民法院申请强制执行,或者由行政机关依法强制执行。”最高人民法院《行政诉讼法解释》第 152 条规定:“对发生法律效力的行政判决书、行政裁定书、行政赔偿判决书和行政调解书,负有义务的一方当事人拒绝履行的,对方当事人可以依法申请人民法院强制执行。”均属于行政诉讼中“申请人民法院强制执行”的情形。

(三)非诉环境行政处罚执行的阶段

根据《行政诉讼法》和《行政强制法》等相关法律的规定,非诉环境行政处罚执行可以分为三个阶段,分别是生态环境主管部门作出基础行政行为阶段、法院作出执行决定行为阶段和执行实施行为阶段。对于生态环境主管部门作出的基础行政行为,因当事人并未提出行政复议或诉讼,已错过复议和诉讼的救济途径,故直接进入非诉阶段。在法院作出执行决定行为过程中,当事人可以申请召开听证会,对生态环境主管部门作出的基础行政行为进行听证与抗辩。在法院作出行政执行决定,案件进入执行实施阶段后,当事人可以申请检察监督，对生态环境主管部门的基础决定行为和法院执行决定行为进行抗辩。

二、非诉环境行政处罚执行的法院审查

（一）法院受理

1. 审查生态环境主管部门的申请条件与申请材料

《行政诉讼法解释》第155条第1款规定："行政机关根据行政诉讼法第九十七条的规定申请执行其行政行为，应当具备以下条件：（一）行政行为依法可以由人民法院执行；（二）行政行为已经生效并具有可执行内容；（三）申请人是作出该行政行为的行政机关或者法律、法规、规章授权的组织；（四）被申请人是该行政行为所确定的义务人；（五）被申请人在行政行为确定的期限内或者行政机关催告期限内未履行义务；（六）申请人在法定期限内提出申请；（七）被申请执行的行政案件属于受理执行申请的人民法院管辖。"此外，该条第2款规定了当行政机关申请法院执行时，应当提交《行政强制法》第55条规定的相关材料："行政机关向人民法院申请强制执行，应当提供下列材料：（一）强制执行申请书；（二）行政决定书及作出决定的事实、理由和依据；（三）当事人的意见及行政机关催告情况；（四）申请强制执行标的情况；（五）法律、行政法规规定的其他材料。"

由此可见，申请法院强制执行是一个独立的程序。根据《行政强制法》第55条、第57条、第58条的规定，该程序主要解决两类问题，一是所申请执行的行政行为是否合法有效，二是是否符合申请执行的各项条件，即是否具备可执行性。

2. 审查是否属于本院管辖

《行政强制法》第54条规定："行政机关申请人民法院强制执行前，应当催告当事人履行义务。催告书送达十日后当事人仍未履行义务的，行政机关可以向所在地有管辖权的人民法院申请强制执行；执行对象是不动产的，向不动产所在地有管辖权的人民法院申请强制执行。"该条是对行政机关的催告前置程序及案件管辖法院作出的规定。《行政诉讼法解释》第157条进一步明确了管辖法院的规定："行政机关申请人民法院强制执行其行政行为的，由申请人所在地的基层人民法院受理；执行对象为不动产的，由不动产

所在地的基层人民法院受理。基层人民法院认为执行确有困难的,可以报请上级人民法院执行;上级人民法院可以决定由其执行,也可以决定由下级人民法院执行。”

可见,生态环境主管部门申请法院强制执行,应满足地域管辖和级别管辖的要求,向有管辖权的法院申请执行。

3. 审查是否符合期限要求

(1)申请执行期限

《行政强制法》第 53 条规定:“当事人在法定期限内不申请行政复议或者提起行政诉讼,又不履行行政决定的,没有行政强制执行权的行政机关可以自期限届满之日起三个月内,依照本章规定申请人民法院强制执行。”《行政诉讼法解释》第 156 条规定:“没有强制执行权的行政机关申请人民法院强制执行其行政行为,应当自被执行人的法定起诉期限届满之日起三个月内提出。逾期申请的,除有正当理由外,人民法院不予受理。”上述司法解释进一步明确了申请执行的期限。

(2)受理期限

《行政强制法》第 56 条规定:“人民法院接到行政机关强制执行的申请,应当在五日内受理。行政机关对人民法院不予受理的裁定有异议的,可以在十五日内向上一级人民法院申请复议,上一级人民法院应当自收到复议申请之日起十五日内作出是否受理的裁定。”法院受理后,立案庭应当在接到申请后 5 日内立案受理,并通知申请机关和被执行人;强制执行申请不符合受理条件的,立案庭也应当在接到申请后 5 日内作出不予受理的裁定,并送达申请机关。

案件受理后发现不符合立案条件的,行政庭应当裁定驳回申请机关的强制执行申请,并向申请机关、被执行人送达驳回申请裁定。

(二)法院审查

生态环境主管部门向法院申请强制执行后,法院进入审查程序。《行政强制法》规定,只要行政行为不存在明显缺乏事实根据、明显缺乏法律依据以及其他明显违法并损害被执行人合法权益的情形,法院便可裁定执行。

1. 审查标准

法院受理生态环境主管部门执行申请后的审查,实质上为对生态环境主管部门申请执行的行政行为的合法性审查。《行政诉讼法解释》第 161 条对审查标准作出了规定："被申请执行的行政行为有下列情形之一的，人民法院应当裁定不准予执行：（一）实施主体不具有行政主体资格的；（二）明显缺乏事实根据的；（三）明显缺乏法律、法规依据的；（四）其他明显违法并损害被执行人合法权益的情形。行政机关对不准予执行的裁定有异议，在十五日内向上一级人民法院申请复议的，上一级人民法院应当在收到复议申请之日起三十日内作出裁定。"

2. 审查期限及审查后的处理

根据《行政强制法》和《行政诉讼法解释》的相关规定，法院应当自受理之日起 7 日内作出是否准予执行的裁定；需要听取意见或者听证的，法院应当自受理之日起 30 日内作出是否准予执行的裁定；有特殊情况需要延长审查期限的，报省级法院批准。裁定不准予执行的，应当说明理由，并在裁定作出之日起 5 日内将不准予执行的裁定送达申请机关和被执行人。申请机关对法院不准予执行的裁定有异议的，可以自收到裁定之日起 15 日内向上一级法院申请复议，上一级法院应当自收到复议申请之日起 30 日内作出裁定。[1]

---

〔1〕《行政强制法》第 57 条规定："人民法院对行政机关强制执行的申请进行书面审查，对符合本法第五十五条规定，且行政决定具备法定执行效力的，除本法第五十八条规定的情形外，人民法院应当自受理之日起七日内作出执行裁定。"第 58 条第 1、2 款规定："人民法院发现有下列情形之一的，在作出裁定前可以听取被执行人和行政机关的意见：（一）明显缺乏事实根据的；（二）明显缺乏法律、法规依据的；（三）其他明显违法并损害被执行人合法权益的。人民法院应当自受理之日起三十日内作出是否执行的裁定。裁定不予执行的，应当说明理由，并在五日内将不予执行的裁定送达行政机关。"

《行政诉讼法解释》第 155 条第 3 款规定："人民法院对符合条件的申请，应当在五日内立案受理，并通知申请人；对不符合条件的申请，应当裁定不予受理。行政机关对不予受理裁定有异议，在十五日内向上一级人民法院申请复议的，上一级人民法院应当在收到复议申请之日起十五日内作出裁定。"第 160 条规定："人民法院受理行政机关申请执行其行政行为的案件后，应当在七日内由行政审判庭对行政行为的合法性进行审查，并作出是否准予执行的裁定。人民法院在作出裁定前发现行政行为明显违法并损害被执行人合法权益的，应当听取被执行人和行政机关的意见，并自受理之日起三十日内作出是否准予执行的裁定。需要采取强制执行措施的，由本院负责强制执行非诉行政行为的机构执行。"第 161 条规定："被申请执行的行政行为有下列情形之一的，人民法院应当裁定不准予执行：（一）实施主体不具有行政主体资格的；（二）明显缺乏事实根据的；（三）明显缺乏法律、法规依据的；（四）其他明显违法并损害被执行人合法权益的情形。行政机关对不准予执行的裁定有异议，在十五日内向上一级人民法院申请复议的，上一级人民法院应当在收到复议申请之日起三十日内作出裁定。"

法院对行政机关的强制执行申请一般进行书面审查不进行实质性审查。因此,生态环境主管部门向法院申请强制执行后,可能出现的情形包括以下几种:(1)法院裁定生态环境主管部门处罚决定合法,并执行到位;(2)法院裁定生态环境主管部门处罚决定合法,因被执行人无力履行未执行到位;(3)法院裁定生态环境主管部门处罚决定合法,但未去执行;(4)法院审查之后认为生态环境主管部门的处罚决定违法,因此裁定不予执行;(5)法院不作为,没有对生态环境主管部门的处罚决定是否合法进行审查,更不可能去执行。

此外,在合法性审查阶段,遇有下列情形之一的,分别作以下结案处理:(1)行政机关申请撤回强制执行符合规定的,裁定准予撤回申请;(2)行政机关承认或者其上级行政机关依法确认具体行政行为违法的,裁定不准予执行;(3)行政机关或者其上级行政机关撤销或者变更具体行政行为的,裁定不准予执行;(4)被执行人已履行具体行政行为确定的义务的,裁定终结执行。

3. 法院终结执行的规定

法院作出准予执行裁定后,具体行政行为被执行之前,有下列情形的,法院应当裁定终结执行:(1)申请人撤回申请的;(2)作为申请人的公民死亡、无权利义务承受人的;(3)作为被执行人的公民死亡,无财产可供执行,又无义务承担人的;(4)据以执行的具体行政行为被撤销的;(5)作为被执行人公民因生活困难无力缴纳罚款、无收入来源,又丧失劳动能力的;(6)法院认为依法应当裁定终结执行的其他情形。

从法律上看,终结执行的裁定是由法院作出的,是否终结执行,最终的判断权在法院。但在作出终结裁定之前,法院应与申请执行人进行沟通。一是有利于查清、核实相关情况,确保终结裁定事实清楚;二是有利于申请执行人根据实际情况做出协调和解、撤回申请等符合自身利益的选择;三是有利于取得申请执行人的理解,不会因终结执行而产生盲目的对抗,影响法院执行工作。

(三)法院审查中的其他程序规定

1. 法院立即执行的程序

《行政强制法》第59条规定了法院的立即执行程序:"因情况紧急,为保障公共安全,行政机关可以申请人民法院立即执行。经人民法院院长批准,人民法院应当自作出执行裁定之日起五日内执行。”需要注意的是,申请立即执行的案件,应当符合法律规定的立案受理条件,并经合法性审查。

该程序类似于诉讼中的先予执行,但先予执行的前提是在诉讼过程中,行政诉讼的提起是先予执行的前提,但也不必然产生先予执行的法律后果,而非诉行政行为并不适用先予执行的规定。

2. 非诉行政执行中的财产保全

《行政诉讼法解释》第159条规定:“行政机关或者行政行为确定的权利人申请人民法院强制执行前,有充分理由认为被执行人可能逃避执行的,可以申请人民法院采取财产保全措施。后者申请强制执行的,应当提供相应的财产担保。”对非诉行政执行案件中财产保全的程序作出了规定。

3. 其他程序性规定

《行政强制法》第60条规定:“行政机关申请人民法院强制执行,不缴纳申请费。强制执行的费用由被执行人承担。人民法院以划拨、拍卖方式强制执行的,可以在划拨、拍卖后将强制执行的费用扣除。依法拍卖财物,由人民法院委托拍卖机构依照《中华人民共和国拍卖法》的规定办理。划拨的存款、汇款以及拍卖和依法处理所得的款项应当上缴国库或者划入财政专户,不得以任何形式截留、私分或者变相私分。”

(四)实践中法院执行的具体操作

1. 法院执行根据

根据《行政强制法》相关规定,生态环境主管部门决定依法向法院申请执行,法院须经审查后确定执行,故具体执行的依据应包括生态环境主管部门的行政决定和法院的行政裁定书。前者为基础依据,后者为直接依据。法院强制执行通知书应同时表述据以申请执行的行政决定书和法院作出的准予强制执行的裁定书及相应文号。因此,如当事人认为法院审查后准予强制执行的行为侵犯了自身权益,其也应将上述两项执行依据均作为申诉对象,申请对其作出审查。

2. 法院执行的内部分工

申请法院强制执行具体行政行为的,由立案庭审查立案,行政庭审查具体行政行为的合法性,执行局负责强制执行。人民法庭不得审查和执行非诉行政案件。

在非诉行政执行案件的审查立案和合法性审查阶段,不得强制执行被申请执行的具体行政行为。

3. 法院对非诉行政执行案件的监督

上级法院参照最高人民法院《关于人民法院执行工作若干问题的规定(试行)》第 71 条至第 78 条的规定对下级人民法院的非诉行政执行案件的审查执行工作实施监督。

第二节　律师代理非诉环境行政处罚执行案件的探索

一、法院审查中的听证和陈述答辩

(一)法院审查中的听证与答辩安排

生态环境主管部门申请执行后,行政庭应当组成合议庭对生态环境主管部门的强制执行申请进行书面审查,在作出裁定前,被执行人可以借鉴诉讼程序中的安排,申请听证答辩,法院可以听取被执行人和生态环境主管部门的意见并制作笔录,必要时可以组织听证,以便更好地确定事实及协调解决纠纷。

非诉审查中听证的运用,是由法庭和法官主导的,是一种在书面审查之外的了解案件事实的手段和方式。在适用范围方面,原则上《行政强制法》第 58 条第 1 款规定的三种情形均属于听证的范围。其中,除明显缺乏事实依据和法律依据的外,“其他明显违法并损害被执行人合法权益的”情形可以从以下方面理解把握:(1)被申请执行的具体行政行为有重大影响;(2)被申请执行的具体行政行为有较大争议;(3)申请执行标的额巨大;(4)执行过程不具有可逆性、后果难以补救;(5)仅以书面审查方式难以查清案件事实。

听证的注意要点如下:当事人要求听证的,应当在行政机关告知后 5 日内提出;法院在听证日的 7 日前,向听证当事人送达听证通知书,告知举行听证的时间、地点。除涉及国家秘密、商业秘密或者个人隐私的外,听证公开举行。听证由行政机关指定的非本案调查人员主持;当事人认为主持人与本案有直接利害关系的,有权申请回避。当事人既可以亲自参加听证,也可以委托1~2名代理人参加;当事人及其代理人无正当理由拒不出席听证或者未经许可中途退出听证的,视为放弃听证权利,行政机关终止听证。举行听证时,调查人员提出当事人违法的事实、证据和行政处罚建议,当事人进行申辩和质证。听证应当制作笔录,笔录经当事人或者其代理人核对无误后签字或者盖章。当事人拒绝签字或盖章的,书记员应当在笔录中注明情况。

听证会召开的具体程序一般包括:(1)申请人陈述具体行政行为的主要内容并出示证明具体行政行为不合法的事实证据和相应的规范性文件;(2)被申请人陈述意见并出示相关证据;(3)利害关系人发表意见并出示相关证据;(4)各方当事人及其委托代理人围绕争议焦点进行质证、辩论;(5)各方当事人分别作最后陈述。

对于较大数额罚款的行政处罚在审查时是否均应组织执行听证的问题。《行政处罚法》第63条规定:"行政机关拟作出下列行政处罚决定,应当告知当事人有要求听证的权利,当事人要求听证的,行政机关应当组织听证:(一)较大数额罚款;(二)没收较大数额违法所得、没收较大价值非法财物;(三)降低资质等级、吊销许可证件;(四)责令停产停业、责令关闭、限制从业;(五)其他较重的行政处罚;(六)法律、法规、规章规定的其他情形。当事人不承担行政机关组织听证的费用。"

《行政强制法》第58条第1款规定:"人民法院发现有下列情形之一的,在作出裁定前可以听取被执行人和行政机关的意见:(一)明显缺乏事实根据的;(二)明显缺乏法律、法规依据的;(三)其他明显违法并损害被执行人合法权益的。"

从上述法律规定可以看出,《行政处罚法》中对听证程序的适用是根据处罚的种类(对被处罚人的影响程度)来设置的,而《行政强制法》规定法院适用听证程序进行审查,是基于存在可能严重影响被执行人利益的情形,即前者是适用法律的判断问题,后者是审查中的事实判断问题,二者不完全重合。因此,即使行政机关在作出处罚时适用了听证程序,法院在审查时如果认为不存在《行政强制法》第58条规定的情形,也可以书面审查而不适用听证程序。

若法院在审查时未进行听证,且当事人认为其违反了《行政处罚法》第

63 条或《行政强制法》第 58 条之规定，可以提出异议，向法院申请进行听证。理由主要包括以下几点：(1)较大数额罚款的行政处罚决定事关被执行人的切身重大利益和社会安定，需要听取被执行人的陈述、答辩；(2)对于行政机关的行政处罚决定，法院通常只进行形式审查，因此，对于较大数额罚款的合法性和合理性双方存在较大分歧和争议时，应举行听证并由各方充分阐述各自主张；(3)多数行政处罚案件极其复杂，符合《行政强制法》第 58 条规定的情形；(4)听证是一个沟通协调的过程，在双方陈述、申辩的过程中，可以增进理解，消解冲突与对立，释放消极的负面情绪，有利于行政机关工作的开展和企业的合法经营。

此外，在法院不同意当事人的听证申请时，当事人可以向检察院申请检察监督以维护自身合法权益。

(二)听证陈述与答辩意见方向

非诉环境行政处罚执行中的被执行人在听证陈述与答辩过程中，可以主要从生态环境主管部门在非诉行政执行案件中可能存在的问题角度入手进行抗辩，主要包括实体和程序两个方面问题。

1. 实体方面

(1)行政行为作出的对象错误

应注意审查生态环境主管部门在作出的行政告知书、行政催告书、行政决定书中，是否将已经注销登记的行政管理相对人作为行政处罚对象，如果对象错误，则不符合法院申请强制执行的条件。如果注销企业为个体工商户，可依据《民法典》第 56 条的规定，确定其经营者为执行对象。行政管理相对人若发现生态环境主管部门相关文书中存在上述对象错误的情形，可以对此作出抗辩。

(2)行政文书中未明确告知司法救济途径

实践中，有时会遇到生态环境主管部门出具的行政决定中未明确告知或未全面告知行政管理相对人的救济权利的情形，如在决定书中只给予行政管理相对人相应的申请复议期限，或仅告知行政管理相对人可“依法提起行政诉讼”而未明确告知起诉期限，在这种情况下，起诉期限只能从行政管理相对人知道或者应当知道诉权之日起计算。

生态环境主管部门应在行政文书中明确告知行政管理相对人申请行政

复议或提起行政诉讼的权利,包括行政复议及诉讼的法定期限、受理机关、受理地址等信息。行政管理相对人如果发现行政文书中未明确告知司法救济途径,则可以根据相关规定作出相应抗辩。

(3)移送材料不符合要求

根据《行政强制法》的要求,行政机关向法院申请强制执行需要提供的材料包括强制执行申请书、行政决定书、当事人的意见、执行标的情况。每一种行政处罚都应当包含一份完整的申请材料。但实践中行政机关提交的材料存在不符合要求的情形,行政管理相对人若发现生态环境主管部门提交的材料不符合要求,可以向法院作出相应抗辩。

2. 程序方面

(1)非诉执行申请前未依法履行法定催告程序

根据《行政强制法》第54条规定:"行政机关申请人民法院强制执行前,应当催告当事人履行义务。催告书送达十日后当事人仍未履行义务的,行政机关可以向所在地有管辖权的人民法院申请强制执行;……"催告应保障其送达的有效性。就我国《行政强制法》规定催告程序的目的而言,其核心是促使行政管理相对人及时、积极地履行行政决定的义务。因此,催告的开始时间,应当是行政管理相对人不履行义务的时间,即行政决定所确定的行政管理相对人履行义务期限届满后才可进行催告。

可见,催告程序是行政强制执行申请的前置条件。未进行催告或者催告程序不符合要求,法院应当裁定不予受理或者驳回。

若生态环境主管部门未依法履行催告程序,行政管理相对人可以此为抗辩理由申请法院不予受理或驳回生态环境主管部门的强制执行申请。

(2)非诉执行请求的设定

根据《行政强制法》第12条、第45条、第46条之规定,加处罚款属于行政强制执行的方式,当事人逾期不履行金钱给付义务的,行政机关需作出书面的强制执行决定,并告知当事人可以就该加处罚款的强制执行决定申请行政复议或者提起行政诉讼的途径和期限。因此,如果行政机关仅在行政处罚决定书中一并告知施以加处罚款的相关事项,并未就加处罚款部分作出强制执行决定,就以行政处罚决定书作为依据请求非诉执行,则剥夺了被执行人对加处罚款强制执行决定的复议和起诉权利,损害了被执行人的合法权益。[1]

因此，如果法院对于只有行政处罚决定书而没有强制执行决定书，但包含加处罚款执行内容的非诉行政处罚执行请求作出准予执行的决定，行政管理相对人可以根据《行政诉讼法解释》第161条行政行为“明显违法并损害被执行人合法权益的”“人民法院应当裁定不准予执行”的规定进行抗辩。

二、法院审查后的救济：检察机关对非诉行政处罚执行的监督

对于因错误的行政决定或法院准予执行裁定而受到侵害的行政管理相对人来说，申请非诉行政处罚执行监督是其获得救济的有效机制。

（一）检察机关监督的必要性与启动

从法律规定和司法实践来看，法院对非诉行政执行案件的审查主要是形式审查，集中审查行政机关是否符合申请的条件、是否在法定期限内提出申请、申请材料是否齐全等。从司法实践来看，由于审查标准的宽松，极易造成法院稍加审查即强制执行的状况，进而损害被执行人的权益。因此，检察机关强化对非诉行政执行案件的监督，对于维护社会公共利益、促进依法行政、规范非诉执行活动具有重要意义。

检察机关启动非诉行政处罚执行监督程序，既可以由被执行人向检察机关提出书面申请后由检察机关启动，也可以由检察机关在检察监督过程中通过线索发现等形式自行依法启动。

（二）非诉环境行政执行案件检察机关的监督范围

非诉行政执行监督的范围不仅包括对法院的非诉行政执行申请的受理、审查、裁决、实施、执行异议和复议等执行活动，还包括对行政机关违法行为的监督。

非诉行政执行监督是对生效法律文书的执行工作进行监督，其监督重点应包括两方面。一是法院对非诉行政执行申请是否依法进行立案审查和作出裁定；二是法院对非诉行政法律文书的执行是否存在违法情形。

---

〔1〕 参见福安市自然资源局、福安市东明船舶修造有限公司非诉执行审查案，福建省宁德市中级人民法院（2020）闽09行审复6号行政裁定书。

由于法院要围绕“行政行为存在重大且明显违法的情形”这一标准进行审查并作出裁定，检察机关在对法院就非诉行政执行案件作出的裁定实施上述监督时，必然会涉及行政机关。所以检察机关如果发现该行政行为的实施主体不具有行政主体资格，或者行为明显缺乏事实或法律依据，或具有其他明显违法并损害被执行人合法权益的情形，而法院仍然作出予以执行的裁定，则检察机关不仅应向法院发出制止执行违法行政行为的检察建议，还应对行政机关作出行政行为的相关人员的职务行为进行监督，作出审查并将材料移送相关行政机关，或提出改进工作、完善治理的检察建议。

检察院对非诉环境行政处罚执行的监督，不仅包括对生态环境主管部门作出的行政处罚的监督，也包括对生态环境主管部门申请法院强制执行非法占地类违法建筑等行政处罚的监督。检察机关通过调查核实法院对生态环境主管部门作出的行政处罚类案件的非诉执行申请的立案、受理、审查是否存在问题，促进法院规范执行。同时，若在此过程中发现生态环境主管部门行政执法或者申请存在不规范等问题，也可以向生态环境主管部门直接提出检察建议。

（三）非诉环境行政处罚执行案件的监督要点

从检察机关进行检察监督的视角来看，行政机关在非诉环境行政处罚执行中主要存在的问题包括：申请期限不符合要求、催告程序违法、听证程序违法、申请材料错误等。

在非诉环境行政处罚执行案件中，由于生态环境主管部门只有行政处罚决定权，并无行政强制执行权，因而只能申请法院进行强制执行，行政处罚主体和行政强制执行主体并不相同。因此，在“罚执分离”的情形下，检察机关在对非诉环境行政处罚执行案件监督的过程中，不涉及对生态环境主管部门强制执行权的类型及范围的审查，而是需要根据《行政强制法》第54条的规定，审查生态环境主管部门在申请法院强制执行前，是否以书面方式履行了催告程序，且明确了履行的方式及期限等。

此外，由于非诉行政执行案件并不需要经过开庭审理，因而法院一般会采取形式审查为原则、实质审查为例外的审查标准。大多数情况下，如果经过形式审查并未发现问题，便会在7日内作出执行裁定，从而无法进入实质审查阶段。因此，对于检察机关而言，应当重点调查生态环境主管部门的非诉行政执行是否缺乏事实、法律依据及是否有其他违法行为，是否侵害了被执行人的合法权益，法院在特殊情况下是否听取了双方意见，立即执行案件中作出裁定的期限及紧急情况的考量因素是否合理，等等。

在对非诉行政执行案件监督的过程中，行政强制措施作为"第一次行为"，即行政机关申请法院非诉执行的前提是作出了行政决定，在其所确定的义务未得到履行的情况下，才启动行政强制措施作为具体行政行为的后续救济措施，所以非诉行政执行具有明显的依附性，属于"第二次行为"。检察机关对"第一次行政行为"监督的主要目的在于确定法院执行的依据是否合法，如果在监督过程中，发现行政机关的具体行政行为存在瑕疵但不影响案件处理结果，可以对其执法过程中的不规范之处提出改进工作检察建议。具体来看，检察机关对"第一次行政行为"的监督应当着眼于行政机关作出行政处罚决定的依据及程序性事项。即重点关注行政处罚的决定程序，其主要包括前提条件、一般程序及听证程序，即：查明行政机关是否遵循"先取证、后行为"的基本原则、是否履行了告知义务且充分听取了当事人的意见；调查取证时执法人员是否符合法定人数；抽样取证后需要扣押查封的，是否出具了物品清单；进行证据保全时的内部审批手续，制作的处罚决定书是否符合法律规定的事项；是否在宣告后向当事人当场送达了处罚决定书，当事人不在场的，是否在7日内送达。对于责令停产停业、吊销许可证、较大数额罚款的行政处罚，行政机关应当在作出处罚决定前告知当事人申请听证的权利，并在召开听证7日前通知时间、地点等，且听证主持人应当与本案没有直接利害关系，是本案调查工作人员以外的人。

（四）检察机关非诉环境行政处罚监督中的听证要求

公开听证是检察机关广泛听取各方意见，自觉接受监督，确保案件得到依法正确处理所采取的一种办案方式，在促进行政争议实质性化解方面发挥了重要作用。《人民检察院行政诉讼监督规则》第四章"审查"一章中单设"听证"一节专门规定听证程序，其在与《人民检察院审查案件听证工作规定》保持一致的基础上，结合行政诉讼监督案件的特点，对听证程序作了更具体明确的规定。

《人民检察院行政诉讼监督规则》第68条规定："人民检察院审查行政诉讼监督案件，在事实认定、法律适用、案件处理等方面存在较大争议，或者有重大社会影响,需要当面听取当事人和其他相关人员意见的,可以召开听证会。”

由此可见,是否召开听证会由检察院审查决定。从行政管理相对人的角度,如果想让检察机关召开听证会当面听取意见,在向检察机关提交书面资料时,就要从事实认定是否清楚、法律适用是否正确、案件处理结果是否公正及是否具有重大社会影响角度等进行充分论证。只有这样才有可能使承办人员认为案件确实存在问题,需要召开听证会,全面听取双方当事人意见。通过召开听证会,承办人员仍认可行政管理相对人一方的观点的,就有希望获得检察机关对本案的监督,并推动行政处罚争议的最终解决。

三、非诉环境行政处罚执行案件中的和解

执行和解,是指在法院执行过程中,双方当事人经过自愿协商,达成协议,结束执行程序的活动。执行和解通常用于民商事案件执行过程中,但亦可在非诉行政执行案件中适用。顾名思义,非诉环境行政处罚执行案件和解就是指在环境行政处罚案件的非诉执行过程中,生态环境主管部门和行政管理相对人双方经过自愿协商,达成协议,结束执行程序的活动。

(一)非诉环境行政处罚执行案件中执行和解的法律依据

非诉环境行政处罚执行案件中的执行和解的法律依据主要有以下法律及司法解释。《行政诉讼法》第 101 条规定:“人民法院审理行政案件,关于期间、送达、财产保全、开庭审理、调解、中止诉讼、终结诉讼、简易程序、执行等,以及人民检察院对行政案件受理、审理、裁判、执行的监督,本法没有规定的,适用《中华人民共和国民事诉讼法》的相关规定。”根据《行政强制法》第 42 条的规定,行政机关与当事人之间可以就执行事项达成协议,并由当事人自觉依约履行义务。

(二)对非诉环境行政强制执行和解的合法性审查

执行和解是我国行政强制执行制度的创新,其主要法律依据是《行政强制法》第 42 条:“实施行政强制执行,行政机关可以在不损害公共利益和他人合法权益的情况下,与当事人达成执行协议。执行协议可以约定分阶段履行;当事人采取补救措施的,可以减免加处的罚款或者滞纳金。执行协议

应当履行。当事人不履行执行协议的,行政机关应当恢复强制执行。”行政强制执行中的执行和解制度在缓解社会矛盾、减少冲突方面具有十分重要的意义,在司法实践中运用的频次较高。

1. 对行政强制执行和解的合法性审查的内容

在司法实践中,法院应当主要审查和解协议是否损害了社会公共利益及他人合法权益。具体而言,主要包括以下内容:一是对和解协议主体的合法性审查,审查执行和解的主体是否适格。二是对执行和解协议的内容进行审查,执行和解协议中不得出现违反法律强制性、禁止性规定或者损害国家利益、公共利益或第三人合法权益的内容。要求行政和解要依据法定的程序进行,在实体方面,行政机关不得越权,要在法定职权范围内规范和解协议的内容;在程序方面,进行和解时必须遵守法定的程序,和解的申请和救济都必须符合法律的规定。三是要审查被执行人有无其他执行案件,和解当事人放弃权力(权利)是否损害其他利害关系人的合法权益。行政强制执行和解的具体适用在实践中个案之间的差别较大,因此必须明确的是,运用非诉环境行政强制执行和解方式解决行政纠纷,只能在法律允许的情况下,并且不损害国家利益、公共利益和第三人合法权益。对于涉及第三人合法权益的执行案件,要将相关和解事宜通知具有利害关系的第三人,并赋予第三人参与协商和申请听证的权利。[1]

2. 行政强制执行和解司法审查的标准

法院在对行政强制执行和解进行司法审查时,主要审查和解的达成是否符合公平正义。公平正义有以下几项要求,对于非诉环境行政处罚强制执行中的和解也主要从这几个方面进行审查。

首先,法律授权行政机关进行行政强制执行和解的目的是促使行政机关在行使管理权的同时,根据具体情况、具体对象的不同,灵活地作出相对公正合理的选择和判断。其次,公平正义还要求行政机关在达成和解时应遵循比例原则,适当地权衡和比较行政目的与可能对行政管理相对人造成的损害结果之间的利益。最后,行政机关在行使自由裁量权时,不能违反行政诚信原则,即出现不能明显损害行政管理相对人信赖利益的行为。

---

〔1〕 参见马雪涛、庄鑫斌:《行政强制执行和解的司法审查》,载《人民司法》2013 年第 17 期。

（三）向检察机关提出行政争议实质性化解的申请

检察院对非诉行政执行重点案件开展行政争议实质性化解工作。被申请执行人对行政机关的行政处罚和法院非经诉讼的强制执行裁定存在争议的，可以向检察院提出申请，请求核实。

检察院受理后即开展调查核实工作：调阅卷宗，听取当事人意见，核实案件细节，与生态环境主管部门和法院承办人员会见、磋商，交流法律适用与事实认定问题。检察机关可以举行公开听证会，为各方当事人交流案件事实和法律适用情况搭建平台，促进当事人达成和解协议。

四、非诉环境行政处罚执行的违法救济

在非诉环境行政处罚执行中，基础行为的行政处罚的决定主体和强制执行的审查主体可能因行为不符合相关规定而出现违法情形，侵害行政管理相对人的合法权益，需要进行违法救济。

（一）违法救济的前提——生态环境主管部门和法院存在违法情形

1. 生态环境主管部门自身的审查力度不严

生态环境主管部门作出的行政处罚决定是申请法院强制执行的基础行为，它是影响非诉行政强制执行行为合法与否的第一位因素，直接决定着非诉行政强制执行的执行效果与质量。因此，这种生态环境主管部门申请法院强制执行的基础行政行为必须是合法、准确无误的。但实践中，由于一些行政机关自身执法水平有限，审查力度不严，因而也会出现基础行政决定违法的案例。

2. 法院未尽审查义务

在申请法院强制执行的执行决定阶段，需要法院的行政庭对申请执行的具体行政行为的合法性进行审查，从而作出是否准予执行的裁定。目前行政庭既要负责行政诉讼案件的审理，又要负责非诉执行案件的审查，任务负担较重。若对非诉行政执行案件的重视与审查力度不足，可能导致在审查过程中出现违法情形。

3. 法院强制执行方式的缺失

非诉行政执行违法赔偿责任机制的缺失，致使实践中遭遇赔偿问题时，

因责任不明，行政机关和法院互相推卸责任，责任主体混乱。行政管理相对人索赔无门，无法得到有效的救济，致使社会矛盾加剧。即使赔偿责任主体得以确定，无法把握赔偿标准，也会造成“过罚不相当”，产生违法救济的需要。

（二）非诉环境行政处罚执行违法救济的方式

1. 非诉环境行政处罚执行中的执行回转

（1）执行回转的概念

执行回转，是指执行完毕后，据以执行的判决、裁定和其他法律文书确有错误，被法院撤销的，对已被执行的财产，法院应当作出裁定，责令取得财产的人返还，拒不返还的，强制执行。

（2）执行回转的相关法律和司法解释规定

最高人民法院《关于人民法院执行工作若干问题的规定（试行）》对于向法院申请强制执行的条件、申请程序，执行的中止、终结、结案、执行回转，以及执行监督均作了规定，行政处罚类案件申请强制执行可参照该规定的相关要求进行办理。据此，本书将与行政处罚类案件执行回转相关的法律和司法解释规定列明。

《民事诉讼法》第 244 条规定：“执行完毕后，据以执行的判决、裁定和其他法律文书确有错误，被人民法院撤销的，对已被执行的财产，人民法院应当作出裁定，责令取得财产的人返还；拒不返还的，强制执行。”

依据《执行工作规定》第 65 条的规定，在执行中或执行完毕后，据以执行的法律文书被人民法院或其他有关机关撤销或变更的，原执行机构应当依照《民事诉讼法》第 240 条的规定，依当事人申请或依职权，按照新的生效法律文书，作出执行回转的裁定，责令原申请执行人返还已取得的财产及其孳息。拒不返还的，强制执行。

《人民检察院行政诉讼监督规则》第 109 条第 2 项规定：“人民检察院发现人民法院执行裁定、决定等有下列情形之一的，应当向同级人民法院提出检察建议：……（二）裁定受理、不予受理、中止执行、终结执行、终结本次执行、恢复执行、执行回转等违反法律规定的；……”

（3）广东省关于执行回转的相关规定

广东省高级人民法院《关于人民法院执行工作接受当事人和社会监督

的规定(试行)》第3条规定:"当事人权利告知书应当告知当事人享有下列权利:……(八)依法申请执行回转和国家赔偿的权利……"

(4)执行错误后的执行回转及后续处理

生态环境主管部门申请非诉行政处罚强制执行导致执行错误的,应当依法执行回转,使当事人的权利义务回到执行前的状态,因错误执行造成损失的,可以依法申请责任人赔偿。

2. 非诉环境行政处罚执行错误后的国家赔偿

(1)国家赔偿的类型

因行政处罚行为违法给当事人造成损失,当事人可以通过《国家赔偿法》寻求法律上的赔偿救济。国家赔偿分为行政赔偿和司法赔偿。行政赔偿是指行政机关及其工作人员违法行使职权,侵犯公民、法人或其他组织的合法权益造成损害的,由国家承担责任的赔偿。司法赔偿则是指司法机关及其工作人员在行使司法权的过程中,违法侵犯公民、法人或者其他组织的合法权益造成损害时,由国家作为赔偿责任主体进行的赔偿。在非诉环境行政处罚执行中,行政赔偿和司法赔偿两种情形都有可能涉及。

如前文所述,非诉环境行政处罚执行分为生态环境主管部门作出基础行政行为、法院作出的执行决定行为和执行实施行为三个阶段。一是生态环境主管部门作出基础行政行为,并有申请法院强制执行的意思表示(如行政处罚决定等)。二是执行决定行为,即法院对申请执行的具体行政行为进行审查,作出是否准予执行的裁定。法院在执行裁定的过程中行使的是执行的裁断权和决定权,其性质为司法权。三是执行实施行为,是指法院内部负责强制执行非诉行政处罚的机构根据执行裁定,采取具体的强制执行措施实现执行内容。在这一阶段,法院行使的是行政权。

综上所述,三个阶段中任何方面出现错误,都有可能导致非诉行政执行违法。而一旦违法实施强制执行给公民、法人或者其他组织造成损害,就会引发赔偿问题。如果是生态环境主管部门作出的基础行政行为违法或法院的执行实施行为导致的执行错误,则行政处罚的被执行人可以申请行政赔偿;如果是法院的执行决定行为导致的执行错误,则被执行人可以申请司法赔偿;如果皆有错误,则可以同时申请行政赔偿和司法赔偿。

(2)国家赔偿的主体

对于非诉强制执行赔偿责任的主体问题,应当根据导致执行错误的原因来确定。

其一，如果基础行政决定违法导致强制执行行为违法，且法院的全部执行活动合法，此时应当由提出执行申请的行政机关承担赔偿责任。

其二，如果基础行政决定本身合法，但在执行过程中由于法院的执行依据、程序、方式等方面出现违法、不合理情形而给公民、法人和其他组织的合法权益造成了损害，此时的赔偿义务机关为强制执行的法院，其承担的是司法赔偿责任。由于非诉强制执行包括执行决定和执行实施两个阶段，因此，在这两个阶段法院产生的违法行为都直接指向法院强制执行违法。根据《行政强制法》第 8 条第 2 款的规定，执行决定阶段的违法情形主要包括以下三种情况：一是法院的准予执行裁定扩大强制执行范围的；二是法院对尚未生效的行政决定裁定准予执行的；三是法院对“重大而且明显违法”的无效行政决定裁定准予执行的。如果法院未尽审查职责，致使无效的行政行为进入了执行过程，那么应当承担赔偿责任。《国家赔偿法》第 38 条规定了执行实施阶段的赔偿责任：“人民法院在民事诉讼、行政诉讼过程中，违法采取对妨害诉讼的强制措施、保全措施或者对判决、裁定及其他生效法律文书执行错误，造成损害的，赔偿请求人要求赔偿的程序，适用本法刑事赔偿程序的规定。”

其三，如果行政机关本身作出的基础行政决定存在错误，而向法院申请强制执行时，法院在审查阶段或执行阶段存在故意或者过失的主观过错，那么二者共同导致执行错误行为的发生，由二者共同承担赔偿责任。

第三节　实务案例

一、法院审查监督过程中被申请执行人的答辩方向

（一）某县林业局行政处罚非诉执行审查行政裁定案

1. 基本案情

某县林业局于 2019 年 12 月 23 日向法院递交强制执行申请书，申请对某县某城镇城内村村民委员会强制执行该局作出的某林罚决字〔2018〕第 11 号林业行政处罚决定书中确定的罚款 18 万元以及逾期罚款 18 万元。

经审查,某县林业局于2018年12月11日作出某林罚决字〔2018〕第11号林业行政处罚决定书,其中对某县某城镇城内村村民委员会处以罚款18万元。该处罚决定书于当日送达被处罚人,因被处罚人某县某城镇城内村村民委员会未履行缴纳罚款的义务,某县林业局向本院提出上述强制执行申请。

2. 法院审查中的答辩方向

在本案中,被申请执行人从以下角度进行了听证答辩,以明确法院不应受理林业局的强制执行申请:

《行政强制法》第53条规定:"当事人在法定期限内不申请行政复议或者提起行政诉讼,又不履行行政决定的,没有行政强制执行权的行政机关可以自期限届满之日起三个月内,依照本章规定申请人民法院强制执行。"本案中,某县林业局于2018年12月11日向被处罚人送达了行政处罚决定书,因被处罚人未在法定期限内申请行政复议亦未提起行政诉讼,故某县林业局应当自期限届满之日起3个月内即2019年9月11日之前申请强制执行,超出了法定的申请期限。

某县林业局于2019年12月23日向法院提交强制执行申请,超过了法律规定的申请强制执行期限。因此,法院应裁定不予受理。

3. 裁判结果

最终,法院接受了被申请执行人的答辩意见,作出了不予受理的裁定。

4. 类案经验总结

无论是行政处罚还是处罚后的申请强制执行,均有时效性要求。在此类案件中,执法人员或是疏忽,或是对法律规定不了解,导致其错过了申请强制执行的期限。对于这种情况,被申请人要主动提出抗辩事由,法院经过审查确认的,会裁定不予受理。也可以在执行阶段委托律师代理,有可能抓住最后的机会,解决行政争议,最大限度地维护行政管理相对人的合法权益。

(二)某县国土资源局于被执行人周某甲、周某乙非诉行政处罚行政裁定案

1. 基本案情

某县国土资源局于2019年2月26日向法院申请强制执行,对被执行人

周某甲、周某乙作出某国土资罚〔2018〕19号行政处罚决定书。法院受理后，依法组成合议庭于2019年3月15日组织双方当事人对本案进行了公开听证。

被申请执行人系某电站移民，1986年自行选址修建100平方米木质平房且未办理合法用地手续，1994年5月又将房屋整修扩建为一栋砖木结构的四间平房（占地面积约160平方米），二人各占两间。该房屋2012年开始开裂，2014年经技术单位现场勘测被确定为地质灾害隐患点。2018年3月开始发生厨房开裂及房顶漏雨等情况后，周某甲对房屋进行翻新加固并进行扩建，扩建后占地面积239.6平方米，扩建面积为73.6平方米。

申请执行人认为该房屋所在土地原为某县某乡翻身村某组的自留山地，修建某电站时已被政府征收，某电站建成后退还给某县人民政府，而被执行人整修扩建房屋所占的土地并未办理合法用地手续，违反《土地管理法》第2条第3款的规定，属于非法占地。

2018年8月8日，某省有色地质勘查局二十五队出具了《某县某乡翻身村周某甲屋旁滑坡调查简报》，确认该房屋为地质灾害隐患点。为制止被执行人的非法占地行为，某县国土资源局、某县某乡人民政府及某县某乡国土资源所于被执行人对房屋翻新加固扩建期间对被执行人的行为进行了制止并下达了责令停止违法行为通知书，但被执行人拒绝签收，且拒不停止施工。申请执行人已依法对被执行人非法占地行为进行了立案并于2018年11月28日将某国土资罚〔2018〕19号行政处罚决定书送达被执行人，于2018年12月18日催告被执行人履行行政处罚决定书确定的义务。因被执行人法定履行期限已满且仍拒不履行申请执行人的处罚内容，申请执行人向法院申请强制执行：责令被执行人退还非法占用土地，限期15日内拆除在非法占用的土地上新建的房屋，并提交了11组证据。

2. 法院审查中的答辩方向

在本案中，被申请执行人可以对申请执行人提交的证据进行质证，并从案件事实和申请执行人行政程序违法角度进行答辩。

代理律师在查阅案卷并深入了解案件事实后，代理被执行人作出以下答辩：(1)被执行人2018年3月因地质原因对房屋进行整修扩建时向相关政府部门进行了汇报；(2)申请执行人在《土地管理法》颁布实施前即已移民房屋所在地，认定涉案房屋属于违章建筑既无事实依据，也无法律依据；

(3)被申请执行人2018年11月19日收到行政处罚听证告知书后，于11月20日被执行人向申请执行人申请了听证，申请执行人预留的电话号码打不通，随后被执行人向申请执行人办公室联系要求在处罚前举行听证，但被执行人未举行听证，严重程序违法；(4)被执行人房屋为地质灾害区，2018年12月3日已与某乡政府签订了拆迁协议，列为被拆迁之列，正在进行拆迁前的价值评估。

3. **裁判结果**

法院认为，被执行人在未取得建房用地审批许可手续的情况下，在某县某乡翻身村某组某岭大坝公路外侧占用国有土地建房并进行翻修扩建，其行为违反了《土地管理法》有关规定，申请执行人申请对其违建房屋及其翻修扩建部分申请强制拆除于法有据。

但是，按照《行政处罚法》(2017年修正)第42条[1]之规定，行政机关作出责令停产停业、吊销许可证或者执照、较大数额罚款等行政处罚决定之前，应当告知当事人有要求举行听证的权利，当事人要求听证的，行政机关应当组织听证。被执行人在接到申请执行人的听证告知书后的第二天就电话联系申请执行人，明确提出要求听证，被执行人所建的砖木结构房屋属于其十分重要的不动产，拆除该房屋涉及利益重大，申请执行人应当举行听证，但申请执行人未按照规定举行听证，存在程序违法，损害了被执行人的合法权益。

据此，法院裁定不予执行申请执行人某县国土资源局作出的行政处罚决定。

4. **类案经验总结**

也许会有人认为，既然法院在执行阶段还会审查行政处罚决定的合法性并对错误的行政处罚决定裁定不予执行，那么在执行阶段再委托律师代理，或者根本不用委托律师，完全交给法院审查即可。这一观点误解了法院对非诉执行案件的审查与行政诉讼案件审理的区别。笔者认为，法院对受理的非诉执行案件，以形式审查为主，实质审查为辅。也就是说，法院能够审查出来明显的违法行为，如期限、程序等方面的问题，而对于较为复杂的事实认定、法律适用问题，在执行程序中可能是无法审查且难以审查出来

〔1〕 相关规定参见2021年修订的《行政处罚法》第63条。

的。因此，虽然执行阶段有纠错的可能性，但也不要把全部的希望寄托在最后的执行阶段。

二、申请检察机关检察监督案件中被申请执行人的答辩方向

（一）湖北省某市某医院环境违法非诉行政执行检察监督案

1. 基本案情

湖北省某市某牛皮癣中医专科医院（以下简称某医院），系赵某出资的个人独资企业，登记床位20张。2014年3月，某医院根据《湖北省人民政府关于大力推动民营经济跨越式发展的意见》，申请变更为某市某牛皮癣中医专科医院有限公司（以下简称某公司）。2014年5月6日，某公司取得营业执照。2018年7月16日，某医院注销。

2018年1月，某医院进行环保设施升级改造，并申请网上备案。湖北省某市某区环境保护局（现为某市生态环境局某区分局）通过备案资料发现某医院未报批环境影响评价文件，存在"未批先建"违法行为，对某医院处以20万元罚款。某公司不服该行政处罚决定，申请行政复议未获支持，提起行政诉讼被驳回起诉。某区环保局向某区人民法院申请强制执行，并以处罚决定书作出后某医院注销为由，申请变更被执行人为股东即投资人赵某。某区人民法院裁定准予执行。赵某个人银行账户被冻结40余万元。赵某向法院提出执行申诉，法院未予回复，亦未继续执行。

2. 申请检察监督情况

被申请执行人赵某对行政处罚决定和法院执行裁定均不服，向市委政法委等单位信访，信访件转至某区人民检察院。实际上，在该案件中，赵某可直接向检察机关申请检察监督，并可从以下方向进行申请或答辩陈述。

答辩意见方面，根据《建设项目环境影响评价分类管理名录》（2018年版）[1]的相关规定，被申请执行人某医院20张床位不需要报批环境影响评价报告文件，不构成未批先建的违法行为，不应对其作出行政处罚。

事实和理由方面，赵某掌握的牛皮癣中医诊疗法为湖北省非物质文化遗产代表性项目，医院的经营活动对环境基本没有损害。某市生态环境局

〔1〕 该名录已失效，现行规定为《建设项目环境影响评价分类管理名录》（2021年版）。

行政处罚调查中发现存在某医院和某公司两个主体，以某医院为相对人作出行政处罚决定。此外，《建设项目环境影响评价分类管理名录》（2018 年版）规定，医院等卫生类建设项目应当编制环境影响评价“报告表”申请审批的范围为“其他（20 张床位以下的除外）”，应当填写环境影响评价“登记表”进行备案的范围为“20 张床位以下”。法律中的“以上”“以下”包含本数。可见，某医院的 20 张床位仅需备案，无须报批环境影响评价报告文件。某市生态环境局对某医院作出的环境行政处罚于事实和法律无据。

3. 监督结果

检察院在查明上述案件事实和法律适用情况后，作出检察建议。某市生态环境局主动撤销行政处罚决定书，并对照检察建议进行逐一整改。某区人民法院终结本案执行程序，撤销行政裁定书，解除对赵某个人银行账户的冻结。市、区市场监督管理部门接受建议，开展市场主体转型升级清查工作，对 5 家市场主体转型升级后同时持有的两个营业执照，依法注销原有执照。

2021 年 1 月，生态环境部进一步统一规范适用标准，在 2021 年版的《建设项目环境影响评价分类管理名录》中，对第 108 项关于医疗机构环境影响评价“登记表”类“住院床位 20 张以下的”增加了“不含 20 张住院床位的”的标注说明。

4. 类案经验总结

在一般人看来，法院已经裁定执行的案件，没有任何可救济的办法。本案检察机关介入并发出检察建议，成功为解决行政处罚争议又找到了一条有效途径。检察机关有检察监督权，有权对法院的行为实施监督。

行政处罚相对人在遭受行政处罚未获得行政机关复议和法院司法途径的救济后，可以向检察机关申请检察监督。检察机关在履行职责中发现生态环境执法行为和法院的司法审查行为违法的，可以制发检察建议，对行政机关和法院的行为进行监督和纠正。

（二）某污水处理公司超标排污按日计罚案

1. 基本案情

某污水处理有限公司负责处理某县级市产业集聚区企业污水和生活废水，处理后的废水直接排入黄河。2018 年 12 月，该地所在的市生态环境局在线监测发现该公司排放的废水水质超标，随即委托下属生态环境分局向该公司下达责令改正通知书。2019 年 2 月 13 日，市生态环境局环境执法人员对某污水处理公司外排废水总排口进行采样监测。监测结果显示总磷 1.42mg/L、总氮 23.4mg/L，超过了《城镇污水处理厂污染物排放标准》表 1 规定的一级标准 A 标准（TP≤0.5mg/L，TN≤15mg/L），违反了《水污染防治法》第 10 条的规定。2019 年 2 月 22 日，市生态环境局对该公司超标排放污水行为进行立案调查。并于同年 4 月 2 日作出行政处罚决定：责令立即改正违法行为，罚款 80 万元，并以此为标准按日计罚处以罚款 4880 万元。某污水处理公司不服该行政处罚决定，于 2019 年 4 月 16 日向省生态环境厅申请行政复议。2019 年 10 月 15 日，市生态环境局向该公司送达履行催告书。经催告，该公司仍未履行相关义务。2020 年 1 月 9 日，市生态环境局向该市某区人民法院申请强制执行。同日，因省生态环境厅尚未作出复议决定，市生态环境局申请撤回强制执行申请，某区人民法院裁定准予撤回。

2. 检察机关监督情况

该市某区人民检察院在开展“行政非诉执行专项监督”中发现本案线索，遂即依职权启动监督程序。

某区人民检察院经调查核实发现：自 2018 年 12 月中旬开始，某污水处理公司发现进水水质情况恶化，委托第三方检测机构进行分析，化验显示 TP 浓度高达 72.7mg/L，超出公司进水标准 20 倍；CD 浓度高达 3455mg/L，超出公司进水标准 9 倍。该公司虽采取积极应对措施，但处理后排放的废水水质仍超标。后该公司多次向该市产业集聚区管理委员会及环保部门报告，请求排查入管网企业排污情况，之后进水水质未见改善。该公司两次向当地人民政府请求紧急停产，未获批准。市生态环境局在线监测发现该公司排放的废水水质自 2018 年 12 月中旬开始持续超标，于 2019 年 2 月 13 日前往该公司进行现场采样监测，监测结果显示超标。对此，某区人民检察院审查认为：（1）某污水处理公司超标排放污水的违法事实客观存在，依法应当接受处罚及按日计罚。作为污水处理企业应当承担起维护当地经济发展及黄河流域生态保护的社会责任。（2）市生态环境局行政处罚标准过高。根据《水污染防治法》第 83 条的规定，超标排放污水处罚标准为“十万元以上一百万元以下”，本案虽然对污水处理公司罚款 80 万元符合处罚幅度，但该公司发现进水水质超标后积极采取了应对措施并多次主动向环保部门报告，尽到了应急处理和报告义务，因此罚款存在过罚不相当的情形。

2021年6月24日，某区人民检察院向某区人民法院发出检察建议，建议某区人民法院加强案件受理，并提升相关人员业务素能；向市生态环境局发出检察建议，建议其重新审查，依法作出处理；向产业区管委会发出检察建议，建议其联合生态环境部门开展集聚区内企业生态环境违法行为集中清查及日常巡查，维护生态环境。

3. 监督结果

检察建议发出后，市生态环境局进行再次调查核实，于2021年12月20日重新作出行政处罚决定，对违法排污行为罚款10万元，并以此为标准对无争议的违法排污31天实施按日计罚罚款310万元，合计罚款320万元。某污水处理公司表示愿意接受处罚并缴纳了罚款。某区人民法院采纳了检察建议，结合政法队伍教育整顿开展"以案促改"、强化业务素能培训，规范司法活动，杜绝类似问题再次发生。产业区管委会采纳检察建议，联合属地生态环境分局在辖区内开展集中排查及日常巡查，规范企业管网排污，之后未再发生超标排污情况。

4. 类案经验总结

与行政管理相对人主动申请检察监督不同，本案是检察机关在履职过程发现，并主动进行非诉检察监督的典型案例。

从行政管理相对人角度，该污水处理公司是幸运的。如果不是检察机关的主动介入，近5000万元的罚款很可能会压垮这家公司。但各地的情况不一样，本案启示行政管理相对人，行政处罚到了执行阶段不是没有救济途径，检察机关虽然有对非诉行政处罚的监督职能，但不能被动等待，要主动与检察机关沟通，提出监督申请，详细阐述理由，提交相关证据，并配合检察机关调查。只有这样，才不会错过这条救济路径。

在具体申请检察监督时，进水超标导致出水超标，主观上无过错、公司已经采取积极采取了应对措施并及时向环境主管部门汇报等，均可以作为申请检察监督的理由。

2020年12月13日，生态环境部印发《关于进一步规范城镇（园区）污水处理环境管理的通知》，在"（三）合理认定处理超标责任"中指出："对于污水处理厂出水超标，违法行为轻微并及时纠正，没有造成危害后果的，可以不予行政处罚。对由行业主管部门，或生态环境部门，或行业主管部门会同生态环境部门认定运营单位确因进水超出设计规定或实际处理能力导致出水超标的情形,主动报告且主动消除或者减轻环境违法行为危害后果的,依法从轻或减轻行政处罚。”这种责任划分比较客观,可以作为政策依据,一并提交给检察机关。

三、法院强制执行过程中生态环境主管部门和被申请执行人达成执行和解协议

(一)山东某机械有限公司环境违法非诉行政执行检察监督案

1. 基本案情

2019 年 4 月 12 日,山东省某市生态环境局发现某机械有限公司(以下简称机械公司)畜牧设备生产加工项目需要配套建设的环境保护设施未经验收便投入生产,违反了有关规定。2019 年 5 月 15 日,市生态环境局向该公司送达行政处罚事先(听证)告知书,当日作出罚款 20 万元,逾期不缴纳罚款,每日按罚款数额的 3% 加处罚款的行政处罚决定,并向该公司送达。机械公司于当日申请延期 3 个月缴纳罚款,市生态环境局同意延期缴纳。期限届满后,机械公司依然未能履行处罚决定。同年 11 月 27 日,市生态环境局向该公司发出行政强制执行事先催告书,要求履行缴纳罚款 20 万元,以及加处罚款 20 万元的义务,机械公司未能履行。2020 年 2 月 12 日,市生态环境局向该市人民法院申请强制执行。该市人民法院于 2 月 19 日作出准予强制执行行政裁定,并对该企业采取了限制消费措施。

2. 申请检察监督情况

2020 年 9 月,机械公司以行政处罚决定违法、法院执行裁定错误为由,向山东省某市人民检察院提出监督申请。在检察机关检察监督过程中,被申请执行人从以下方面进行了陈述。

根据《行政处罚法》第 44 条、第 63 条之规定,行政机关在作出行政处罚的过程中,应保障当事人的听证权利。[1] 本案中,申请执行人市生态环境局

[1] 《行政处罚法》第 44 条规定:“行政机关在作出行政处罚决定之前,应当告知当事人拟作出的行政处罚内容及事实、理由、依据,并告知当事人依法享有的陈述、申辩、要求听证等权利。”第 63 条规定:“行政机关拟作出下列行政处罚决定,应当告知当事人有要求听证的权利,当事人要求听证的,行政机关应当组织听证:(一)较大数额罚款;(二)没收较大数额违法所得、没收较大价值非法财物;(三)降低资质等级、吊销许可证件;(四)责令停产停业、责令关闭、限制从业;(五)其他较重的行政处罚;(六)法律、法规、规章规定的其他情形。当事人不承担行政机关组织听证的费用。”

在行政处罚过程中未按要求举行听证，侵害了机械公司的听证权，严重程序违法，涉案行政处罚依法应予撤销。

3. 达成执行和解

被申请执行人机械公司申请检察监督后，山东省某市人民检察院启动了检察监督程序。对行政处罚决定、行政裁定的合法性和加处罚款的事实法律依据等争议焦点问题调查核实，调阅审查了行政处罚卷宗和执行卷宗材料，听取了当事人的意见，了解案件基本情况；走访了机械公司，实地察看生产车间，查阅企业订单合同、环保设施验收证明等工作资料，了解企业对违法情形的整改情况和生产经营状况；组织了当事人双方、人民监督员、执行法官参加的公开听证。

经过调查核实和公开听证，检察机关认为，行政机关在作出行政处罚决定的过程中，未能充分保障当事人的听证等权利，存在一定程序瑕疵。但因机械公司没有提出行政复议、行政诉讼，该行政处罚决定已经发生法律效力。综上，在督促规范行政处罚行为的基础上，综合考虑机械公司已有效整改违法情形并通过验收，经营确有困难等因素，市人民检察院依法向市生态环境局发出检察建议，建议进一步规范行政执法过程中的程序性问题，充分保障当事人的合法权益；同时，根据《行政强制法》关于“当事人采取补救措施的，可以减免加处的罚款或者滞纳金”，以及“行政机关可以在不损害公共利益和他人合法权益的情况下，与当事人达成执行协议”等规定，建议依法减免对该公司的加处罚款。市生态环境局采纳检察建议，与机械公司达成执行和解协议，机械公司缴纳了行政处罚决定中的罚款 20 万元，市生态环境局为该公司免除加处罚款 20 万元，同时向法院撤回了强制执行申请，法院解除了对该公司的限制消费令。

4. 类案经验总结

非诉行政处罚案件执行中的检察监督也不失为一条化解环境行政处罚争议的有效途径，只不过很多人对此不了解，或者根本不知道到了最后的强制执行阶段，还可以申请检察监督。

申请检察监督仅是一条途径，能否走得通取决于两个方面：一方面，是行政处罚案件本身在事实认定、法律适用、处罚程序等方面存在问题，并且检察官能把这些问题找出来；另一方面，当事人自己要了解检察监督的相关规定，并及时申请启动监督程序。

(二)某建筑工程公司环保罚款减免案

1. 基本案情

2023 年 3 月 23 日,某建筑工程有限公司将冲洗罐车产生的废渣露天堆放于厂区外的地面上,未采取防扬散防流失防渗漏措施。经调查核实后,某市生态环境主管部门责令某建筑工程有限公司改正违法行为。该公司当日即将废渣转运至施工现场,并按要求进行了覆盖。2023 年 5 月 6 日,某市生态环境主管部门对某建筑工程有限公司作出罚款 13 万元的行政处罚决定。该公司未申请行政复议或提起行政诉讼,经催告后仍未履行缴纳罚款的义务。同年 6 月 12 日,某市生态环境主管部门对该公司作出加处罚款 13 万元的决定。经催告无果后,于 2024 年 2 月 4 日向某县人民法院申请强制执行。某县人民法院随后作出准予执行裁定。

2. 申请检察监督

2024 年 8 月 24 日,陷入资金周转困境的某建筑工程有限公司向某县人民检察院申请监督。主要理由如下:涉案工程项目是一项全民性公益项目,工程时间紧、建设资金非常紧张。公司在被责令改正违法行为的当天,即将废渣回收、处置完毕,并表示愿意缴纳罚款,符合《行政强制法》第 42 条所规定的可以减免加处罚款的情形。

3. 监督结果

2024 年 9 月 4 日,检察机关向某市生态环境主管部门制发检察建议书,建议对某建筑工程有限公司依法减免加处罚款。收到检察建议书后,某市生态环境主管部门综合考虑该公司违法行为的性质、情节、危害程度以及改正违法行为情况等因素,根据相关法律规定,本着“过罚相当、惩教结合”的原则,采纳了检察建议,决定依法减免对某建筑工程有限公司作出的 13 万元加处罚款。之后,某建筑工程有限公司将 13 万元罚款缴纳完毕。

4. 类案经验总结

《行政强制法》第 42 条第 1 款规定,实施行政强制执行,行政机关可以在不损害公共利益和他人合法权益的情况下,与当事人达成执行协议。执行协议可以约定分阶段履行;当事人采取补救措施的,可以减免加处的罚款或者滞纳金。需要注意的是,这里的减免是“可以”,不是“应当”。

本案中,该公司在被责令改正违法行为的当天,即将废渣回收、处置完毕，符合《行政强制法》规定的可以减免加处的罚款或者滞纳金的情形。本案最终在检察机关的监督下，市生态环境主管部门减免了加处的罚款。

《行政强制法》第45条第1款规定，行政机关依法作出金钱给付义务的行政决定，当事人逾期不履行的，行政机关可以依法加处罚款或者滞纳金。加处罚款或者滞纳金的标准应当告知当事人。因此，行政机关在制作再行政处罚决定书时，均会写明“到期不缴纳罚款，每日加处3%的罚款”，以督促行政管理相对人尽快履行缴纳罚款的义务。

本案启示我们，如果对行政处罚的事实认定、法律适用、处罚程序等均没有异议，就应尽快履行或者采取补救措施减少或消除对外环境造成的污染，只有这样，才有可能免受加处罚款的负担。另外，应及时向检察机关申请执法监督，可能会比自己要求行政机关减免加处的罚款或者滞纳金的成功率要高。

第八章 环保合规

第一节 环保合规概述

一、合规

“合规”一词是“舶来品”，最初源于美国 1997 年的《反海外腐败法》。在该法实施过程中，美国担心只针对美国公司而不约束他国公司的规定有所不公，于是就推动反腐败国际公约的制定和实施，企业合规计划开始建立。

2005 年，巴塞尔银行监管委员会发布了《合规与银行内部合规部门》，从关于合规风险的界定来看，银行的合规特指遵守法律、法规、监管规则或标准。

我国的合规与国外一样，也始于金融企业。中兴和华为事件〔1〕之后，合规才被普遍重视起来，并扩展到国有大型企业及从事海外业务的企业中。

---

〔1〕 中兴事件：2017 年至 2018 年前后，美国商务部以中兴通讯违反美国对伊朗的出口管制，向伊朗电信出售含有美国技术的设备为由，禁止美国企业向中兴通讯出售关键零部件，导致中兴通讯业务几近瘫痪。中兴通讯被迫支付约 146 亿元人民币的罚款和保证金，才与美国商务部最终达成和解，解除制裁。

华为事件：2018 年以来，美国以华为公司威胁其国家安全、违反对伊朗制裁规定等为由，对华为公司实施的一系列制裁打压措施，包括把华为及关联公司列为实体清单、孟晚舟在加拿大被逮捕及撤销高通、英特尔对华为公司的芯片出口许可等。目前，美国尚未完全解除对华为公司的制裁。

2017 年,国家标准化管理委员会发布了《合规管理体系 指南》[1]。2018 年,国务院国有资产监督管理委员会发布了《中央企业合规管理指引(试行)》,同年 12 月,国家发展和改革委员会联合其他 6 部门发布了《企业境外经营合规管理指引》。因此,2018 年又被称为中国的合规元年。

合规的价值在于促使企业不但履行法定义务,还注重履行其他社会责任,尽可能地减少因经营活动给社会或生态环境造成的不利影响,从而实现经济和人类社会的可持续发展。

二、合规风险

合规风险,是指企业在经营活动中因未能遵循法律法规、行业规范、内部制度或道德准则,而可能面临的法律制裁、财务损失、声誉损害、经营受阻等不利后果的风险。由此可见,这里的"规"不仅指法律法规规章这些具有义务规范的规定,还包括行业规范、内部制度及道德准则这些非义务规范的规定。随着社会的进步、监管环境趋严、社会责任要求提升,合规风险已成为企业管理的核心议题之一。

(一)企业合规风险的内涵

1. 法律义务的边界风险

合规风险的核心在于防控企业行为与外部法律、法规的冲突,例如,企业若违反《环境保护法》《数据安全法》《安全管理法》等,可能面临监管部门的行政处罚。不但如此,企业还需要明确所处的国内外环境、所在行业的法律边界,避免越界风险。

2. 内部管理的系统风险

合规风险不仅涉及外部监管,还与企业内部的治理结构、制度流程、员工行为等密切相关,所有这些均可能给企业带来直接或间接损失,例如,制度缺陷、执行失效、文化缺失等。

3. 道德与社会责任风险

现代企业合规已超越合法即可的底线思维,延伸至社会责任、商业伦理

〔1〕 此文件已于 2022 年因国家市场监督管理总局、国家标准化管理委员会发布的《合规管理体系 要求及使用指南》施行而废止。

等领域。例如,供应链中涉及劳工权益或环境法染、生物多样性保护、应对气候变化等。

4. 动态变化的适应性风险

随着环境在变化,政策和法律也会随之变化,合规风险也会发生变化。原来合法的,后来可能就不合法。企业只有及时适应变化后的环境,才能避免产生合规风险。

(二)企业合规风险的特点

1. 广泛性与复杂性

(1)领域广泛:涉及法律、财务、税务、环保、劳工、数据安全等多个领域。

(2)地域差异:跨国企业需要应对不同国家和地区的监管体系,如中国、美国与欧盟合规监管的差异。

(3)利益冲突:合规成本与短期商业利益之间可能产生矛盾。

2. 隐蔽性与滞后性

(1)隐蔽性:违规行为初期可能未被发现,或经过若干年才查获,如内部串通舞弊。

(2) 滞后性:风险后果可能在违规行为发生数年后才显现,如历史环境问题引发的诉讼。

3. 后果的连锁性与放大性

(1)直接损失:如巨额罚款、业务暂停、合规无效。

(2)间接影响:如声誉损害,客户流失,股价下跌;信任危机,合作伙伴终止合作。

(3)融资成本增加:如监管升级、被列入重点监管名单、面临更加频繁的审查等。

4. 可预防性与可控性

合规风险虽然不可避免,但可通过系统性管理降低发生的概率,具体包括以下几种途径:

(1)预防机制:通过合规培训、风险评估、流程嵌入,如合同合规审查,可以预防风险。

(2)监测手段:通过内部审计、合规举报渠道、数字化监控工具,如人工智能扫描发现异常。

(3)应急响应:通过制订应急预案、合规整改、与监管部门主动沟通,化解合规风险。

5. 战略性与长期性

(1)战略性:合规能力影响企业市准入,如只有通过认证才能进入欧盟市场。

(2)长期价值:合规建设投入可能短期内增加成本,但长期可增加抗风险能力与品牌价值。

三、环保合规

环保合规,是指企业的行为符合与生态环境保护相关的法律、法规和规章的规定,符合相关的技术标准,符合行政主管部门的各项监管规定,符合企业制定的各项规章制度。

从大合规的角度看,企业行政合规属于专项合规。从行政监管的角度看,是指企业的行为违反了生态环境法律、法规和规章的规定,在依法应当对企业作出行政处罚前,企业通过实施合规计划达到了合规计划目的,生态环境监管部门依法不予行政处罚的过程。当然,这里并不排斥企业在没有违法的情况下,为提升竞争力而进行的自我合规建设。只不过当前的行政合规激励机制缺失,企业自愿进行合规的积极性没有被激发出来。

有观点认为,《行政处罚法》第 33 条是行政合规不予处罚的法律依据。也有观点认为,这是两种制度设计,不能混同,也不能相互替代。也有人担心,在行政合规没有明确法律依据和评价标准的情况下,实施行政合规,可能会带来监管部门的履职风险,甚至导致权钱交易。

在笔者看来,环保合规作为一种创新管理制度,具有一定的积极意义。面对众多的法定义务和监管规定,企业难免存在一些管理上的漏洞。这些漏洞的产生,一方面,是相关法律、标准等的规定变化速度快,而企业又没有及时了解造成的;另一方面,也不排除一些企业存在不会被发现的侥幸心理。企业一旦被处罚,在联合惩戒的作用下,即便可以对信用进行修复,也还会使企业陷入困境,甚至会带来巨大损失。环保合规既解决了企业不守法的问题,还减轻了监管的压力,也不会给企业造成损失,是一种较好的管理制度。

当然,一项新制度的施行,肯定会伴随新问题的产生。我们应容许有试错的风险,这是必须付出的代价,这一制度总体而言是利大于弊的。

之所以将企业环保合规纳入本书,并独立为一章,是因为企业主动启动环保合规的,通过制订并实施合规计划,则可能达到免于发生行政争议的目的。这也是一种解决行政争议的方法。

第二节　合规的启动

合规的启动,有被动启动和主动启动之分。所谓被动启动,也可称为企业环保行政合规,是指生态环境主管部门发现企业存在环境违法行为后,要求企业制订合规计划并进行合规整改,或者企业为了能减免行政处罚而申请进行合规整改。而主动启动,则是指大型国有企业在政策的驱动下,在没有被主管部门认定存在违法行为的情况下,主动启动的合规管理行为。

自 2018 年起,国务院国有资产监督管理委员会多次下发文件,要求国有企业实施合规管理。但对于中小企业,或者私营企业,则没有提出这样的要求。本书所称的企业环保行政合规,与国务院国有资产监督管理委员会文件所指的合规不同。前者不以企业存在行政违法行为为前提,后者则需要。也正因如此,启动的原因各不相同,所制订的合规计划及合规整改的侧重点也不同。

对于企业的环保行政合规,是否同意实施的主动权掌握在地方人民政府或行政主管部门的手中。其对象也是有选择的,并不是每一个涉嫌行政违法的企业都是实行合规激励的对象。在确定好对象之后,通知企业,企业按照要求,开展合规工作。

一、行政机关启动

行政机关在执法中发现上述企业存在环境行政违法行为后,根据违法的性质、情节,通知企业进行合规整改。这里的违法性质,可以理解为不构成犯罪,且情节相对较轻。企业同意后,由企业合规委成立专家评审组,对企业的合规计划和整改效果进行评审和验收。

在操作上,企业在接到环保主管部门的行政处罚告知书后,在陈述申辩时,可以向主管部门一并递交申请,申请进行合规建设,并希望不予处罚。

主管部门同意企业的请求后，企业就可以按照主管部门的要求，编制合规计划，进行合规整改等一系列工作，直至通过合规验收，主管部门作出不予行政处罚决定书为止。这种合规以企业存在环境违法行为为前提，可以称之为被动合规。

例如，在深圳市宝安区前期的试点中，行政合规的启动由行政机关主导，其引导企业申请合规整改，验收合格后给予免除行政处罚的结果。

从宝安区的试点情况看，以下企业被列为试点企业：综合区六类百强企业、上市企业、拟上市企业，以及国家工信部认定的“小巨人”“专精特新”“单项冠军”“单项冠军产品”企业。换句话说，并不是所有的企业都有资格享受到合规免罚的政策红利。

笔者认为，由行政机关启动合规，同意后才能进行合规整改，有选择性执法的嫌疑，存在被人诟病的可能。

二、行政管理相对人启动

企业没有环境违法行为，出于防范风险的需要，主动查找问题，并针对查找出来的问题或存在的潜在风险进行环保合规整改，这种合规可以被称为主动合规。随着国家高质量发展要求的不断推进，企业进行主动合规建设的会越来越多。

主动合规和被动合规的做法大致相同，不同的是主动合规不存在环保主管部门的处理问题，专家对合规整改的验收成果，可以作为企业进行合规认证、评优的依据。本章主要介绍企业的被动合规，主动合规可以参照执行。

第三节　合 规 计 划

一、合规风险的识别

合规风险的识别，是制订有效合规计划的前提。由于合规程序的启动以企业的行政违法为前提，因此在识别合规风险时，除了行政机关所认定的环境违法行为外，企业还要全面识别合规风险，以带动企业合规管理水平的全面提升。

需要强调的是，除了国家层面上的法律、法规和规章及监管规定外，还有地方性法规、规章和监管规定,因此在识别合规风险时,除了国家层面外,地方层面的监管规定也要作为识别的依据。

不仅如此,还要注意相关法律、法规和规章的修改,还有相关的环保标准的出台。如《固体废物污染环境防治法》《噪声污染防治法》的修改,不但提高了违法行为的处罚金额,还新增了一些环保制度和管理要求,在合规风险的识别上,均应当高度重视。

不同行业,合规风险的侧重点不同,差别还是较大的,在识别不同行业的合规风险时,要体现出个性特征。例如,电镀行业的合规风险主要是水污染物的处理和危险废物的处置,而汽车整车制造行业的合规风险则主要是大气污染物。

笔者认为,企业的环保行政合规应当是专项合规,小合规,而不是大而全的大合规。否则,不但合规计划不能有效落实,也起不到应有的效果,还有可能成为企业发展的障碍。因此,在风险识别方面,引发企业此次环境违法的风险是重点,应找出原因,有针对性地制订措施,防止类似的违法行为再次发生。例如,此次违法是水污染物超标的违法行为,就要深究:是哪类水污染物超标?超标的原因是什么?是技术、设施还是管理方面的问题?不同的问题所表现出来的风险不同,解决的方法也不同。

当然,对于潜在的环境违法行为可一并列入风险识别点,但不建议面面俱到。越是大而全的风险识别,执行的成本就越高,反而不容易做到。企业的环保合规是一个渐进的过程,不要寄希望于一次的合规就等同于全面合规。合规也有轻重缓急之分。因此,要识别那些急需解决的、重点的合规风险点,等取得了一定的成效,再解决其他的合规隐患。

二、合规风险的分析

合规风险的分析,侧重于行政机关所认定的环境违法行为。通过深入的调查,找出发生这种环境违法行为的原因,原因找到了,才能对症下药,防止类似的事情再次发生。

以企业的水污染物超标排放为例,企业的总排放口污染物超标是结果,而发生这种超标排放结果的原因可能是人为偷排,也可能是添加药量不足,还有可能是相关设备发生故障等。而每一种不同的原因,所对应的解决方法也不同。如果是人为偷排,就要加强制度建设,加强员工的法律知识培训。如果是污染防治设备发生故障，就要对设备进行维修，或者更新换代。

当然，企业不能为了蒙混过关，一味强调客观原因，或者推卸责任，这种做法只会隐瞒问题而起不到的合规的效果。例如，在一起臭味超标的案件中，企业在查找原因时，把臭味的来源归咎于厂界之外，而不查找自身的原因，在这种思路下，其即便做出来了整改计划也是应付检查，达不到行政合规之效果。

企业在分析合规风险时，要客观诚实，否则，一旦再次发现类似违法行为，受损的还是企业。

三、合规制度的构建

在笔者看来，合规风险也是一个企业的制度风险。就是因为制度不完善或存在漏洞，所以执行者失去了标准或制约，偏离了法律、法规和规章等规定，最终造成违法行为的发生。

套用安全生产中的海因里希法则，多次的小问题不及时纠正，最终会酿成重大安全事故。环保也一样，不规范的操作，或者违规操作，是造成行政违法的罪魁祸首，只有围好制度的篱笆，才能防患于未然。

在合规制度的构建方面，制度不应追求多，而应当具有针对性。为了合规而制定很多的制度，不但会与企业固有的制度产生冲突，也可能难以落实。合规的关键在于有效性实施，而不是纸面上的合规。只有把制度落到实际的生产经营中，才能发挥出其应有的作用。而制度得以落实的关键，在于制度的简便易行。

以笔者承办的一起废水超标排放案件为例，某电镀厂新招的一名污水处理工，在晚上值班时擅自把未经处理的废水直接排放至外环境，被生态环境执法人员当场查获，由此给企业造成重大损失。针对该违法行为，如果要进行合规建设，该公司应该进行制度建设：一是制定重要岗位员工的岗前培训制度；二是制定员工的夜间双人值班制度；三是制定污水处理操作流程制度；四是制定公司规章制度的执行监督制度。制度健全并落实到生产经营之中，才能有效避免发生类似的环境违法行为。

又如，一些排污单位与第三方专业运维公司签订运维合同，并支付了运维费用，把在线监测设施委托给第三方运维。按照运维合同约定，在线监测设施出现问题，应当由运维单位负责处理。但在具体的执行中，有很多排污单位的中控室值班人员发现在线监测数据出现异常,会进入在线监测机房,对在线监测设备进行操作,从而使出水达标。排污单位员工的这种操作,不但是一种行政违法行为,而且严重的可能涉嫌犯罪,排污单位也极有可能构成单位犯罪被追究刑事责任。

出现问题不是第一时间通知运维单位,而是员工自己动手处理,这种情况还不是个案,究其原因,很可能就是没有建设有针对性的制度,一旦发现数据异常就只想把数据降下去,而不考虑问题出现的原因。有效的合规制度,可以解决这个问题。

四、合规计划的编制

合规计划的编制要以实用和可操作性为原则。编制者不但要对企业的生产经营情况有充分的了解,还要有足够的环保法律知识储备。

从另一个角度讲,合规计划就是企业接下来的工作计划。如果合规计划脱离了企业的实际情况,做出的计划看似高大上,企业却无法实施,或者不知道如何实施,等于一纸空文,并不能帮助企业实现脱胎换骨的改变。

在笔者看来,一份好的合规计划,要包括以下几方面的内容:(1)企业基本情况的介绍;(2)企业存在的问题;(3)对存在问题的原因分析;(4)针对存在问题的解决方案;(5)合规制度建设;(6)违反合规制度的投诉及应对机制;(7)合规承诺;(8)其他。

在编制合规计划时,如果是律师主笔,可能会遇到技术上的问题,就需要技术人员协助;如果是技术人员主笔,可能会遇到法律上的问题,如对法律风险大小的识别,此时亦需要律师协助。只有这样,才能最大限度地满足企业的合规建设需要。

在合规计划的后面,应附上企业所应注意的法律、法规和规章,以及一些技术标准,而且必须是现行有效、正在实施的,并注意要及时更新。

笔者曾遇到过这样一个案例:一家企业为进行合规整改委托了一家律师事务所提供专项服务,在分析存在的问题及原因时,把废水的二类污染物的超标排放与危化品的使用关联起来,引起了评审专家对该企业危险废物管理的关注,最后经企业的反复解释和现场验证,才最终消除了评审专家的疑虑。出现此种情况的原因是,该律师事务所在梳理企业所适用的法律、法规、规章和标准时,把已经废止的法规列入其中。这个案例即反映出提供服务的律师团队对环境保护方面的知识欠缺,其无法胜任相关工作。

基于知识所限,加上所处的角度不同,企业自己或委托第三方所编制的合规计划可能会不尽完美,此时就需要征求合规评审专家小组的意见,并根据意见作进一步的完善或修改。

专家小组听取企业的汇报后,会进行提问,指出合规计划中存在的问题。企业进行回答,并作出解释,之后再根据专家建议,对合规计划进行修改和完善。

在一些地方的环保行政合规试点中,将合规评审分为方案评审和效果评审两个步骤进行。合规方案经专家小组评审通过后,要在一年内再进行合规效果评审,通过后才算达到了最终的合规建设。否则,就撤销对合规方案的评查,并向社会公示。

第四节 合规整改

一、整改方案

整改方案,是针对查找出来的问题制定的一套实施计划。与合规计划相比,侧重于问题的解决。笔者认为,整改方案应当分为以下几类。

(一)涉案违法行为的整改方案

主要针对的是已经被主管机关查处的环境违法行为,制订出具体的整改方案,其中应包含对发生的违法行为的客观描述、原因分析、处理措施、效果评价、监督执行等内容。所要解决的是已经发生过的环境违法行为所对应的问题,是一种事后补救措施。

(二)其他潜在环境违法行为风险的整改方案

(1)环境影响评价及排污许可。审查是否获得了环境影响评价及排污许可的行政许可,是否存在未批先建、未验先投情况,排污许可证的期限、排污口数量、污染物的种类等。

(2)组织管理架构。审查是否有合规部门、合规专职人员,是否具有独立性,是否经常开展工作等。

(3)环境管理制度。包括台账管理、应急管理、不同岗位的职责等。

(4)污染物的排放与监测。审查是自行监测还是委托第三方监测,如果是重点排放单位,还应审查在线监测设备的运维情况等。

(5)危险废物的管理。审查是否有管理计划,是否有专门的贮存设施、是否分类贮存及贮存的期限等。

(6)土壤与地下水的监测。审查项目建设之前是否对场地的土壤和地下水进行过监测,是否按规定在生产经营期间进行了监测等。

(7)环境应急预案。对于可能发生的突发环境事件是否有针对性地制定了应急措施,应急措施是否经过专家论证、是否向主管部门进行了备案、是否根据变化发生的情况进行了及时修改、是否进行过应急演练等。

(8)环境信息公开。审查是否按照《企业环境信息依法披露管理办法》的规定披露了应当公开的环境信息。

(9)碳排放情况。是否纳入碳排放管控名单,是国家的还是地方的名单,碳排放资料的申报、碳配额的发放及履约情况。

(10)其他。包括是否受到过行政处罚、是否进行了清洁生产审核等。

根据不同企业的实际情况,以上内容选择适用。例如,在污染物的排放与监测方面,不同的企业所排放的特征污染物不同,有些只有水污染物,有些仅有大气污染物,有些则存在多种污染物排放并存的情况。通过在自查中发现风险点,进而制订出有针对性的整改方案。如果相关的制度已经十分健全,可以在这方面略过。另外,在监测方面,有些企业可以自行监测,而有些企业则要委托社会第三方检测机构进行监测,那么这类企业就可以根据监测中可能存在的数据造假等行为,制订整改方案。

上述整改措施针对的是没有发生或存在发生可能的问题,目的是预防风险,防患于未然。

二、整改措施

整改措施,是落实整改方案而需要采取的具体办法。笔者认为,具体包括以下几种。

(一)完善制度,将合规制度化

无论是现实存在的环境违法行为,还是潜在的环境违法风险,合规整改的目的都是防止以后再犯。因此,将合规制度化并非仅为了应付此次的合规验收,而是从机制上消除潜在风险发生的可能性,以期达到一劳永逸的效果。

(二)岗位设置,增设合规岗位

合规虽然与企业的风险控制类似,并且具有一定程度的相关性,但不等同于风险控制。合规建设涉及企业的各个部门,包括法务部门或者风险部门。合规文化建设对企业落实合规制度,推行合规管理可以起到积极的促进作用。但合规文化建设与企业的法务工作截然不同,当然不能归于其中。因此,小到合规岗位,大到合规部门,均应当独立存在,直接对企业的董事会或决策者负责,只有这样,合规制度才能发挥应有的作用,而不是打着合规建设的旗号进行假合规。

(三)对污染防治设备进行升级改造

有些环境行为,例如对危险废物的管理,不同的危险废物需要分类存放,并贴上不同的标签等,并不是技术含量很高的工作,普通的职员只要按要求做,就可以避免此类风险的发生。而在污染防治设施不正常运行的案例中,若是出于设备的原因,就需要升级改造设备。

(四)加强合规文化建设,使合规管理深入人心

打造企业的合规文化,首先,需要领导人员的重视,没有领导人员的重视是无法进行合规文化建设的。例如,在某地制定的《企业环保合规评价标准(试行)》中,将领导重视列为“控制项”。所谓“控制项”,是企业必须做到的指标,任何一项不符合即不能通过评价。由此可见领导重视之于企业合规建设的重要性。其次,要打造企业的合规文化氛围,并贯彻到日常的工作和学习之中。耳濡目染之下,让合规成为全体员工自觉遵守的行为。最后是合规文化的传承,只有将合规文化一代一代地传承下去,融入每一个员工的工作中,才能称为企业合规文化建设的成功。

第五节　合 规 验 收

一、验收标准

要进行合规验收，就必须有验收标准，或者合规评价标准。截至 2024 年 12 月 31 日，无论是国家层面还是地方层面，均没有一套针对企业环保合规的评价标准。因此，在进行合规的试点中，大多是依据《合规管理体系　要求及使用指南》（GB/T 35770—2022）、《合规管理体系　指南》（GB/T 35770—2017）、《中小企业合规管理体系有效性评价》（T/CA SMES 19—2022）等标准进行。

由于上述标准均是企业合规管理体系的通用标准，在小合规及专项合规的语境下，仅依上述通用标准，无法准确、客观地评价企业的环保合规体系是否具备有效性，是否达到了合规管理的要求。因此，需要根据企业环保合规的特点，制定有针对性的合规评价标准。在这种情况下，一些地方开始尝试制定企业环保合规评价标准。例如，为解决东江流域区域限批的问题，在区委区政府的推动和支持下，深圳市龙岗区先行先试、主动作为，率先在辖区内开展东江流域涉污企业环保合规建设工作，制定了包括《企业环保合规评价标准（试行）》等一系列文件，对解决区域环境问题困境，实现经济发展和生态保护相协调进行了有益的探索。

二、验收准备

合规计划通过专家小组的评审后就开始实施，实施一段时间后应当经过专家小组的验收，才可评为合格。

作为实施合规计划的企业，为能顺利通过专家的验收，应做出充分的准备。一方面，是相关资料的准备；另一方面，是为专家小组现场考察而进行的其他准备。

资料准备包括以下五个方面的内容：（1）修改完善后定稿的企业合规计划；（2）与合规计划配套的多个规章制度；（3）进行合规的宣传资料；（4）供应商的资质证照；（5）其他资料。

其他准备，是指企业在正常生产情况下，要保证污染防治设施的正常运行状态，各种特征污染物达标排放，固体废物及危险废物合法处置等。合规整改的目的，就是保证在企业正常生产的情况下，污染防治设施也正常运行，并发挥应有作用，确保所排放的污染物达标排放。如果企业不生产，或者污染防治设施不运行，专家就无法确定企业是否达到了整改的目的。污染防治设施出现故障时，应及时修改，需要更新换代的，及时更换。

三、验收考察

专家验收小组应当在相关部门同意企业进行合规建设后成立。成员中，一般要有技术方面专家，也要有合规方面的专家，还要有专业环保律师等。验收通过后，专家验收小组即自行解散。为保证验收的客观公正，专家验收小组中的成员不能与企业存在利害关系。

验收考察的程序，可以按以下步骤进行：一是听取企业介绍整改情况；二是查看企业提供的资料；三是到企业的车间和污染防治设施处进行实地查看；四是就存在的疑问或发现的问题向企业提问；五是专家从不同角度，根据询问和企业的答疑情况，给出建议。

如果企业的回复或整改存在问题，就需要重新准备资料或者采取补救措施，达到专家小组的要求。

四、问题反馈

现场不能确定的事项，专家小组经过现场考察，结合企业提供的资料，可以在考察结束之后出具一份综合性的意见反馈给企业。企业根据这些反馈意见，再完善相关资料、进行整改。

企业的环保合规是一个过程，各项制度也只有在运行一段时间后，才能显现出效果。发现问题不可怕，可怕的是没有问题。发现有问题，一方面说明制度有效果，另一方面可以对适用效果不好的制度进行改进。

专家验收小组可以根据实情需要，对企业进行第二次验收考察。第二次考察的主要内容，是针对专家小组第一次考察后反馈问题的整改情况。

五、验收报告

验收报告，是第三方监督评估工作组根据企业的合规计划，通过书面和现场的考察,验证企业是否进行了整改,是否达到了整改目标的结论性意见。在名称上,可以称为“××公司环保合规考察评估报告”或“××公司专项合规整改情况的评估报告”。主要包括以下内容:

(1)第三方监督评估工作组组成情况。主要介绍工作组的成立依据、组成人员及专家身份、工作组所做的工作内容等。

(2)有关公司的案件情况。主要介绍公司的基本情况,执法机关对违法行为的查处情况等。

(3)有关公司的合规整改情况。包括有关违法的整改、合规体系的建设、合规沟通体制的建设等。

(4)第三方监督评估工作组的考察评估意见。既包括对企业进行合规建设工作的肯定,又包括对企业在合规建设中存在不足之处的改进建议,甚至包括要求在一定期限内回访考察。

不同的评估工作组,验收报告的格式可能有所不同。以下是另外一个版本:

(1)企业合规整改概况。介绍企业的合规整改情况。

(2)企业整改有效性评价。从评价指标、前期整改计划、合规整改完成情况、相关证据等方面,对企业的合规整改情况进行比较分析。

(3)评价与建议。从合规管理机构设置和职责配置,合规风险识别、应对和持续改进,合规文化建设等方面,对企业的做法进行总结,并提出改进建议。

(4)结论。在肯定企业合规建设有效性的基础上,提出对企业进行处理时将有效合规计划作为参考因素的建议。

(5)其他。主要包括评估报告的异议期限,以及强调上述结论是对专项合规的考察结论,并不代表对企业全部合规建设的考察评估,也不代表企业的全部行为均符合相关的法律规定。

六、处理决定

无论是《行政处罚法》还是《生态环境行政处罚办法》均没有直接规定,违反相关规定后,通过合规建设可以减轻或免除行政处罚。因此,在缺乏法律顶层制度设计的前提下,合规减免行政处罚还存在法律依据不足、行政机关执行有所顾虑、企业不肯自愿实施等现实问题。

在《生态环境行政处罚办法》正式颁布之前，生态环境部曾向社会公开征集过意见。笔者曾就此提出意见，建议将合规减免行政处罚写入《生态环境行政处罚办法》，将该项制度以立法形式确立下来。

据笔者观察，在进行企业环保行政合规的试点中，企业基于整改，完成了合规计划所设定的目标，并经过第三方监督评估的验收，达到了实行合规整改的目的。据此，主管部门决定对企业不予处罚。

当然，如果企业的合规整改不到位，验收不通过，则仍应作出行政处罚决定。企业的合规建设不可能一蹴而就，少则半年多则一年，甚至更长时间。按照《生态环境行政处罚办法》规定的 90 日的办案期限（公告、听证等除外），等到整改结束可能早就超过了办案期限。合规验收没有通过，再对企业实施行政处罚时便超过了办案期限，此时，生态环境主管机关可能涉嫌程序违法。司法实务中，有因办案严重超期，行政处罚决定被法院撤销的判例。因此，在缺乏明确法律规定的情况下，主管部门进行企业的合规试点，存在一定的履职风险。

前文提到，环保合规分为行政机关启动的合规和行政管理相对人启动的合规。由行政机关启动的环保合规，因现阶段缺少有针对性的法律依据，只能“摸着石头过河”。而由行政管理相对人启动的环保合规是其增强竞争优势，防范风险的重要举措，地方政府或生态环境主管部门可以制定措施，鼓励行政管理相对人主动进行合规建设。

第六节　实务案例

一、Z 公司废气超标合规案

（一）基本案情

2021 年 4 月 20 日，某市生态环境局某管理局执法人员到 Z 公司进行执法检查，发现该公司存在未按照排污许可证的要求排放大气污染物的违法行为。经某市生态环境局委托检测机构采样、监测并出具检测报告显示臭气浓度：1 号检测点 <10（无量纲），2 号检测点 13（无量纲），3 号检测点 12（无量纲），4 号检测点 12（无量纲）。厂界无组织臭气的排放超标 0.3 倍。

2021年5月31日，某市生态环境局某管理局向Z公司送达了责令改正违法行为决定书，责令Z公司立即改正超标排放污染物的行为。2021年6月24日，某市生态环境局某管理局对Z公司改正情况进行复测，并对厂界无组织臭气的排放进行复测。复查结果为，厂界臭气浓度均达标。2021年8月6日，某市生态环境局某管理局向Z公司送达了行政处罚（听证）告知书，拟依法对该公司涉嫌的上述环境违法行为处以罚款20万元的行政处罚。

但该单位在本案中的违法行为持续时间短、污染小，且企业及时完成整改，未造成危害后果。

（二）合规过程

考虑到Z公司是一家小微国有企业，违法行为发生后积极整改，未造成危害后果；为营造良好的营商环境，避免Z公司再次出现环保违法的风险，经某市生态环境局告知后，Z公司申请环保专项合规整改，过程如下。

2021年7月27日，某市生态环境局向Z公司送达环保合规激励告知书，告知其在规定的合规考察期内完成合规建设通过验收考察，改正违法行为的，可以享受从轻、减轻、免予行政处罚等相关的合规激励措施。2021年7月27日，Z公司签署环保合规承诺书，申请开展本次环保合规建设专项整改，并承诺在20日内完成。

2021年7月29日，某市生态环境局向某区促进企业合规建设委员会办公室去函《关于申请成立Z公司案件企业合规第三方监督评估工作组的函》，申请组建第三方监督评估工作组。

2021年8月8日，Z公司向某市生态环境局提交《关于延长环保合规整改时间的申请》，称作为开展环保合规建设的先行试点企业，缺乏开展合规建设经验，因外聘人员排查、评估和编制合规计划以及进行合规需要时间和过程，申请环保合规整改时间延长15日。

2021年8月18日，Z公司向某市生态环境局提交《Z公司环保合规建设计划书》。

2021年9月18日，某区促进企业合规建设委员会印发《关于成立Z公司案件企业合规第三方监督评估工作组的通知》，成立由企业合规、环保律师、环境管理、技术监测等方面的专家组成的“第三方监督评估工作组”，对Z公司的合规建设进行考察验收。

2021 年 9 月 28 日，某市某区促进企业合规建设委员会印发《关于召开现场走访调研的通知》，定于当天下午由第三方监督评估工作组前往 Z 公司进行现场调研走访整改情况。参加人员有：第三方监督评估工作组专家成员；Z 公司的企业代表及法务人员。议程为：一是实地走访查看企业技术整改情况；二是现场审核企业合规整改的规章制度及有关材料；三是专家提问。

经第三方监督评估工作组专家实地察看整改情况，结合 Z 公司提供的整改资料，专家进行了提问，Z 公司的企业代表及法务人员进行了回答。

2021 年 11 月 8 日，第三方工作组到 Z 公司进行第二次现场考察，就合规整改计划书中的技术及环保合规体系建设存在的问题再次进行交流。之后，Z 公司提交《环保合规建设计划书（修改完善稿）》及环保合规建设材料。根据第三方监督评估工作组专家给出的意见和建议，Z 公司又对合规计划书及配套的制度进行了补充和完善，最后通过了专家组的验收。在此基础上，某市生态环境局也作出对 Z 公司不予行政处罚的决定。

（三）合规整改

对于 Z 公司而言，找出存在的问题，并进行合规整改是最关键的一个环节。为了达到较好的整改效果，Z 公司不但聘请了律师事务所，还专门聘请了环保技术单位，对公司项目的基本概况、项目运行情况、环保风险自查、环保合规体系、合规计划的实施和整改期限等各方面，进行了梳理和完善。

针对此次的厂界臭气超标问题，Z 公司采取了以下整改措施：

一是再次对全厂进行排查梳理，对可能存在的臭气点进行逐点排查，并采取防范性措施，后续将进一步规范现场人员操作流程。

二是对二沉池出水堰板进行调平，加强对二沉池浮渣管的疏通和清理，避免浮渣产生新的臭气点，同时对二沉池出水口水流紊流跌水处进行了橡胶板密封。

三是对 4 台沉砂池进行管道和出料口改造，改造后泥沙固废直接进入垃圾桶，将有效减少二次污染和臭气逸散问题，同时，对进出水管路线进行优化改造，实现两台砂水分离器互为备用，减少泥沙外溢和检修时无法除砂的问题。

四是与相关专家进行咨询交流，听取专家在改善厂界无组织排放臭气源、优化管理方面给予的专业指导。

五是落实安全整改与防范措施，具体如下：(1)对两套生物除臭系统按照规范要求安装取样平台，保证有组织排放臭气采样人员上下安全。(2)出水口采样点按照有限空间作业进行管理，做好取样前的通风准备，确认安全后方可作业。(3)对进水泵房及沙井盖板密封加固并设置坚固护栏，减少臭气外溢的同时，保证作业人员安全。(4)完善生物除臭系统运行规程。公司加强生物池除臭系统风机、循环水泵、喷水泵设备运行状态记录与运行参数巡检，做好生物除臭系统设备轮值切换，保证备品备件满足维修要求，并委托第三方按期进行除臭效果监测。

六是改善环境和计划整改措施，具体如下：(1)计划对厂区绿化情况进行增补和美化，种植部分灌木和更换枯死树木，增加敷设中水灌溉系统，改善厂区周围绿化植被情况。(2)加强合规管理制度建设和落实，规范人员生产活动和检修活动，加强清洁池检修的预防性措施；推进清洁生产工作。对人员进出重点防护区域加强进出管理，并定期进行通风；规范现场检修、清砂、清理垃圾的生产固废管理，做到垃圾及时外运，暂存时做好密封和妥善存放，杜绝无组织臭气逸散周围环境。(3)定期检查硫化氢报警器校准维护，定期进行现场无组织臭气源的排查和清理消除工作。(4)对生物除臭系统的有组织排放开展定期监测、检查、维修保养、持续优化完善操作规程。

(四)合规体系建设

1.企业合规组织体系建设

Z公司在原有组织架构的基础上增设合规领导小组，作为公司合规管理的最高决策机构，负责公司合规的组织领导和统筹协调工作，合规领导小组由总经理、两位副总经理和财务总监组成，组长由总经理担任。同时Z公司新设环保合规部，负责公司环保合规方面的各项事务，合规专员为刘某、潘某。另在公司运营管理部门设置兼职合规员桂某。合规部负责领导公司专职、兼职合规管理人员执行合规管理工作。Z公司计划下一步成立审计领导小组，按照合规管理要求，按期开展内部审计工作，针对安全监管、巡视、纪检监察部门的检查落实相应职责。

2.企业合规制度体系建设

Z公司围绕董事会建设、办公秩序、战略管理、企业管理、集中采购、安全环保、财务管理、生产管理、法律风控、人力资源、党群、纪检监察十二个方面制定了详细的规章制度。公司具体制定了《董事会议事规则》、《档案工作管理规定(试行)》、《保密管理制度》、《信息安全管理办法》、《安全生产监督管理规定》、《安全环保事故报告和调查处理管理办法》、《生产安全事故综合应急预案》、《安全环保责任制度》、《安全生产培训管理办法》、《财务管理制度》、《合同管理办法》、《员工奖惩管理办法》、《职工代表大会制度(试行)》、《环境保护问责办法》、《安全环保合规绩效考核管理办法》、《生产运行管理制度》、《污泥处置管理制度》、《危险废物管理制度》、《公司安全环保禁令》及实施细则、《设备运维手册》等一系列规章制度,形成了基本的企业合规制度体系,将合规全面覆盖到各个部门及运行环节。

3. 企业合规运行机制建设

(1)关于企业合规风险识别:Z公司通过对存量合规风险、现实合规风险、潜在合规风险的识别和评估,整理出《合规风险清单》,并将合规风险划分为低风险、中风险、高风险三个等级。

(2)合规定期通报机制:Z公司建立环保合规开展情况定期通报机制,每月、每季、每年定期对各部门开展环保合规情况检查并在全公司内通报,使环保合规工作常态化、公开化、透明化。

(3)合规审查评估机制:合规审查评估机制贯穿公司环保合规建设的始终。公司的项目建设、竣工验收、试运行、正式投产、设备维护、签约履约、排放污染物等各环节,均有合规审查评估机制的介入。

(4)合规风险预警和应对机制:三个风险等级分别对应不同类型的风险事件,在风险事件发生后,公司环保合规部按照分级启动风险预警,联合公司各部门协同处理风险事件。在低风险事件发生后且没有造成环境影响的情况下,及时查漏补缺梳理风险点,将风险事件控制在萌芽状态;在中风险事件发生后,立即启动风险控制和损害治理工作,将风险事件的危害控制在一定范围内,达到消除危害,恢复至风险事件发生前的状态;在高风险事件发生后,立即启动风险控制、损害修复机制,在控制风险的同时,避免风险事件对生态环境、公司经营造成更多不利后果。

(5)关于合规举报调查机制:Z公司建立了针对违法违规行为的举报调查机制,公开举报电话、传真、举报箱及邮寄地址,环保合规部为公司违法违规行为的投诉受理部门,所受理的举报资料及处理结果按照分属地进行保管存放。

(6)关于企业合规宣贯培训:公司落实和执行合规管理的各项制度,将合规培训纳入全体员工培训范围,并制订了员工年度合规培训计划。具体体现在:第一,安全合规教育培训。公司每年对全体员工进行安全教育培训,确保全员做到安全生产,规范操作行为,减少安全事故发生。第二,环保合规建设培训。公司每年对全体员工进行环保合规建设培训,学习环保领域新的法律法规,解读最新环保政策,确保公司各部门合规负责人知悉理解相关内容。

4. 合规奖惩机制

公司建立了合规奖惩机制,该机制与公司问责制度配合使用,对公司环保合规建设作出贡献的个人或部门,公司将根据贡献程度大小,给予不同的奖励。公司对在环保合规方面作出突出贡献的个人,在职级晋升方面给予优待。公司对环保合规建设不作为、不积极作为、存在严重失职甚至造成损害后果的个人或部门,将根据行为的恶劣程度,分别给予不同的惩罚。

5. 企业合规支持保障方面

2021 年,Z 公司对合规计划的年度投入预算约为 100 万元,包括合规部日常合规管理工作中的所有预算(包含且不限于人员工资、福利、培训、差旅、其他费用)以及聘请常驻律师团队、聘请第三方辅导机构及培训机构的费用。公司计划自 2022 年起对合规体系建设实行专项投入计划,专款专用。

6. 企业合规文化建设

自发生排放物超标事件以来,Z 公司重视合规文化建设,公司管理层秉持全面合规理念,积极践行并推广合规文化,在公司门口宣传栏张贴环保合规相关内容。公司计划充分利用全体员工关注的各类场合,运用合规宣誓、合规提示、合规小贴士等方式,提示全员坚决做到合规。

(五)合规验收

第三方工作组通过综合考察认为,案件的发生给 Z 公司再次敲响了警钟,这是 Z 公司第三次发生环保违法行为。公司管理层对此高度重视,案发后积极进行技术整改,并向某市生态环境局签署并提交了环保合规激励制度告知书和企业合规建设承诺书。

Z 公司围绕案件暴露出来的公司合规管理方面的问题,积极强化合规管理。Z公司引入外部专业机构协助公司建立环保合规体系，对公司组织架构进行调整，对相应的制度进行增加、删除、修改，建立了合规风险识别、合规风险预警及应对机制，合规举报调查机制，合规问责及奖惩等合规体系运行机制，积极开展合规文化建设，同时，公司制定预算，为企业合规体系建设和维护提供持续的人力和资金保障。Z公司以环保专项合规为切入点，带动公司全面合规，现有合规管理体系基本能够识别、预防、控制公司合规风险的发生。

与此同时还应该看到，Z公司在合规体系建设上还有尚待完善之处，具体体现在以下几点：

第一，在组织体系方面，建议加快成立审计工作小组或者审计部门，与业务部门、环保合规部等形成三道防线，同时，明晰参与公司合规管理工作的各部门的合规管理职责。

第二，在制度体系方面，公司现有规章制度与公司调整后的组织架构不完全匹配，建议对现有制度进行增删改，或者吸收现有制度的精华，重新编制《合规行为准则》、《合规管理办法》和《合规手册》，并在制度完善时补充"工业固体废物转移联单、设置工业固体废物贮存间、建立环境管理台账记录、向审批部门提交排污许可执行报告"等内容，保证制度安排符合有关规定。

第三，在运行机制方面，建议建立合规联席会议机制、合规信息化机制和合规持续改进机制，同时不断丰富合规培训的内容，提升合规培训的针对性和有效性。

第四，合规文化建设还应持续推进，持续加大合规宣传力度，培养合规意识，养成合规习惯，培育浓厚的企业合规文化氛围，使合规深入人心。

第五，在技术整改方面，公司应加强生产设施、污染治理设施等全流程的管理和控制、建立健全企业污染防治设施台账，落实整改措施，规范现场人员操作规程，同时做好定期检测工作，确保各项指标达标排放。

第三方工作组建议对Z公司再进行为期一年的企业合规回访考察，督促企业持续合规，以全面合规打造企业的核心竞争力，助推企业争做环保合规模范企业。

二、Y 公司废水超标合规案

（一）基本案情

2021 年 10 月 18 日，某市生态环境局执法人员与生态环境监测站某分站采样人员对 Y 公司废水站设施总排放口进行了水质监测。经检测发现 Y 公司污染因子总氮超标（检测结果为 78mg/L，排放标准为 40mg/L），并对 Y 公司下达了责令改正违法行为决定书，11 月 18 日又向 Y 公司下达了行政处罚（听证）告知书。

（二）合规建设申请

为进一步提升 Y 公司在环境保护与生态文明建设方面的依法合规经营水平，避免再次发生环保违法事件，Y 公司向某市生态环境局申请开展环保合规专项建设，某市生态环境局依据《某区推动企业合规建设优化法治化营商环境工作方案》的要求，决定同意申请。如果 Y 公司在规定的合规考察期内完成合规建设，通过验收考察，改正违法行为，可根据实际情况依法适用从轻、减轻、免予行政处罚以及实行差异化监管、行政许可审批及信用修复便捷化等环保合规激励制度。

（三）合规整改

Y 公司为此专门聘请律师团队制订了合规计划，并根据合规计划和查找出来的问题，立即对清洗废水错误排入综合收集池的行为进行整改。一方面，优化了工艺流程，将危险废物交由第三方专业机构处置；另一方面，配备了专职人员，强化岗位职责的管理，防止类似的事件再次发生。

专家在实地考察中还发现，合规计划记载的仍是原来的工艺流程，但 Y 公司实际上已经对原工艺进行了优化，在专家的建议下，Y 公司更改了工艺流程。不仅如此，专家还指出涉案场地的土壤和地下水可能存在污染。Y 公司补充了土壤和地下水的检测报告，打消了专家的疑虑。

（四）合规验收

Y 公司的合规整改完成，依据所制定的合规计划运行了一段时间后，通过了专家小组第二次验收考察。从所反映出来的情况看，合规整改是成功的，效果也是明显的。

为推动中小企业持续健康发展，2025 年 3 月 7 日，工信部等 15 部委联合印发《关于促进中小企业提升合规意识加强合规管理的指导意见》（以下简称《中小企业合规管理指导意见》），提出到 2030 年，中小企业合规发展环境进一步优化，中小企业合规服务工作体系基本形成，企业基本具备适应高质量发展要求的合规管理意识和能力，依法合规经营水平显著提升，合规成为中小企业核心竞争力的重要组成部分。

结合《中小企业合规管理指导意见》和上述的两个合规案例，律师在指导企业在进行合规建设时应注意以下几个方面：

第一，引导企业依法依规落实生态环境分区管控、环境影响评价、排污许可、消耗臭氧层物质管理和生态环境损害赔偿制度等要求，提升生态环境保护主体责任意识，采取严格的生态保护和污染防治措施。企业是污染物排放主体，应责无旁贷地承担消除污染的主体责任。在当前的时代背景下，只有遵守相关制度要求，严格落实生态保护和污染防治措施，才符合生态环境主管部门的强监管要求。

第二，推进清洁能源替代，禁止使用已淘汰的消耗臭氧层物质。随着“3060”双碳目标的提出和持续推进，减污降碳、协同控制是企业面临的重要课题。企业要想实现可持续发展，必须坚持走绿色发展之路，尽可能使用非化石能源，替代传统的化石能源。有条件的，可以安装和使用光伏或风电。

第三，按照节能降碳、循环经济等标准及规定要求改进生产工艺。合同能源管理是一种经实践证明了的，既保证节能效果，又不增加企业用能成本的用能节能模式。企业可以采用合同能源管理模式进行节能改造，节能的同时，减少二氧化碳的排放量。如果是纳入全国市场或地方碳市场的重点管控单位，节能等于节约碳配额，所节约的碳配额可以拿到碳市场交易，在保证履行碳配额清缴义务的同时，还能为企业增加收入。

第四，把污染防治纳入规划选址、生产管理、控制过程，加强源头防控。规划选址特别重要，关系着企业污染物排放标准的高低、生产经营是否会受到限制及规模是否能够进一步扩大。对于产污环节，要实现全流程管控，并加强源状防控。只有这样，才能事半功倍。

第五，坚持生态保护和防治污染的设施与主体工程同时设计、施工和投产使用。企业要依据环评文件及批复要求，严格落实“三同时”制度，特别是在改、扩建的时候。否则，就有可能面临“未批先建”“未验先投”的法律风险。

第六，加强污染防治设施建设、运行和维护，严格控制污染物排放，落实重点管控新污染物清单中的禁止、限制等环境风险管控措施。保证污染防治设施的正常运行，是污染物达标排放的基础，也是企业的法定义务。如果企业没有这种能力，可以委托专业的第三方服务公司来运行污水处理设施或者污染源自动监测设施。这样既能转移一部分风险，也可以最大限度地避免因不专业而造成的不利后果。

第七，依法建立环境管理台账记录制度，加强对废气、废水、固体废物、噪声、碳排放、生态破坏的监测管控。环境管理台账可以证明污染物的产生种类、数量及去向，在遇到特定的诉讼时可以拿来自证清白，故环境管理台账十分重要，一定要按照规定记录并保存好。

第八，完善环境污染事件与突发环境事件风险防控和应急处置措施。除不可抗力原因外，环境污染事件与突发环境事件的发生及大小与企业的合规管理密切相关。众多深刻的教训告诉我们，合规是最经济的避险方式。应根据企业的实际需求制定突发环境事件应急预案，依据变化后的情况进行修改和完善，并经常进行应急演练。只有这样，企业在遇到突发状况时才能沉着应对，将损失降到最低程度。

特别感谢

本书从构思到成稿历时两年多，并经多次修改最终出版，首先感谢深圳市律师协会“回归专业”的感召，感谢各位老师对本书提出的宝贵建议。其次要感谢曾经在一个团队工作过的同事黄晓婷、唐茜、段凯莉、强丹，她们为本书的成稿贡献了智慧和力量。最后还要感谢肖诗询、励晨曦两位助理，为本书的校对付出不少时间和精力。

作　者

2025 年 5 月 20 日